小泉妙——著

父小泉信三を語る

山内慶太
神吉創二
都倉武之——編

慶應義塾大学出版会

昭和３年
前列左より妙、姉加代、祖母千賀、兄信吉、後列母とみ、父信三。

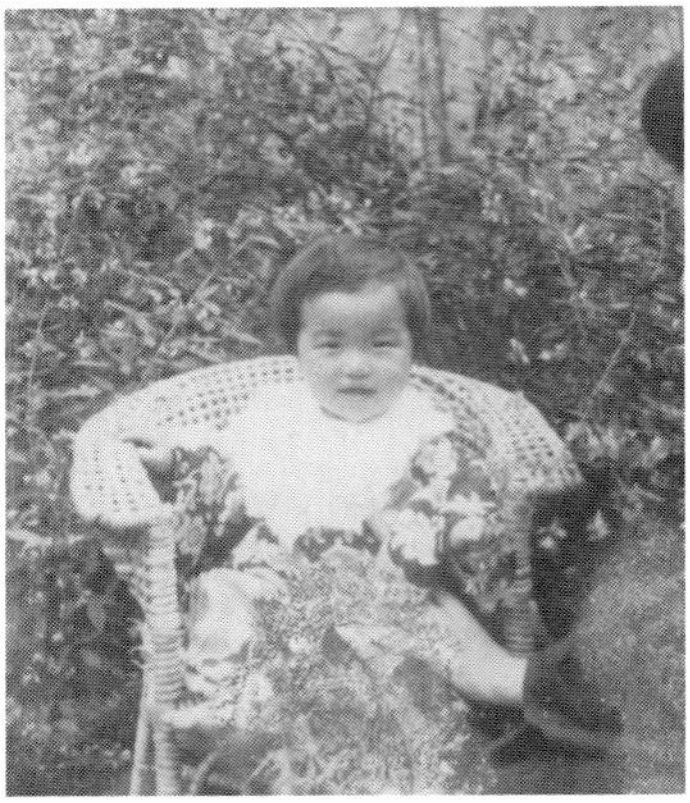

昭和２年頃
妙(２歳)　御殿山自宅にて。

昭和４年３月
兄、姉と。

昭和９年
御殿山自宅にて姉と。
２階からは海が見渡せた（写真好きの親戚津山英夫撮影)。

昭和9年頃
御殿山自宅にて。
左より妙、父、姉、母。

大正末頃
兄信吉。自筆サイン入り。

昭和5年頃
自宅庭にて母、兄、姉と。

昭和9年元日
兄撮影の父。前年末、慶應義塾長に就任。

親戚に「信ちゃんの親父道楽」と茶化されるほどの父親好きであった兄は、よく父の真似をして写真を撮り、また父の写真も多く撮った。父は「よせよせ、恥かしい」と照れて困っていた。

兄撮影の船の写真。信吉は海軍と船が大好きで、写真を家族のアルバムに貼り集めていた。御殿山自宅に望遠鏡を据えつけて、いつも船を見ていた。

昭和16年12月７日
父母の銀婚式の記念写真。左より妙、とみ、信吉、信三、加代。

昭和19年８月
幼稚舎集団疎開を前に児童、保護者、教員と。前列左から６人目に信三。

昭和34年４月６日
ご結婚の儀に来日したヴァイニング夫人と小泉邸で対面される正田美智子嬢（皇后陛下）。
（妙撮影）

昭和32年クリスマス
左より秋山正、妙、小泉準蔵、父、姉、母。

昭和37年夏
広尾自宅で佐藤春夫を囲む父と母。

昭和26年３月
古今亭志ん生宅の新築祝い。左よりとみ、信三、志ん生、宮澤喜一元首相。

昭和28年８月７日付
欧米外遊中の両親からの葉書。
筆まめな両親からは旅行中、たくさんの手紙が届いた。

「この飛行機でブラッセルからフランクフルトに飛ぶ。字がこんなにゆれてゐるのは機がゆれてゐるからです。六日十一時　信三」

「荒川大使御夫妻のお見送りをうけて、此の機にのりました。前から七番目左側に座って居ます。只今大分ゆれてゐます。今つきました　フランクフルトへ　機上にて　とみ」

昭和39年
御殿場にほど近い長尾峠にて両親と。

昭和34年４月
箱根富士屋ホテルにて母と。

広尾自宅での父（和木清三郎撮影）。

父 小泉信三を語る 目次

父　小泉信三を語る

第1章　父の記憶

一番古い父の記憶

私が生まれたのは、大正十四年九月二十五日。小泉の家族は七月に北品川御殿山《ごてんやま》の新築に引っ越したばかりでした。兄と姉は鎌倉小町の病院で生まれたので、自宅で生まれたのは末っ子の私だけです。御殿山の家は岩崎邸（現在の開東閣）の正門前です。今のラフォーレホテルの車の出口になっているあたりが家だったのですが、そこを通る時に人に「私ここで生まれたのよ」って言うと、道で生まれたようで、何だか犬みたいな気がします。家の前の道が舗装されバスが通るようになったのは、私が四、五歳の頃でしたでしょう。それまでは道幅は狭く、荷車、牛車、馬車が通り、雨や雪の後は道がぬかるみになりました。兄が「馬方が動かぬ馬を打っている」なんていう社会派風の俳句を作ったのもその頃のことです。ソニービルの一帯は原っぱだったので、兄と一緒に凧揚げをしたりしました。当時はまだ、付近にさえぎる建物もなく海の風が吹いていました。海は二階の窓からよく見えるので、船好きの兄はいつも望遠鏡で船を探していました。

一番古い父の記憶は、私が三つくらいの頃のこと。家の階段の一番上から転げ落ちた時です。気を失ったらしく、気がついたら部屋に寝かされていて、父が側に立っていました。父の指図で葡萄酒を飲ませたら気がついたのだそうです。背の高い父がもっと高く、天井にすれすれの顔が私を見下ろしていました。

父は私が生まれた時の声を「猫が鳴いたかと思った」と言うんですが、私はその話がとても嫌いでした。何しろ父は、子供をキイキイ言わせたり、からかうのが大好きで、私を、「橋の下から拾ってきた」とも言うの。でもある時私が、「どうして拾ってきたのに、生まれた時の声を知っているの」って聞いたら、もうそれで父はつまらなくなったのか、言わなくなりましたね。

遊んでくれたりするのも自分が面白くないとだめなのです。急に子供を抱きあげて簞笥の上に乗せたり、そこから飛び降りろって言ったり。「絶対抱きとめるから大丈夫」って言われても怖いのよね。兄も姉もやらされて、兄が一番臆病だったから、ひどい目に遭っていたらしいのですけど。うまく飛べるようになると、もうやってくれません。

自転車の乗り方は父が教えてくれました。普通、自転車を教える人は、荷台を摑んで押していますが、それでは身をかがめることになるので、長く続きません。父は木の棒を荷台に差し込んで、ぐいぐい押しながら走る。そうすると速く、しかも長く走れますから、私はお蔭で補助輪などつけたことがなく、かなり早くから自転車に乗れるようになりました。庭の中だけでなく、車の通らない裏道も走って楽しみました。

父との「遊び」

幼い頃の父との遊びは、というご質問ですけれど、父には遊びで、子供には迷惑なこと、お話ししましょう。父が不意に後ろからやって来ると、大きな両掌で私の耳のあたりを挟んで持ち上げます。首は抜けそう、目がつり上がり、まばたきをすると痛いのね。それが好きな親、珍しいでしょう？　実は父がこれを幼い浩宮様（現皇太子殿下）にもしてしまいました。して差し上げたと言うべきかしら、させていただいたと言うべきでしょうか、いずれにしても大変失礼な仕業です。

宮様はお嫌だったに違いないのに、床に着地なさった時、「もうこれからはやらなくていいのよ」とおっしゃったそうです。さすが宮様、お違いになりますね。父は、大いに恥じておりました。

ある時、両陛下にお目にかかることがあって、色々なお話の最中に、この父の悪事を申し上げましたら、お二方とも笑っていらっしゃいました。また別の機会に、浩宮様にもお話ししたら、全然覚えていらっしゃらなかったけれど、ただ「僕は小さい時、信三先生とお呼びしていました」と、おっしゃって下さいました。

もうひとつは父が得意で子供も好きでしたから、遊びと言えるでしょう。説明は難しい。まず私と向かい合って両手をつないで立ち、自分の肩のところまでどんどん登らせます。私は父の脛から腿、おなか、胸を踏んで肩までゆくのね。そこで「手を放して天井に触れ」って言うの。足首をにぎっていてくれるけれど少し怖い。帰りはかがむと手を添えてコロンコロン転がして下ろします。いきなり肩に跳びあがらせることもありました。曲芸の親子ですね。

何しろ、父は、身体がよく利くとか、球を投げるのが上手とか、子供はそういうのが良いと思っていました。私は割合とそんなことがうまかったから、男子の技芸はできるようになりましたけれど、女子の技芸百般の一部でも教えておいてもらえばよかったと思います。

母は十二人兄弟ですから、楽しい経験が色々あって子供を遊ばせるのが上手でした。おままごとなどしても、「おいしい」と言って一生懸命食べる真似をしてくれました。そのほかお手玉、あやとり、おはじきなどもしました。姉とはお人形を子供にしてのお家ごっこでした。姉はいつもお母さんで私は子守り。

今では使わなくなりましたが、「張り板」というものがありました。着物をほどいて洗い、板に張って乾かすのです。上等の物は洗い張り屋に出しますが、普段着はそのようにして、縫うのも家でしました。その板で縁側と庭をつなぐと、滑り台にも、橋にもなります。庭には茣座《ござ》を敷いておき、上と行ったり来たりできるようにして、ままごとをする。それは、大変楽しいことでした。庭では縄とびや羽根つきをする。三段跳びや幅跳びは家の中でもしました。とにかく、実によく遊びました。

兄と姉

兄の信吉《しんきち》とは七歳八ヶ月、姉の加代とは三歳半違います。兄はたまにままごとのお客様になってくれました。夏になると、庭の乾いた土がめくれたようになるのね。兄はカツレツが好きだったから、その土を、「これはカツレツですよ」と言って出すと、「ぱくぱく」なんて言って食べてくれました。

でも私は、兄と姉からはかなりの憎まれっ子でしたね。父は私に贔屓《ひいき》する、というわけでね。私が泣くと、それを聞きつけて父が来る。どうも上の二人が弱い者いじめをしたらしいってことで、理由も聞かずにたちまち私を肩車にのせて二人を追いかけるのね。家中大変な騒ぎになって、兄達は部屋に閉じこもります。そこへドンドンとドアを叩いて、「開けろ、開けろ」、「謝れ」と言う。二人ともすごく嫌そうな顔をして出てきて、「ごめん」って言いますが、父という味方のある妹は一番強い者ではないか、自分達こそ弱い者いじめされていると思っているのでしょう。

姉加代、父と御殿山自宅にて
昭和５年頃

私は私で困っているのです。事の起こりは私にあるのに、味方してもらった居心地の悪さ。後で「お父様は妙子に贔屓する」と二人に怒られるのですから。母の顔にも非難の色があります。弱きを助け、強きをくじき、機嫌の良いのは父だけでした。

兄は子供の時、怖がりでした。外に出ると迷子になるのが心配で母に手を引かれたくて大変だったそうです。母としては女々しい子になっては困ると思うから手を振り払うと、袂の先に摑まって付いて行く。電車に乗っていても急に「降りる」って言い出すので、見廻せばすごい髭もじゃの男がいたり、道を歩いていても街灯の傘に好き嫌いがあって、怖いのがあるところは通りたくないとかね。猿蟹合戦の話は始めのほうは好きなんですけど、終わりのほうが怖いから嫌いなので、母が直して、猿がシュークリームまでご馳走になって、皆で仲良くなるというお話に変えたそうです。兄は臆病だけど、それだけにまた可愛い子だったらしいのね。

まだ鎌倉に住んでいた頃、兄には、いっちゃんとトモイチ君という近所の友達がありました。いっちゃんはお父さんが漁師、トモイチ君は、あの辺に多く住んでいた海軍士官のお子さん。母はそちらと遊ばせたいんですけど、兄はいっちゃんが好き。あの頃の子供は大体皆着物を着ていました。兄などは着物を着る時着物についている付紐をまず結び、その上に帯を締めるわけね。ところがいっちゃんは付紐を結ぶだけで帯はなし。兄はそれを真似したくて母が帯を締めようとすると逃げました。でもいっちゃんが三輪車を借りて行って、返してくれなかった時は悲しむし、そういうことで母は随分気を遣ったらしいのです。

兄には空想上のお友達で松助さんというのもいました。よく「松助さんと今駆けっこしてきた」なんてふぅふぅ言って帰って来たとか。それも鎌倉にいた三、四歳の頃の話です。妹が生まれる四つくらいまで、兄は一人っ子時代が長かったから両親もよく見ていたのでしょう、兄の幼少時代のことは父もよく覚えていました。

まだ兄と姉二人の時代、ある時カステラを食べることになったら、兄が「加代に二切れあげて下さい。僕も二切れでいいから」って言ったんです。傍で聞いていた父は兄の知恵を面白く思い、同時に自分の子供の頃、福澤諭吉先生がカンガルーを見に動物園へ連れて行って下さった時のことを思い出しました。茶店で氷水を飲むことになった時に「お家ではいつも氷水は何杯飲みますか」って奥様が聞いて下さった。本当は一杯なのに「二杯くらい」って父が答えたら二杯下さった。すごい得をしたわけです。「正直は子供には難しい」というのが父の説でした。

またある時、父のお客様がいらっしゃるところに兄が出て来て「アダム・スミスは死んだかしら」と聞きました。その頃、父がアダム・スミスについて書いたり話したりしてたのでしょうね。

相手はびっくりなさったそうです。

父と相撲

父は相撲をとるのが大好きでした。よく兄に向かっていくんですが、兄はどうせ負けるから嫌で自分の部屋に入ってしまいます。そうすると父が、「今日はお母様が相手だ」と大声で言って、母に飛びかかろうとする。結局、兄がおびき出されて、渋々相撲をとる。相撲をとるにしても父はいろんな手を教えるんですね。

キャッチボールも父が教える。非常に熱心でした。兄は相撲もキャッチボールもしますけど、あんまり父が厳しいから好きじゃなくなったみたい。兄は小さい頃から「顔にぶつけるから避けないで立ってろ」とすごく強い球を投げられたりとかそういうことを色々試されたそうです。

ある時、父は元三役をつとめた方に「先生は相撲になれば、三役は確実だ」と言われて大変に嬉しそうでした。廊下で仕切りをして見せては、「どうだ、この腰のよくおりること」と、皆に見せるのでした。

私達は伯父の章蔵*（阿部章蔵、のちの水上瀧太郎）が枡席を持っていたので、相撲を見せてもらいました。六十九連勝の双葉山が負けた日に、姉と私は行っていました。私が大泣きしたのは親類中で有名です。その頃父はあまり行かなかった。柔道の早慶戦などには、よく行っておりました。姉と私に「押さえ込みをしてみろ」と言って、長々と寝そべる。姉が頭のほうを、私が足のほうと一生懸命押さえるんですが、せっかく押さえたと思ってもすぐに起き上がられちゃうんです。「もうちょっとうまくやれ」などと言われながらやっていました。

クリスマス

クリスマスに鶏の丸焼きを切るのは英国では男の役目である、と留学先のロンドンの下宿の女主人に言われたのを守って、父は私達のためにしてくれました。まずちょっと気取ってナイフをすり合わせてから取りかかります。なかなか手際よく切り分けました。それから、ドレッシングも「向こうでは瓶がふたつ出てて、それを自分で混ぜて作ったんだよ」と教えてくれました。

クリスマスにあまり大きくないツリーの飾られた景色を覚えていますが、それは幼い記憶で、兄姉が興味を示さなくなったからか、母が面倒になったのか、高さ二十センチくらいの出来合いのツリーが飾られることになりました。サンタクロースの思い出を持つ方が多いのに、わが家ではサンタクロースは架空の人物であってプレゼントは親からもらう物でした。夢のない現実的な一家です。

面白かったのは、父がプレゼントを渡してくれたことです。床の間の上から学校みたいに「小泉信吉さん」、「小泉加代子さん」と一人ずつ呼んで渡してくれる。ある時は階段が会場で上に両親がいて子供は下から上がって行く、プレゼントを抱えて転げ落ちそうな騒ぎでした。父は子供が騒ぐようなことになるのが好きですから……。プレゼントは母が買って来るので、父は中身を何にも知らず、包みを開ける子供と一緒になって面白がっていました。

うちは普段は物を買ってくれないけれど、クリスマスのプレゼントはかなり良いものでした。子供の頃はお人形が多かった。私達が本当にお人形が好きだったし、母も好きで、子供達のお人形を買うのが楽しみだったのだそうです。母は買ってきて当日までどこかに隠しているのですが、ある時その場所がわかり、姉と二人でこっそり見たりしていました。

兄が「お父様、博士になったらクリスマスプレゼントいらない」って言ったのは中学一、二年の頃だったと思います。「医学博士はいっぱいいるけど、経済学博士は少ないから博士になってほしい」って頼んだんです。父は若い頃、博士号はいらないという説でした。お断りしたことがあって、新聞に、博士を蹴とばしている漫画が出たそうです。その父も、やっぱりいただいたほうが後進のために良いと考え直し、慶應義塾長になってから博士になりました。学位記を自分で自分に渡したと言っていました。

新聞に「おや、小泉さんは博士でなかったか」と出ました。兄の「クリスマスプレゼントいらない」はご破算になりました。

二度の誕生日

私の誕生日は本当は九月二十五日ですが、戸籍は十月十五日になっています。これは可哀想でしょう？　兄と姉は鎌倉で生まれて、母の里の別荘の爺やさんが戸籍を届けに行ってくれた。でも御殿山には爺やさんがいません。それで父も母も放っておいたら、戸籍調査（当時は係が時々訪ねて来ました）が来た。それで子供が生まれてると言うと、その人が「どうです、十月十五日はいい日ですが」って言ったので、十月十五日にしちゃった。後で聞くと、届けが遅れても罰金を払えばいいらしいのですが。

ところが、私にはそんなこと教えてないから、小学校一年のある日、先生が皆のお誕生日をお聞きになったんです。あの頃は数え年だったから誰でも年はお正月にとる。そのためか自分のお誕生日を言えない子がいたのです。私はちゃんと九月二十五日って言えましたから家に帰って自慢すると、母が慌てました。実はこういうわけで学校には十月十五日と届けてある。お詫びのしるしにこれから二回お誕生日をしますからって、二度お祝いをすることになりました。二度目はとても軽いものでしたけど。

結婚することになったら、もうお誕生日は旦那さんにしてもらえばいい、と母は身を引きました。夫は一回しかしませんが、長くいて我が家の生き字引きのような手伝いのお志《し》んさんが、記憶の良い人なので、十月十五日になると、「二度目のお誕生日おめでとうございます」と、ちょっとしたご馳走やおいしいおはぎを作ってくれました。免許更新の時に九月二十五日のつもりで行き、「違います」と言われ、戻ってきたこともありました。

私の名前をつける時は、加代の妹だから、佐代にしようかという説もあったそうですが、母の乳母がサヨという名前でお魚の中毒で死に、新聞に出たそうです。それで母がその名前は嫌だと言って、なぜか「妙」になりました。私は戸籍で「妙」一字ですが、父母は呼ぶ時も書く時も「妙子」でした。姉が生まれた時は、どういう名前にしようか、という手紙を父が母方の阿部の祖母に出しています。それによると三月生まれなので弥生、春子など候補があり、また「富子」と「信三」の子供だから「富信《とし》子」もある。そのうちに「加代」に決まったらしいです。加代は届けではカタカナで「カヨ」、私は漢字で「妙」なんです。一貫性のない家ですね。

兄は祖父信吉《のぶきち》と同じ字で信吉《しんきち》ですが、その名前は嫌いでした。落語や芝居に出てくる丁稚や小僧が「とめきち」だの「さだきち」でしょう?。兄は士族が好きですから「本当は小泉大和守《やまとのかみ》源信吉《みなもとののぶよし》にしたい」なんて言っていました。お隣の仲の良い津山英夫さんに、「君の名前は小僧さんの名前みたいだね」と言われたのが悔しくて、英夫さんに「英夫の夫は人夫の夫だね」と言い返しました。

母は実家の阿部の家では「富子」でしたが、何だかお金持ちみたいで嫌でした。ある時、わかんむりの「冨子」のほうがお金持ちっぽくなくて良いってわかんむりを採用したんです。それが小泉にお嫁に来たら、小泉家が届けたのは平仮名だった。母は、「勝手に変えられた」と不満でした。いつか私が「それじゃあ、富子、冨子、とみの結局どれが一番お好きなの」と聞いたら、「今は平仮名が一番好き」でした。

よそに御進物を差し上げる時に、お店に「名前書いておいてちょうだい」と言うと、親しい店の人は事情を聞かされているので「どの字にしましょう。わかんむりでしょうか、ひらがなでしょうか」なんて聞いてくることもありました。

父は私のことは「妙子」、姉は「加代子」とか「加代」と呼んでいました。母を名前では呼ばなかったようね。遠くから呼ぶ時にたまに「とみこ」なんて呼んでいたこともありましたけど、晩年は大声で「お母様、お母様」って呼ぶので、若い手伝いが声をあげて笑っていました。私達が子供の頃は父母を「おとう」「おかあ」と呼んでいましたが、父も母も自分の生まれた家では「おとっつぁん、おっかさん」と呼んでいて、それは福澤諭吉先生のご家族を真似たのです。父と母は、幼い頃から両方とも、三田の福澤先生のおそばで育ちました。

阿部祖母との思い出

母方の祖母阿部優子は祖父（阿部泰蔵　明治生命創立者）が大正十三年に亡くなった後も三光町

（今の港区立朝日中学のあたり）の広い家に住んでおりました。

祖母は気が広く、人付き合いを楽しむ人でしたから、祖父の友人知人も含めて、多くの方々が訪ねていらっしゃいました。女子教育家として有名な三輪田高女（現三輪田学園）創立者の三輪田眞佐子さん、跡見学園の跡見花渓さん、自由学園の羽仁もと子さん、聖心女子学院の平田トシ教頭などにも祖母は親しくしていただいておりました。

とにかくお客様の多い家でした。そこにはまた、前ぶれもなく孫達が、入れ替わり立ち替わり遊びに来ます。祖父母の子供十二人の子、すなわち孫は五十三人。いつ現れるか分からない者達のために、お菓子が用意されているし、ＡＢＣの形の安いビスケットやおせんべなども、いつもたくさん缶に入れてありました。

孫が集まれば当然騒がしくなりますが、廊下でリレーをしようが、毬ぶつけをしようが、何しようが、祖母はびくともしないし、叱りもしません。十二人の子に始まり、孫が増え、家の中に騒ぎの絶える時はなく、馴れていたのでしょう、きっと。子供とはそういうもの、放っておいてもだんだんに落ち着いて、よい大人になると見守っていたのでしょうね。

私達が遊んでいると「お客様にご挨拶に来るように」と呼ばれることがありました。ぞろぞろ出て行くと「これが富子の子で、これが大六の子供で……」と紹介するのでした。

祖母は自分の身のまわりのことについては贅沢はせず質素でしたが、昔明治生命の社員だった方が、社長夫人であった祖母について書かれた文に「刀自《とじ》は人に物を与えたりご馳走されたりすることを大変好まれ、私共の目には一種のお道楽のようにさえ思われた程であります」と。

そのお道楽として時々催されるのが園遊会でした。息子の嫁達の実家、娘達の嫁ぎ先、それに連なる縁者、友人、知人、先の先まで招きます。四男の章蔵は祖母がそういうことをするのが大好きで協力するのでした。広い庭にテントを張り、銀座の小料理屋「はち巻岡田」の主人やお寿司屋が出張。子供用には風船屋やしんこ細工の人も来ました。その集まりの中で風船を空に放ち、父が空気銃で狙い撃ちして喝采を浴びた光景も思い出されます。

次は物を与えるお道楽。ある時、二男の泰二を転勤先の京都の家に訪ねた時、使っているすき焼き用の机が、すっかり気に入ってしまいました。火を入れる桶のための穴が真ん中に空いている折り畳み式の円卓です。子供の家十二軒に買うことになりました。しかも小泉はお客様が多いからと二卓。確かに便利でうちではとても調法しました。

銀座の宮本という今も盛んな銀器の店の、ティースプーンが気に入りました。柄の部分が竹や菊のデザイン。男の子には竹、女の子には菊を選び、裏にそれぞれの名前を彫らせてくれました。孫は五十三人とお話ししましたけれど、そのうち五人は祖母の死後に生まれたので、スプーンがありません。何かの折に「私達スプーンがないから」と、少しすねた発言をします。

聖心女子学院が三光町に広い土地を求め、少人数の生徒に語学を教え始めたのは、明治四十一年、阿部が聖心のすぐ隣の三光町の住人になったのは六年後の大正三年でした。どのようにお付き合いが始まったのでしょう。とにかく良き隣人と認められ、簡単な木戸をつけさせて下さいました。聖心と行き来するのに表の道を廻れば十分はかかります。娘の富子はお料理を、八重子はピアノを習いにその木戸から通いました。やがて孫が次々に入学しました。

バザーには祖母も参りました。「おばあ様買って買って」。あちこちから声がかかっては断れないの。おばあ様の人気、ますますあがります。会場で外人のシスターを認めると、「印籠をかけてみよう」と呟く。同行の嫁を連れて進み、紹介。「ドーター・イン・ロー（daughter in law）」。見事通じてシスターと笑み交わすのでした。孫は、姉と私を含めて十四人が聖心のお世話になりました。曾孫、従兄弟の配偶者にも卒業生がおり、私達には同窓会で親類に会う楽しみもあります。

祖父の命日は十月二十二日ですが、毎月の二十一日には、十二人×二の二十四人が三光町の家の夕食に集まりました。孫はその日遊びに行っていても、夕方には帰されて大人だけ。大そう賑やかな楽しい会だったようです。祖母の献立はおいしい物ばかりでご馳走がたくさん出ますが、取り合わせとしては良くない。批判するのは章蔵伯父、それに対しておいしいと褒めるのが父。「いやになっちゃうなあ、信さんは。おっかさんの機嫌をとって、と章さんが怒るの」とは母の話です。

昭和十一年、祖母は久しぶりに故郷鶴岡に帰りました。ちょうど父がハーバード大学式典参列のために渡米中でしたから、母が供する予定でしたが、父の義兄である松本の伯父の母上が亡くなられたので行かれず、長年祖母に仕える人が母の代わりに行きました。宿に着いてすぐ、祖母は脳溢血で倒れました。しばらく養生の後東京に帰りましたけれど床についたきりで、昭和十三年五月に亡くなったのです。二十一日の賑やかな集まりは祖母発病後は行われませんでした。

ところで人にプレゼントするのが好きな阿部の祖母は何をもらったら喜ぶでしょう。祖母の趣味は石でした。それも砂利みたいな名もなき石でよいの。旅行に出かける方が「何かお土産を買って来ましょう」とおっしゃると、「そんな物でなく、石を拾って来て下さい」と頼みます。お土産の石に、年と場所、拾った人の名を書きつけました。そんな簡単なことで喜んでもらえるのが嬉しく、私も石を拾いました。

阿部家犬の品評会、小泉家と動物

阿部の家族は動物好きでした。犬猫にウサギ、烏骨鶏《うこっけい》など色々な動物や金魚を飼っていました。母はそういう家で育ちましたから、犬や鳥を飼いました。犬は代々雑種、ユリというのはたくさん仔を生み、長くいました。ユリが死んだ後おじ達が良い犬を世話してくれました。まずシェパ

鎌倉長谷の阿部の家にて　昭和11年
左より祖母小泉千賀、母とみ、祖母阿部優子

ード、次がテリヤ。シェパードの名はウォルフ、テリヤはクララ。どちらも父の命名です。ユリの時代に、阿部の家のグラウンドで犬の品評会が催されました。皆自慢の犬を持って集まりました。一番いい犬が賞を取るのですが、うちのユリは満場一致でビリでした。ビリでも参加賞の灰皿をもらいました。章蔵伯父と芳郎叔父のところはセントバーナードを飼っていました。品評会の時にそれが出ていたかどうかは記憶がはっきりしません。

母は動物園が好きで、よく上野動物園へ連れていってくれました。猿山で、猿がいろんなことをするのが面白いと言ってゆっくり見ていました。

戦後、大人になってから上野で母と絵を見た帰りに「ちょっと動物園にも行ってみましょう」と行ったことがあります。相変わらず母は猿系が好きで、チンパンジーの仕草に笑わされるのでした。父は猿が嫌いね。人間の先祖だと思うと気味が悪いと。ディズニーの野生の動物映画も嫌いでした。動物が動物を食べちゃったりするのがかわいそうで見ていられないと言って。

小泉祖母との思い出

母に連れられて小泉の祖母の家にもよく行きましたが、嫁である母の緊張が感じられました。ひとつの場面を思い出します。夏。簾がかけてあって、日が陰ると祖母がそれを巻き上げに立つ。そうすると母が姉と私に「お手伝いしなさい」と言うの。手伝おうとすると「おまはんたちは下手だからしないほうがええよ」って断られてしまいます。綺麗好きな祖母には迷惑なのでした。

だから、私達は祖母と母が話しているのを傍でおとなしく聞いているのですが、おなかの中では早くお隣の佐々木の家へ行き、いとこと遊びたいなぁ、と思っているの。しばらくすると母が「あなた達、お隣に行ってきたら」と言ってくれる。いそいそ隣に行きました。

祖父（小泉信吉《のぶきち》）の命日には親類皆が集まるんですが、祖母が色々ご馳走をする。だけどまだ皆が食事のすまないうちからお土産に持たせようと、ご馳走を包む作業が始まるんです。父がからかって「おっかさん、またですか。そんなことは後で皆にさせたらいいでしょ」と言うと「おまはん、そうは言うけれど」って祖母は取り合わずに働いて、皆が笑ったり。

阿部の祖母もですが小泉の祖母も祖父が亡くなった後も、慶應の方々と変わらずお付き合いしておりました。*山本達雄さんや、あの頃の慶應の偉い方達がよく訪ねて下さってました。それは福澤先生が祖父の死後、小泉の家を助けるようにして下さったのが元なのでしょう。ですから父も、親友の成瀬義春（小泉留学時代の在英時事新報特派員。慶應義塾高等部主任）さんのお亡くなりになった後、成瀬さんの友人、お弟子の方達に声をかけ、同じように成瀬家をお助けしようと思ったのでしょう。

小泉の祖母は三姉妹の長女です。上の妹は結核で、結婚せずに亡くなりました。下の妹とは十歳くらい違いました。父はその叔母、鈴木菊枝のところに行くと、何だか態度が変わるのです。甘えるの。私はいつもびっくりしていました。何となく違う人になっちゃうんです。叔母様はご結婚まで、しばらく三田の家に一緒に暮していらしたので、可愛がっていただいたこと、お上手な三味線を教えていただいたこと、色々な歴史があったのでしょう。

第2章　小泉家のこと、阿部家のこと

祖父小泉信吉と小泉家

ここから少し、両親の生家の話と私の生まれる前の話をしたいと思います。

祖父、小泉信吉《のぶきち》は武芸は駄目だったらしいのですが、子供の時から頭が良くて、殿様の前で二歳で論語を読み、母親のところへ戻ってお乳を飲んだという話があります。そして十八歳の時に、紀州から留学生として江戸に出てきて、福澤諭吉先生のもとに入ったわけです。

祖父はとても良い人だったようで、頼まれると断れない性質だったと祖母から聞いております。父の姉である松本千《せん》も本当に親切で、小さい時から利己的なところが全くなかったと父は尊敬していました。「姉さんの良い性質はおとっつぁん譲りだ」とも申しました。

その一方、父は、「もしおとっつぁんが生きていたら僕は悪い子になったかもしれない」とも言いました。祖父は大酒飲みだったのです。「信吉はお酒を飲みすぎて亡くなりました」と六歳の父が大人を真似て弔問の方に言ったとか。お酒を隠しておいても、探し出して飲んでしまう。そういう父親のだらしないところを見たら、尊敬できず悩むことにもなったでしょう。父が塾長になってからですが、福澤家にお勤めだった方から、「お父さんはお酒を飲みすぎて亡くなられた。信三さんもお気をつけなさい」と言われたこともあったそうです。

父方の祖先は代々紀州徳川藩の武士で、父の曾祖父にあたる小泉門兵衛という人は鉄砲の名人だったそうです。位の低い人が鉄砲の係なんですってね。

門兵衛はお仕えしていた大殿様の野歩きのお供をします。鳥が飛ぶと、「門兵衛、あれを射《う》て」と命じられる。その大殿様は癇癖が強く、お気に障ればすぐお手討ちになさる方なのです。門兵衛はもし仕損じたら切腹しようと思っていたそうです。怖いですね。

その大殿様は無理難題を言っては家来を困らせる方でした。五月の節句に門兵衛ともう一人の家来に「柏餅は好きか？」とお聞きになった。門兵衛は「好きではございますが、たんとはいただけません」と答え、もう一人は「大好きだ」と言いました。すると二人それぞれの前にたくさんの柏餅が運ばれて、門兵衛には、「小泉は好きなだけ食べろ」、片方には「全部食べろ」と命令される。その方は大変困ったのですが何とか全部食べた。そうしたら大殿様はその後ですぐに馬で遠駆けに行くと言われました。満腹で駆け足なんて、酷い目に遭わされたんですね。

祖父信吉への福澤先生の弔詞

祖父は父が六歳の時、明治二十七年十二月八日に四十五歳の若さで亡くなりました。その時に福澤先生がお書き下さった弔詞には、お誉めの言葉が素晴らしい名文で綴られています。父はその弔詞によって父親を知ったわけで、またとない教科書をいただいたのでした。

祖父の命日にはそのお軸をかけ、親類が集まりました。そして父が朗読したり、私達も一緒に読むこともありました。

「(前略)君の天賦文思に濃《こまやか》にして推理に精《くわ》し。洋書を読で五行並び下るは特得の長所にして、博学殆んど究めざるものなし。殊に数学は師に依らずして高尚の点に達して其最も悦ぶ所なり。既に学林の一大家たるのみならず、其心事剛毅にして寡欲、品行方正にして能《よ》く物を容れ、言行温和にして自から他を敬畏せしむるは、正しく日本士流の本色にして、蓋《けだ》し君の少小より家訓の然《しか》らしめたる所ならん。其学問を近時の洋学者にして其心を元禄武士にする者は唯君に於《おい》て見る可《べ》きのみ。(後略)」

弔詞をもとに祖父と父を比べたことがあります。「『洋書を読で五行並び下る』ってところは、おじい様と同じ?」と聞くと父は「五行を一度に読むのはどうでしょうねぇ」と一瞬首をかしげる。「博学殆んど究めざるものなし」も同様。「殊に数学は師に依らずして高尚の点に達して其最も悦ぶ所なり」では恐縮するの。数学は得意でないから。

ただ、「『其心事剛毅にして寡欲』は同じだと思う」って私達が言うと満足の笑顔になる。「品行方正」も合格、「能く物を容れ」は時に疑問もあるのでこちらがちょっと首をかしげると笑い、「言行温和にして自ら他を敬畏せしむる」になると降参。本当におかしかった。「正しく日本士流の本色」はまさに父の理想であったと思います。

小泉祖母の性質

祖父信吉《のぶきち》が亡くなった時、祖母の千賀《ちか》は三十一歳でした。子供は八歳、六歳、四歳の三人。そして第四子(父の妹、信子《のぶこ》)は祖父が亡くなって一週間後の十五日に生まれました。葬儀を済ませると、祖父を頼りにしていた人達に財産を分け、一月中には東京への引越しを済ませました。それらの処置は、周囲も驚くほど早く的確に行われたそうです。

祖母の性質を、父は、「勝気で決断力に富み、闊達」、あるいはさっぱりした気性、はっきりした性質と評していますが、三十一歳の若い未亡人の行動力には驚くばかりです。

東京に移って三田四国町に住みましたが、間もなくまた越すことになりました。隣の家で殺人があり、そんな物騒なところに住まわせておけないと福澤先生がご自身のお住まいである三田山上の一棟に入れて下さったのです。

祖母は福澤先生を非常に尊敬していて「時事新報」（福澤諭吉が創刊した日刊新聞）に福澤先生の文章が出た時は、いちいち写していたそうです。祖母は子供達に父親のないことを意識させたくなかったのでしょう。お仏壇は戸棚に入れ祖父の写真さえ飾らなかったそうです。父とは相撲を取ったり、空気銃の使い方を教えたりしました。おかしいのはある時父が「おっかさん、雀は鳥？」って聞いたらあまりの愚問にあきれたらしく「虫だ」って答えたので、父は長年雀を虫だと思っていたそうです。

父が夜中に目が覚めると、祖母が憂い顔で何か考えているようなことがありました。心配で見ていると、やがて眉を開いて穏やかな顔になった。頼もしくもあるし、怖くもあったと父は申しておりました。

父の姉妹には姉の千と、勝子《かつこ》と信子《のぶこ》の二人の妹がいて、父は四人姉弟の二番目として育ちました。祖父母の最初の子は男の子でしたが早く亡くなりました。名前は七三《しちぞう》。父が兄さんだという写真があって、生まれたてとも見えないのですが、戸籍には載っていません。名前については、祖父が、よその家は名前を付ける時に一から始めるが、うちは十から始めると宣言して、足すと十になる「七三」にしたんですね。それで、十から始めたのならその次はどうなるかというと

「千」なんです。その次が「信三」。父の名前「信」は、祖父の信吉からとったのでしょう。「三」は七三さんを入れると三人目の子だからじゃないかしら。何だかめちゃめちゃですね。父の誕生日が五月四日なのに戸籍は五月十日であったり、学齢より一年早く入学したり、私の出生届けの遅れにしても、戸籍にいい加減な一家のようです。

その次の妹の勝は、日本の国会が始まった年（明治二十三年）に生まれました。それで祖父が「国会」と書いて「くにえ」って名前にしようとしたんですが、祖母が反対して祖父の母「かつよ」から「勝子」と名づけたとか。一番下の信子は、祖父が亡くなっていたので福澤先生が「於《お》信《のぶ》」とつけて下さいました。福澤先生直筆の命名書が残っています。

福澤家の方々には親しくしていただいたようです。父の姉の千は先生のお孫さんの中村愛作さん、父は壮吉さんと遊びました。福澤先生のところには九代目市川団十郎や五代目尾上菊五郎、その子供の六代目菊五郎も来ていました。千は福澤家のお嬢様方が習ってらっしゃる踊りのお稽古にも入れていただきました。千伯母に当時の六代目の印象を聞きますと、生意気で嫌な子だったとのこと。年は伯母と同じくらいと思います。

紀州出身塾生と小泉家との付き合い

小泉の家は、下宿屋というわけではないけれど、しょっちゅう和歌山出身の人が来て、和歌山弁で語る方々が多かったからでしょう。祖母は生涯完全な和歌山弁でしたね。父もたまにですがお茶を頼む時に「茶《チャア》～くれんか～」とか和歌山訛りで言っていました。

和歌山出身の慶應の方では、長く塾長を務められた鎌田栄吉先生*。慶應の幼稚舎の創立に携わられた和田義郎先生*もいらっしゃいます。和田先生のことを父はご尊敬していましたね。武術で悪い人をやっつけたとか。それでいて優しくて、生徒達を可愛がった方だったと。うちのお墓参りはいつもまず福澤先生のお墓、次に、和田先生のお墓へ廻ってから、うちのお墓に行くのでした。皆同じ常光寺にあったのです。

その三基のお墓が今は常光寺にありません。祖母がクリスチャンになった時にお墓の移転が親類の中で問題になりました。兄の戦死で話は進み、多磨霊園に墓地を決めはしましたが、戦争が激しくなったので移転は戦後になりました。うちではこちらの都合で出たのですが、その後常光寺ではお宗旨の違う方の墓所整理の議が起こり、福澤家、和田家共に移転されたのです。

もともと横浜にあった祖父のお墓がいつ常光寺に移ったのか正確な年は知りませんが、福澤先生がお亡くなりになってからというのは確かです。恩師のおそばにいつまでもという気持、若かった父にその知恵はなく、祖母の願いであったに違いありません。横浜から車（と言っても自動車でなく徒歩で引く大八車）で運んできました。その時祖母が父を行かせないで、父は東京で待っていたそうです。

小泉家系図

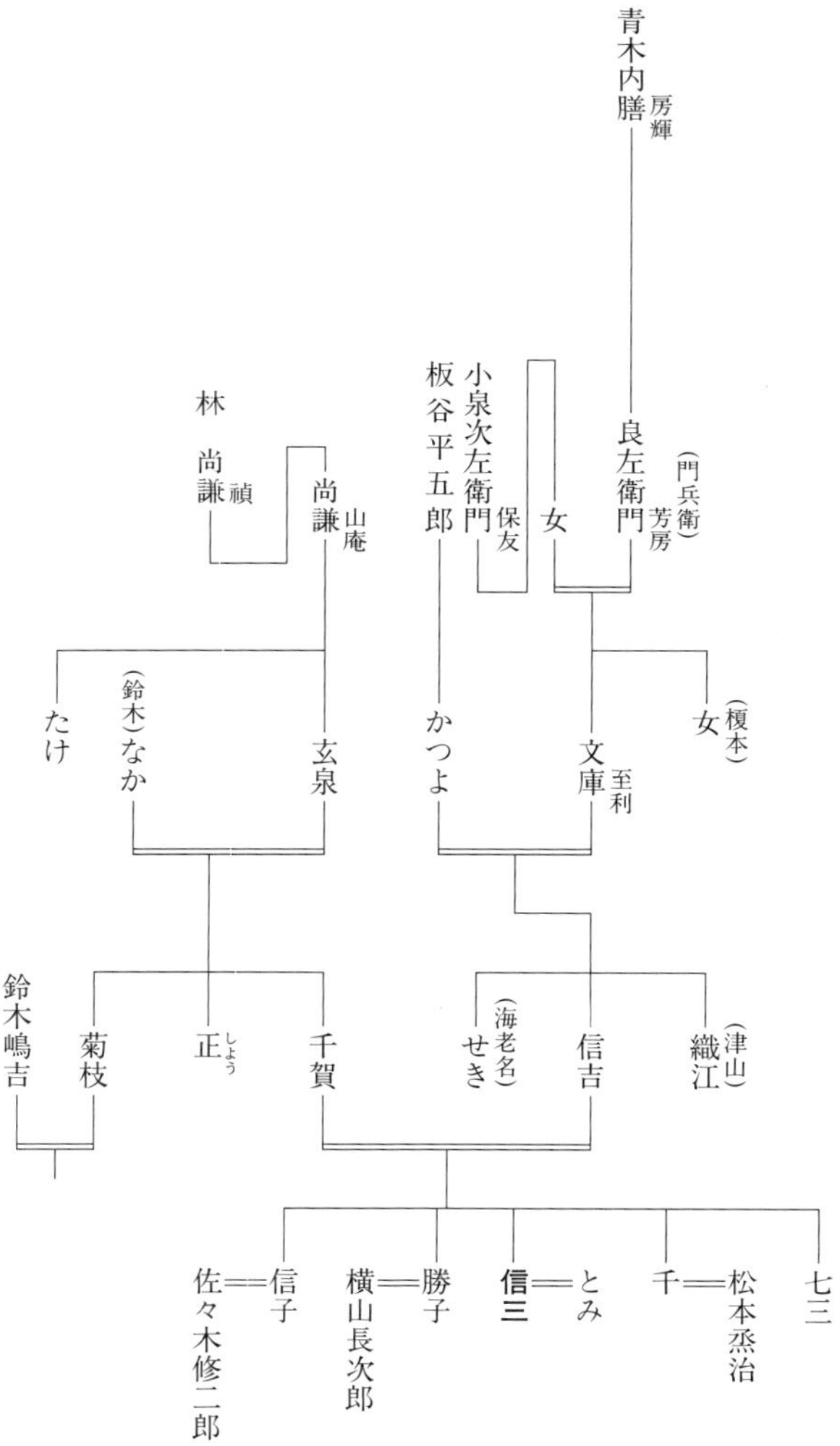
青木内膳 房輝
良左衛門 (門兵衛) 芳房
女
小泉次左衛門 保友
板谷平五郎
林 尚謙 禎
尚謙 山庵
女 (榎本)
文庫 至利
かつよ
玄泉
(鈴木)なか
たけ
(津山)織江
信吉
(海老名)せき
千賀
正《しょう》
菊枝
鈴木嶋吉
七三
千＝＝松本烝治
信三＝＝とみ
横山長次郎＝＝勝子
佐々木修二郎＝＝信子

このことは、私は父が亡くなってから、美澤義雄さんに伺いました。美澤家とは夫人が祖父の姪にあたり、ごく近い親類ではありますが、遠い道を運ぶ役を息子にさせず、同年の美澤義雄さんにしていただいたのは間違っている、祖母のエラーと思います。

祖父の墓石は、日銀（日本銀行）の建物と同じ石です。辰野金吾氏が日銀を設計してらして、総裁は祖父がお世話になった川田小一郎氏。その方のお声掛かりで祖父の墓石も同じ石になりました。辰野金吾氏のご子息は仏文学の大家、辰野隆《ゆたか》氏。父と同じ「心」の同人でいらっしゃいました。ですから父は随分親しくお付き合いして、お墓の話もしたのでした。珍しいご縁ですね。

常光寺時代は「小泉信吉之墓」でしたが、改葬の折に彫り直し、「小泉家之墓」になって多磨霊園にあります。ちなみに祖父信吉が建てた小泉家先祖の墓は和歌山の善稱寺にあります。多磨霊園に集めようとした時に善稱寺の当時の和尚様が、そのままお墓を置かせてほしいとおっしゃった。善稱寺が無縁のお墓を全てひとつにまとめた時にもそのままに守って下さっています。

母方の祖父、阿部泰蔵

母の父の阿部泰蔵は、愛知県豊橋の奥、「山の吉田」の豊田鉉剛《げんこう》という医者の子として生まれましたが、十一歳の時にお医者の家同士の縁組で、男子のいない阿部家へ養子に行ったのです。阿部家には四人娘がいて、そこの長女、幾野《いくの》と結婚したんですね。義父阿部三圭《さんけい》も医者でした。

三圭はすぐれた医師と言われていましたが医者同士のねたみで、毒殺されたのかもしれないと聞いています。豊田の医術も進んでいて早くから種痘を実施して住民から感謝されましたが、祖父はお医者にはどうしてもなりたくなく、学者になりたかったそうです。それで伊勢の大儒者、斎藤拙堂の塾に入門し、漢学を学んだのちに、江戸に出てきて蘭学を学んだ。ところが蘭学じゃだめだということになり、結局福澤先生の塾に入門しました。その後慶應で教え、文部省に勤めるなどの経歴の後、三十三歳で、明治生命の創立に関わり、生涯保険の仕事を致しました。「人間は誰でも好きなものになっていくわけにはいかないのだ」とのちに子供達を戒めていたといいます。

泰蔵と幾野の長男、圭一が生まれて、まだ三歳の時に、幾野は流感で亡くなります。その三年後に泰蔵は十五歳の俣野優子と再婚します。この優子が私の母方の祖母になります。

優子の父親（俣野景明）は、元庄内藩士で、経緯はよく分かりませんが、御一新の後に東京へ出てきて、牢屋の典獄（刑務所の長）をしていました。元々はかなりよい家だったらしいのですが、維新戦争の時には庄内は賊軍でしたから。まだ小さい子供であった祖母も長い髪を片側に垂らして首を切られる稽古をするなど、随分怖い目にあっていたようです。東京では、福澤先生のお世話になって、三田の山に住んでいました。優子の父親が福澤先生のご子息の一太郎様達に漢学をお教えしている時に祖母はそれを聞いて漢学を覚えたそうです。そこで、阿部泰蔵が優子を見る機会があったのでしょうね。祖母の両親はまだ若いから無理だと言ったのですが、祖母はとても綺麗だったし、祖父がどうしても、といって二人は結婚致しました。祖父は色々なエピソードから考えるとそんなに積極的な人とは思えないのですが、鋭い眼力の持主で絶対に良いものは獲得する人だったらしいのね。福澤先生もその結婚に関わって下さったのだと思います。

祖母には、なかなか子供が生まれなくて、もうこれは子供は授からないんだと思っているうちに、最初の子で次男の泰二《たいじ》が生まれました。次の文吉は一年足らずで亡くなり、それから長女の幸子《こうこ》（安川）が生まれた。四男は章蔵（のちの水上瀧太郎）。二女隆子《りゅう》（磯邉）、そして五男舜吾が生まれ、七番目に私の母富子が生まれる。ここまでは全部男女一人置きになっています。母と妹の八重子（日比谷）、女の子が続いているだけに、二人は特に仲良しでした。父は、富子とずっと同じ部屋で暮した八重子の淋しさを案じて、結婚の直前にいつでも遊びにいらっしゃいと手紙を書きました。さて、八重子の後が双子の大六と英兒《えいじ》。二人は柔道が大変強くて、昭和の天覧試合に選ばれて出たんです。そして八男の芳郎、最後に秀助《ひですけ》（二人とも柔道七段）が生まれる。全部で十二人きょうだいです。長兄の圭一は母とは二十三歳違い、母が二歳の時アメリカに留学、九歳の時帰国しました。初対面のような兄は優しく、母は兄の生母が早く亡くなられたことをかなり後まで知らずにいました。

祖父の亡くなった最初の妻、幾野のお母様は、しっかりした方で、亡くなった幾野の写真を切

阿部家系図

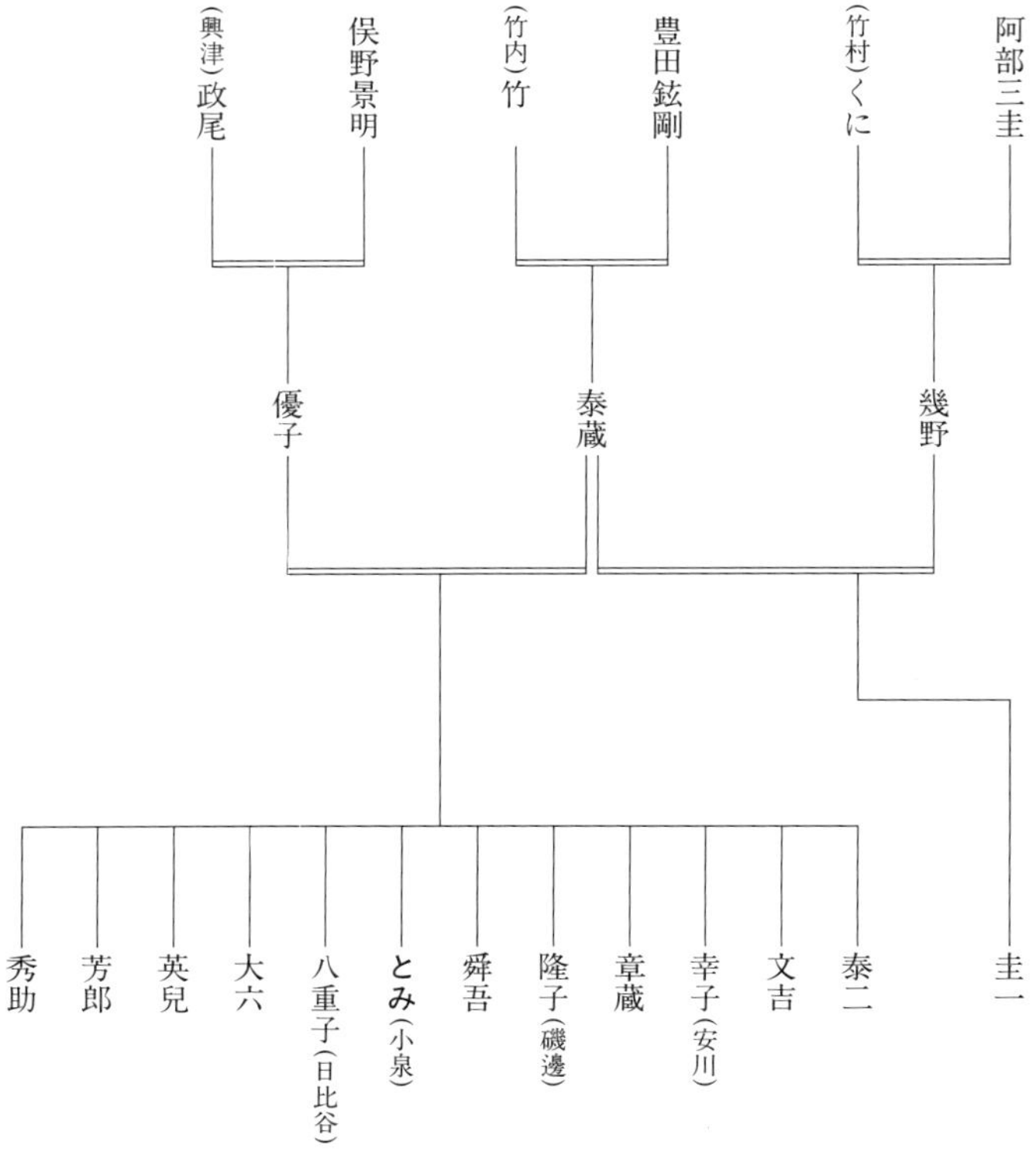

阿部三圭
(竹村)くに
豊田鉉剛
(竹内)竹
俣野景明
(興津)政尾
幾野
泰蔵
優子
圭一
泰二
文吉
幸子(安川)
章蔵
隆子(磯邊)
舜吾
とみ(小泉)
八重子(日比谷)
大六
英兒
芳郎
秀助

って川に流し、優子に「これからはあなたを娘と思う」と言われたとか。だから幾野の写真はありません。祖母優子の母と幾野のお母様の二人は一緒に暮していました。大ばあさん（幾野の母）、小ばあさん（優子の母）と呼ばれていたそうです。鎌倉にその二人がいて、私の母はそこでしばらく暮しました。それは母が小学校にあがる前に三田の御田《みた》小学校に行くか鎌倉の学校がよいかと祖父に尋ねられ、海で遊ぶ楽しさを思って鎌倉と答えてしまったからでした。二年後転校して御田小学校の生徒になりました。

阿部の家は三田の松坂町にあり、ちょうど魚藍坂下の交差点より二、三軒入った所だったと思います。福澤先生の門下生は先生のおそばに住んでいたかったのでしょう。

『阿部泰蔵一代記』

大正八年二月、祖父阿部泰蔵は避寒のため、一人で熱海の宿屋に滞在していましたが、雪の日、お風呂に入っている最中にガラスで怪我をして倒れました。お風呂場のガラス張りの天井に雪が積もっているのを、雪かきの人が知らずに踏み、割れたガラスが太ももに刺さったのです。怪我をした時一人であったために、次に風呂場に人が来るまで気づかれずに倒れていたわけで、大変な出血だったそうです。熱海の病院に運ばれ、東京からは祖母、大阪からは転勤中の章蔵が駆けつけました。

結局はそれが原因で、祖父はひどく弱ってしまいました。大正九年の阿部一家勢揃いの写真があります。両親を中心に十二人の子供。祖父の怪我が一応よくなっての記念でしょうが随分衰えており、母はそれを見るたびにあの怪我がなければと残念がりました。

祖父は長い間簡単な日記をつけていました。初めのほうにはアメリカに行った時のことも書いてあって、ビールを飲んだのも「ビア」とか、洋服の「カラル」（カラー）を買ったとか書いてある。なかなかこんな簡単な日記って書けないんじゃないかと思うくらい、簡単な日記です。

それにいつ誰が生まれた、「外孫が生まれた」、「内孫が生まれた」というのも書いてある。大正七年一月には「外孫小泉信吉鎌倉に於て生る」とあり、四月二十日、「安川幸子双胎男子を生み信雄義雄と命名す」、十二月七日、「外孫日比谷辰子大阪市に於て生る」。一年間に四人の孫の出生が記録されています。私の夫準蔵は阿部の二男泰二の二男ですが、大正八年六月生まれのため、日記に書いてもらえませんでした。弱々しい祖父の姿は覚えておりましたけれど……。祖父が大正十三年に亡くなった後、章蔵が祖父のために生前の日記などを集めて作ったのが『阿部泰蔵一代記』なのです。

三田の三婦人——小泉祖母と阿部祖母

小泉と阿部、両方の祖母は「三田の三婦人」と呼ばれていたそうです。もう一人は福澤先生の長女お里さまですが、そのご事蹟を私は存じません。私の二人の祖母の評判は、人によっては簡単な相談事は阿部にして、もっと難しいのは小泉がいいと言われていたそうです。何しろ小泉の祖母のほうがきついし、しっかりしていたから、一番難しい時は小泉のほうに行けっていうことだったらしいのね。親しい家のお嫁入り仕度などお頼まれすることも多かった。好みがよいのと決断力を発揮して祖母に打って付けの役でした。阿部のほうはゆったりとして気の広いところが親しみやすかったのでしょう。二人の祖母はお互いに訪ねあったりして関係はとてもよかったと思います。阿部の家に行っていると、*門野幾之進先生、鎌田栄吉先生、あの頃の慶應の先生の奥様方がいらしていました。大きな声でお話しになって、「わっはっは」なんて笑って、一般の老夫人とどこか違い、ちょっと怖いような感じが致しました。福澤先生の門下の女性達は本当に楽しそうでした。昔福澤先生のお宅での集まりに祖母達もよく伺ったようですが、そういう時でも「男の人は働くけど女は皆座っていてよかった」と言っておりました。その頃としては珍しいことだったのじゃないかしら。福澤先生の影響で、女の人が大事にされていたのだと思いますね。

小泉も阿部の祖母も、政治のこと、世界のことを父に聞いておりました。小泉の祖母を松本の伯母は「政治おばあちゃまだわ」と言うのでした。阿部の祖母は日支事変（日中戦争）が始まった時には「味の悪い戦争だね」と言い、父は「阿部のおっかさん、うまいことを言う」と感心していました。

幼い頃の父

父と姉の千は、小さい頃からとても仲が良かったようです。祖父が病気になった時に、千は賢くて、お医者様を呼びに行ったり、色々と祖母の手伝いができたのに、自分は何もできなかったとのちに父が申していました。その時の六つと八つでは大分違うのが当然でしょう。

千は情け深くて、少女の頃から利己的な振る舞いをすることが一回もなく、生涯を通じて一族皆のお姉さんらしいお姉さんでした。父よりも二歳上だけに亡父の記憶も多く、憧れの的でした。初めて芝居に行った時、九代目団十郎の大星由良之助（大石内蔵助）を見て、お父さんはきっとこんなふうに素敵だったんだなと思ったそうです。

父は父親のことをあまり覚えていない。満三歳になる頃、桜木町の家へ引越した時に、父に連れられ、姉と二人で新しい家へ行ったと「わが住居」の中に書いているのが珍しいくらいです。あとは、マッチを擦ることを覚えて、家の外でマッチを擦って遊んでいたら、それを「窓からおとっつぁんが見ていた」こと。

その他には妹の勝子が病気をした時に、明け方になるとお腹が空いて「お饅頭が食べたい」って泣く。初めのうちは皆なだめたり叱ったりするのですが、ついにしょうがなくなって、爺やさんがおぶってお饅頭を買いに行き、それを皆で夜明けに食べるのです。祖父が「お勝のおかげでおいしいね」と言ったとか、本当に僅かな思い出しかないのでした。

ですから父は「父親」というものがよくわからなかったのではないかしら。全くの独学で、お父さんというより、運動部の部長、または相撲の親方という感じでした。こうだったら面白いだろうと思ってお父さんをやっていたのでしょうね。お父さんと相撲を取りたかったところを代わりに子供ととっていたんじゃないでしょうか。福澤先生もお父さまを早く亡くされていますね。先生は甘い父親でいらしたから子育ては僕のほうが良いかもしれないと父は豪語していましたが。

母は父の妹の信子と御田《みた》小学校で一緒で、とても仲が良かったの。慶應関係の方は多くが三田周辺に住んでいらしたから、母達は学校から帰ると山の上（慶應義塾の構内）へ行って遊びました。教室の机を並べた上の鬼ごっこなど。塾僕さん（用務員のこと）には掃除の邪魔になったでしょうが、叱りもせず、自由に遊ばせて下さったそうです。学校にゆかりの深い子供達だったからでしょうね。

小泉の娘達も阿部の娘達も御田小学校から香蘭女学校に進みました。母が小泉家に遊びに行って信子と話したりしていると、「兄さんのお出かけだよ」とお母さんが呼びにきて信子は兄さんのお世話をしに行きます。母はそのたびに驚いていたんですね。阿部の家はみんな出たり入ったり勝手にしていたし、親も洋服は自分で始末している。それなのに小泉のお兄さんは随分世話をされているので。今考えると、この信子はお父さんが亡くなって一週間後に生まれたのですから祖母は信子に旦那様の世話のようなことを練習させておきたかったのではないでしょうか。

母が本当に幸せだったと思うのは、兄章蔵の親友と結婚して、しかもその妹とは子供の時から仲が良い間柄だったことです。

母と十一人の兄弟姉妹

母は両親を尊敬していて、晩年も弟の秀助と二人で「私達、良い親があって幸せねぇ」「本当にそうだねぇ」なんて話し合っていました。父が母の両親を好きだったのも、母の大きな幸せでした。父は自分の父は早くに亡くなっているけれど、同じように福澤先生の許《もと》で勉強した義理の父、阿部泰蔵をとても尊敬していました。だけど、色々考えてみると福澤先生は小泉信吉《のぶきち》のほうがもっとお好きだったみたいね。小泉信吉のほうが面白い人ではないかしら？　以前福澤先生のご子息の福澤大四郎氏の対談を読みましたが、その中で「父（福澤先生）は小泉信吉さんが贔屓で……」とおっしゃっていました。阿部泰蔵は、真面目過ぎるような人だったらしいけど、面白いことは好きだったらしく、父が『吾輩は猫である』を教えたら「実に面白い」と喜んでくれたそうです。

母は、兄弟姉妹皆と仲が良くて、上から二番目の泰二はあまり歳が離れてるので少し怖かったらしいのですが、動物園に連れて行ってくれたりしたそうです。泰二の次、長姉の幸子は十一歳上で、結婚は母の七歳の時でした。長く九州住まいでしたが、筆まめで文通は絶えず、八男三女の母である姉に、母は何かと相談していました。

四番目の章蔵（のちの水上瀧太郎）はそれはもうまさに母の恩人で、小説を読めと薦めてくれたり、芝居を見せたほうが良いと祖母に言ってくれたり、絵の展覧会に連れて行ってくれたりお蔭でとても幸せだったと母は申しておりました。

それに何といっても、章蔵は父の親友ですし、一緒の時期に留学もしていて、その間に「結婚するなら富子が一番良い」って、父に吹き込んでくれたわけですからね。

次は姉隆子。お琴が上手でした。戦前、母はよく姉や私を連れて行き、子供は子供同士遊び、親達はお琴を弾くという楽しい時を過ごしました。昔、父が阿部家へ遊びに行った時「お隆さんは木の上で読書していた。活発な少女だった」そうです。

母のすぐ上の兄舜吾は変わった人で、金魚を飼う名人、学生時代は野球の選手でポジションは二塁。アメリカに遠征もしている。勉強はあまり好きでなくて、お友達のノートを妹二人に写させました。写し終って部屋を出ようとすると、「人がいないと気が散るから傍に居てくれ」と言う。それでも逃げ出そうとする妹達は組み敷かれてしまいます。そういう変わった義兄舜吾が父は大好きでした。

そして母の下が八重子、その次の双児の大六と英児は、揃って柔道八段、昭和の天覧試合に選

熱海旅館にて　阿部家家族写真
後列左より秀助、大六、章蔵、圭一、泰二、舜吾、英児、芳郎、
前列左より八重子、隆子、祖母優子、祖父泰蔵、幸子、母とみ。

ばれて出たほどですが、性格は比較的おとなしい。下から二番目の弟の芳郎は、十二人の中でも一番面白い人。末の秀助は真面目な勉強家、母と気が合い、兄信吉は幼い頃から可愛がってくれたこの叔父が大好きでした。信吉の死後、父が母に「秀ちゃんを養子にしたらどうか」と言ったこともありました。

何しろ十二人もいるとそれぞれ面白く、祖母在世中は祖父の月命日の夕食には、十二組の夫婦が、祖母の家に集まりました。父は十一人のきょうだいとの付き合いを楽しみましたが、戦後になって外国の方とのパーティーに夫婦同伴で出るようになって、母に悩みが増えました。話題がなくなると、父が「うちの家内は十二人きょうだいで」と話し始めるのだそうです。「犬みたいじゃありませんか、嫌だわ」と言って。

阿部の兄弟はスポーツマン揃いですが、母方の才能を受け継いだのでしょう。阿部泰蔵は運動が苦手だったらしく思われます。箱根でつり橋を渡るときに履物を脱いで這って渡り始め、うしろから祖母が傘でつついて渡らせたとか。怖がりで、高所恐怖症でもあったようです。

母とみの娘時代

母自身はこの兄弟の中で一番内気で目立たない存在でした。仲良しの妹の八重子が「一緒に富士山に登りましょう」とか遊びに誘うのを全て断りました。この八重子は衆目の見るところ元気で主張が強い妹だったようで、着物を買ってもらう時でも、母は祖母が良いと言うものを着るけれど、八重子は「どうしても椿の模様のお振袖がほしい」などとはっきりしたことが言える人なのです。

母は祖父に信用されていたらしくて、金庫番を任されたりしたようです。

ある時、親類の集まりがあって、大きなお菓子を切ることになりました。そうしたら祖母が「富子を呼んできなさい」って言う。隆子だと大きく切りすぎる、八重子では小さすぎるだろう。富子ならちょうど良い大きさに切る。そういう人でした。

人と生まれ貧しく暮らすも嫌なれど威張って暮らすも嫌なものなり

これは母が九つくらいの時に作った歌です。「歌ができた」といったら、母方の祖母（小ばあさん）が書き取って下さった。そして、

月花を見るより嬉し十一に足らぬ乙女の大和言の葉

と返歌をくれました。母は本当にこの歌にぴったりの一生だったと思います。

その小ばあさんはとても文学的な人で、母の兄の章蔵（水上瀧太郎）は子供の時に小ばあさんから色々な話を聞いて楽しんだのが文学へ進む糸口になったのではないでしょうか。小ばあさんの子である私の祖母優子も和歌のたしなみがありました。長女安川幸子の夫が早く亡くなった時には、

雪折るる松とも知らず老いの坂登る杖とも頼みしものを

と詠みました。孫が生まれると男の子なら松や竹、女の子は姫松などと詠んだのですが、あまり次々生まれるので我が家の三人にはありません。阿部の孫は祖母の死後五人増えて総勢五十三

人になりました（平成二十年一月現在は二十一人）。

母自身は、自分はわがままの仕方がわからなかったって言いますけど、私達に言わせれば、相当わがままですね。嫌いなことは何にもしない。多くの方は母が楚々とした姿をしているので、おとなしいと思ってらっしゃるけれど、絵も字もしっかりしたものをかきますし、中身はかなりしっかりとした人のように思います。

父にも色々注意をしていましたしね。その時父がちょっと嫌そうな顔したりすると、「あなたには誰も他の方が言って下さらないから、せめて私が言わなきゃ」と言い、父は少々シャクに障っているらしいのですが、「有難い有難い、僕に過ちなからしめようと言うわけだ」と応じました。父も母も福澤門下の家で育っているから、ものの考え方がどこか自由で、お互いに楽だったのではないかしら。母の妹の八重叔母のほうが結構旦那様に仕えていたようです。八重子の嫁ぎ先は商家だから、色々しきたりがあったりして苦労したようです。

泉鏡花の阿部家訪問

もう母や八重子が結婚した後のことですが、章蔵が尊敬する泉鏡花*先生を阿部家にお招きしたことがありました。

その席には、久保田万太郎さんや父も呼ばれ、章蔵がおもてなしをしたのですが、鏡花先生のためにあれこれ気遣って、妹二人（八重子ととみ）には丸髷に結ってこいと命じました。いよいよ鏡花さんがお着きになると章蔵があまりにも鏡花先生に尽くすので妹達は何だかくすぐったいような、気分になったそうです。「あの章さんがぺこぺこして、色紙をいただいた時も『瀧へ』と書いて下さい、なんてお願いするの。可笑しいやら恥ずかしいやら」と後々まで母が思い出しておりました。鏡花さんは一見貧弱な感じの方ですから、八重子は、「鏡花さんてタバコ屋のおじさんみたいね」と言ったら、章蔵の機嫌が悪くなりました。噂では鏡花さんは尾崎紅葉のお嬢さんを章蔵と結婚させたかったとか。ちょっとありそうな話ですよね。

母のすぐ上の兄の舜吾は章蔵の鏡花熱が嫌いで、鏡花さんが亡くなった時、「むしろさっぱりした」って言ったそうです。章蔵がそれだけ夢中になると、兄弟達は皆何となく落ち着かない気分になったのだと思います。

母は鏡花の作をあまり好きではありませんでした。父はよく読んでいて、『歌行燈』が特に好きでした。新派の花柳章太郎、大矢市次郎が『歌行燈』を上演した時、姉と私を連れていってくれました。

母と八重子は少女の頃巖谷小波の大愛読者だったようです。三田通りを車で通った時に、向こうから巖谷さんの車が来てすれ違ったら、二人とも真っ赤になってしまった。

阿部兄弟姉妹は皆一通り文学好きで絵も上手。それはスポーツ同様祖母優子のほうから来ているものです。

泉鏡花来訪の折に妹達の丸髷を結った髪結いのおさださんは、母が結婚する時にも支度をしてくれた人で、飯倉片町の下津佐という写真屋のお隣でした。とても上手で姉も私も結婚の時に世話になりました。母と違い私達は鬘《かつら》です。姉の時には「鬘合わせに来て下さい」と言われ、鬘をかぶってためしました。私の時はおさださんは鬘も持たずにきて、手で頭のサイズを計って「わかりました」と帰って行きました。それでいてさすが名人、ぴったり似合うようにできていました。

母と姉妹
左より幸子、母、八重子、隆子。

両親の結婚

母と父が結婚するまでには、母の兄の章蔵が散々母を推薦してくれたわけですが、父はすっかりそのつもりになって、留学中にパリでかわいい指輪をふたつ買って帰って来ました。ひとつは父がいない間に結婚した妹、信子の結婚祝いで三粒のダイヤ、もうひとつは阿部富子のためで、二粒のダイヤの間にルビーが入った指輪でした。

ずっと後に戦争になった時には、金をすべて献納しなければならなくなってしまいました。帯留めの裏に金が貼ってあったりするのを、違うものと付け替えたりして。その時に信子叔母が父からもらった指輪を持ってきて、「兄さん、これどうしたらいい」って聞いたんです。母ももらっていたから、二人でどうしようか困っていたら、父が「出さなくていいだろう」と言って結局出さなかったのですが、空襲で二つとも焼けてしまいました。

両親の結婚は、美澤進先生[*]ご夫婦がお仲人でした。結納の日に美澤先生が阿部家にいらした時、祖父が「ふつつかな者ですが、宜しく」と言っていたのを聞いて、母は自分がふつつかだとはその時まで思っていなかったので、泣いてしまったそうです。

母の姉二人の婚家先はそれぞれ豊かな家でした（母の二年後に結婚の八重子も同様）。

小泉の家は、祖父がおりませんから、姉達に比べるとつましい家にゆくわけです。母は結婚の前に、祖父から「お前のところは一生貧乏だから、そのつもりで行きなさい」と言われました。

大正五年の十二月に両親は結婚しました。披露宴をすませて、新橋から鎌倉まで汽車に乗ったんですが、汽車に乗る前に父があらゆる種類の新聞を買ったので、母は驚きましたが、後年「あれは示威運動だったかもしれない」なんて言っていました。

二人の新居は鎌倉の小町でしたが、鎌倉に住むことは父の姉の千の発案でした。祖母の厳しさに母が苦労するのではと案じたのね。それを受け入れた祖母が偉いと思います。今でさえ、長男を手放したがらない人があるのに、母親一人で六つから育てた子をよく手放したな、と感心してしまいます。

新婚旅行は結婚してしばらくしてから関西へ行きました。阿部の祖父が滞在中の熱海の宿屋に寄って、それから関西に行った。向こうで梶原可吉さんなどお友達をお訪ねしたりして、楽しい旅行をしたらしいの。

旅行中に道で、「ホームホーム　スイートスイート　ホーム」って囃《はや》す人がいたとか。道で働いている人達が言ったというから、面白いですね。やっぱり旅行だし、少しお洒落もしてるでしょうし、いかにも初々しい新婚夫婦と見えたんでしょうね。

先ほどの父が贈ったダイヤモンドの指輪ですけど、新婚当時、父はどうしてダイヤが大事か質問するのです。高いからか、って。そうすると母が綺麗だからって答える。綺麗なら安くってもいいのか、とまた聞きただす、何かにつけて議論を吹きかける厄介な旦那様でした。

両親が結婚すると、ある雑誌か新聞に「阿部氏令嬢の結婚」と記事が出ました。父はそれを見て、阿部で言ったんだろうと相当怒ったらしい。そんなことを言う家ではないので、母は随分悲しかったらしいです。阿部泰蔵が明治生命の社長だったし、母の結婚の少し前に勤続二十五年表彰の盛大なお祝いが催されたので、ニュースの種にされたのでしょう。

結婚した時に、父は、母がお里に遊びに行かれるように、汽車の回数券を買ってくれたそうです。それはとってもいいことだと思いますね。それから、父が経済学の講義の最中に「富」という言葉が出てくると、学生さん達はその時先生の顔が赤くなると言ったとか。

第3章　御殿山時代の思い出

父の旅先からの手紙

父は、旅先から家族友人その他に手紙を書く人でした。私が初めて貰ったのは、父が上海に行った三歳の時です。

「タエコサン　キゲンハドウデスカ　アマリナカナイホウガヨイ　コイズミシンゾウ」

この手紙が私は恥ずかしく、ずっとしまっていました。幼いくせに、泣くことが問題にされたのが何だか癪に障ったの。生意気にも。戦災で焼けてしまいましたけどいまだに水族館の絵葉書の魚の群が右から左に泳いでいるのまで思い出します。各地の三田会訪問の旅行でも、実に頻繁に絵葉書をくれました。子供三人一緒の時もあるし、それぞれの時もありました。昭和十七年四月十八日に東京に初の空襲がありました。その時も父は四国の三田会に行っていました。そこからの葉書は和歌一首。

大君の都の空を仇の機の冒せしと聞き怒りおさへがたし

間もなく帰宅した父は「あの歌をどう思うか」と聞きました。「漢文かと思った」。ありのままを言ったのですが、「妙子に意地悪された」と言いふらしました。相当な自信作だったのでしょう。短い旅だと父が帰ってから父の便りが届く。まずそれを取り出して読むのが父でした。

わが家の歌人

阿部の祖母は、和歌が上手。わが家ではそれを姉が受け継ぎ、随分小さい時からちゃんと和歌を作ることができました。もっと小さい時に、姉が童謡のようなものを作った時から、母は一冊のノートを決め、書きとめることにしました。姉が歌を作ると母が書くので、私は羨ましくて「私も作る」と言う。姉が「できた」って言うと私も「できた」って言うんだけど、言ってから作るから大変なんです。母がその度に、いちいちノートに「妙　○歳」なんて書いてくれていたの。多分苦笑しながらでしょうね。皇太子殿下（今上天皇）の御誕生は昭和八年十二月二十三日。

昭和九年のお歌会始めの御題は「池辺の鶴」でした。姉がその題で詠みました。

日御子《ひのみこ》も池のほとりに遊ぶ鶴も共に栄えん治まれる世に

それを母が祖母に見せると、祖母が

日御子の御栄え祈る乙女子の上にぞかかれ神のみめぐみ

と、返歌をくれる。これは昭和九年の正月ですから、姉が十二歳にならないくらいです。すごいでしょう？　他にも、

満州の兵を思えば降る雪も寒くはないと思ひけるかな

があります。私は全然和歌ができなくて、

私のお人形の名はマーガレット

私のお誕生日はもうすぐよ

なんていうお粗末なもの。でも母がちゃんとノートに書いてくれました。私は初めから俳句向きだったのかしらね。

兄は、小学六年生の頃に一人で行った逗子の海岸で子供が遊んでいるのを見て

海岸で加代子くらいの子を見たらなんとも言えぬ感じしたかな

って作ったんです。その頃の作には、

日曜の朝に二人の妹は指を折りつつ歌を詠むかな

もあります。私も姉と一緒になって指を折っていたらしいのね。

古の奈良の都に来てみれば桜かざせる宮人はなし

は、十八歳頃の作ですが、これは兄の得意の一首でしたから、ついでにお話ししておきましょう。
祖母の古稀には園遊会が催されました。

我が祖母は数ある孫に囲まれてめでたく古希の春を迎へぬ　信吉

祖母の家いつしかみなが集まりて笑いの園となりにけるかな　加代

おばあさまのお祝ひにゆき玉手箱いただき帰るみなの喜び　妙

祖母が私達に塗りの引き出しをくれたので、それを玉手箱と言っているの。私は六歳、姉は九歳、兄は十三歳でした。
なお、その時祖母は自作の和歌を小風呂敷に染めて配りました。

稀なりと聞きし齢の坂こえてなほすゝみ行く身こそ幸なれ　優子

次にもう一首祖母らしい作。

うちむかふ鏡の前ぞはづかしきせめて心に塵はとゞめじ

母がつけてくれていたノートの一番初めは加代三歳と書いてあったと思います。数え三歳ですから満二歳と何ヶ月か。

湿布がどんなに熱くても加代はいつでも我慢する

これが歌のノートの始まりです。それから四歳頃に

笹がさらさら鳴ってます月の出るのを待ってます

この歌には後日談があります。母の弟の芳郎叔父が食事に連れて行ってくれて、海老のフライが出たときに、

お腹がぐうぐう鳴ってます次ぎの出るのを待ってます

と、叔父が作りました。それからもうひとつ、姉の作

月が出た桜の花がきれいだな

というのも叔父が変えてこうしたの。

皿が出た海老のしっぽがきれいだな

芳郎叔父は中年からは俳句に熱心で佳い句、面白い句を残しました。

岡麓先生

父は和歌作りには関わりませんでしたが、姉の腕前は大いに認めていました。ちゃんと勉強したほうがいいということで、姉が女学校三年の時に、水上瀧太郎（阿部章蔵）に相談したんです。そうしたら聖心女子学院には岡麓《ふもと》先生がいらっしゃるからお願いするのが一番良いと。岡先生はアララギ派で正岡子規の愛弟子でお偉いし、本当に品の良い歌をお作りになる方でした。それで姉は歌を教えていただくようになったんです。後には母や父の姉妹の松本千や佐々木信子も皆弟

子入り致しました。父は歌を作らなかったと私は思っていましたが、若い頃にはかなり明星風の歌を作っていたことを青年時代の日記で知りました。

岡先生は聖心のお習字の先生だったのですが、学校では歌のお話は全然なさらなかった。先生が高名な歌人であることを私の同級生はほとんど知らなかったほどです。

聖心は本当に岡先生をもったいなく使ったと識者は言われます。人数の少ない学校でしたけど、女学校が五年あって、大体一学年一クラスで五十人くらいの生徒数。それに小学校の一年から六年までも加えて、岡先生は相当な人数の卒業証書の名前を全部一人でお書きになっていたんです。花壇の木札までも先生に書いていただきました。本当にもったいないことだと思います。

聖心女子学院

私も姉も小学校から聖心ですが、母は自分が香蘭女学校出身だし、父の姉妹もみな香蘭だったので、香蘭と考えたかもしれません。でも香蘭には小学校がなく松本の伯母がすでに娘二人を聖心に入れていたのでそれに倣ったのです。今は聖心も入学試験がありますけど、その頃は楽で、試験の日なんてないの。ある日母に連れられて学校に行きました。もちろん打合わせはした上でよ。すると、外人のレブレントマザー（校長）と教頭の平田先生が会って下さった。それで、母とちょっと話をなさって、私に歳をお聞きになり、次に「兄弟は何人」とお聞きになった。私は

「三人」と答えた。そうしたら「お妹さんありますか」ってお聞きになるから、「あります」って答えたんです。あちらはよく家の事情を知ってらっしゃるので、「おや、どなた」とわざと聞き返される。そこで私は「自分」と答えたんです。そうしたら先生がニコニコ笑って「春になったらいらっしゃい」。レブレントマザーも笑顔で頷いていらっしゃる。合格です。今だったらとても駄目でしょうね。

入学試験といえば兄は慶應義塾幼稚舎（小学校）の入学試験で、「お父さんは何をしていますか」と聞かれた時に窓のところまで行ってそこから見える慶應の図書館を指差して「図書館長」と言ったんです。「おばあさんは何をしていますか」という質問には、「電車に乗って、三越に干物を買いに行きます」と答えたそうです。その二年後の私の夫の試験では、鋏を人に渡す時はどうするか、と聞かれたとか。二年違って学校のほうも少し変わったのかもしれません。

長かった制服のスカート

その頃の聖心は厳しくて、制服のスカートは膝下一寸（約三センチ）でなきゃいけない。でないと徽章をあげないという規則でした。シスターがものさしでスカート丈を測って、それで膝下一寸にしてくると徽章を下さる。一回駄目で二回目に許されました。ところが母は私が小さいから、歩きにくくていけないと言い、徽章をいただいた後で、たちまち短い丈に戻してしまいました。帽子も入学してからいただきました。姉が制帽、私はベレーの写真は入学式の日です。

制服は夏でも長袖で長い靴下。「お家に帰っても袖なしはいけません」と言われていたのですが、教頭の平田先生のお孫さんが半袖を着ていらっしゃったのを見たという人がいて、皆口をとがらせました。

聖心入学の頃に姉加代と

夏になると制服は少し薄い生地になりますが、長袖と長靴下は変わらない。シスター達は布をたっぷり使って裾の長い衣を着てらっしゃるから、それが普通みたいになっていたんです。

あの頃は今より涼しかったのでしょうね。それでも二学期になって学校から帰ってきて、靴下を脱ぐと何て気持がいいんだろう、と思いました。

私はお友達を家に呼んだり、お友達の家に行くということがなかった。早く母を亡くした私より二歳下の従妹敦子は祖母の家におり、祖母が私を敦子のご学友にしたんです。だから敦子とはよく遊びました。いとこは他にも小泉側、阿部側にたくさんいましたから、学校以外でお友達と遊ぶなど考えもしませんでした。

姉の「検閲」

姉は小さい時は怖がりで、泣き虫でした。三月二十二日の早生まれで幼稚園にも行かなかったから、学校に行って初めて、列に並ぶとか手をつなぐとか、初めてのことばかりでたちまち疲れてしまい「首がまがっちゃったの」ですって。小学校二年生まで、手伝いの初さんが学校へ送り迎えをしていたのですが、初めてお迎えが来ない日に、姉が泣いてしまったんです。先生から「加代子さんが泣いてらっしゃいます」と電話があった。そこで、母が私を連れて迎えに行きました。

私は姉を見ていたせいもあるし、姉と一緒に学校に行くこともあるから、通いだして一週間ほどで、「お供はいらない」ときっぱり言ったの。その頃の私は気が強かったのです。あの頃、母は私が姉をしのぐのを心配したのではないかしら。私には抑えようとされた感じが残っています。その結果か、今はかえって私のほうがおとなしくて、姉が強い。姉は女学校の三年（現在の中学三年）くらいの時に急に強くなったんです。弱くてはいけないと思ったと言うのですが、私に対しては初めから偉いお姉さんでした。

幼い頃庭で遊んでいると、姉が私を大きな石の上に乗せちゃって「女神様って呼べば来てあげるからね」と言っていなくなるの。「女神様」と呼ぶとやってきて下ろしてくれるんです。ままごとではいつも姉がお母さんで、私は子供か良くて旦那さん。私もお母さん役になりたいから、従妹の敦ちゃんのところにいって、お母さん役をやっていました。

私が女学校に進むと姉は私の本を取り調べるようになりました。「こんなもの読んでるの？」とか「まだ早い」とか色々言うんです。自分は新聞の身の上相談が大好きなんですが、親は別に姉を取り締まりません。本屋に行くと、姉も兄も本を買うから、私も買いたくて、本を選ぶと姉が、「こんな本を買うの？　家に面白い本がいっぱいあるのに」って阻止されてしまう。芝居が好きになって演芸画報に興味を持つと「写真だけよ」とお触れが出ました。

私は姉のお古をよく着ました。それは母が四人姉妹の三人目だからお古という物に慣れていて、下の子はお古を着るものと思っている。母の姉妹が集まった時に「六つの時は梅の着物」、「八つになった時は菊」、「そうそう私も」など、順々におさがりを着た話を楽しそうにしているのを聞いたことがあります。私もお古は当然と思っていたけれど、学校でお古を着ている仲間で話すと、「お古を貰うのはしょうがない、親のためにいいことだから。でもその時まわりの家族皆が『とっても似合う。あら、よかったわ』とはやし立てるのが嫌だ。その時せめて「『ちょっと可哀想だけど、これ着てね。そうすればお母さまも助かる』と言ってくれたらいいんだけど」と、一人が言い、皆同感しました。

姉と河上肇

昔は私が悪者で上の二人が同盟を結んでいましたが、後には私と兄がすごく気が合うようになって、姉が一人のことが多かった。仲が悪いってわけじゃないのよ、けれども、気が合う合わないを言うと私と兄とが合う。姉は割合に戦闘的だから四方八方と戦ってて、父にも議論を吹っかけます。父は「河上肇*よりも怖い、苦手だ。河上肇は泣かないけど、加代は泣くから」と言いました。議論に負けたと思うと姉は、「お父様は私が嫌いらしい」って泣くわけ。それで父は困っちゃうんです。河上肇さんと父は、お手紙のやりとりをしていたようです。河上さんは父にとって論争相手でしたが、お互いに認め合ってはいたのだと思います。

論争時代には随分脅迫状なんかも来ていたみたいです。「暗闇に気をつけろ」とか「家族をどうする」とか。ずっと年が経ってから手紙を見せてもらいました。内容はもちろんですが字も気味が悪い。脅迫状の書き方、書体などテキストがあるのかもしれませんね。当時の父はステッキを持って歩いていました。襲われたらステッキだけではとても駄目だけど、「ないよりはましと思った」とのことでした。

遠足の思い出

聖心では私が中学一年になった時に初めて遠足があって、高尾山に行きました。それまでは、学校の外に出るといえば、明治神宮と靖国神社で、全部歩いて行くんです。靖国神社は随分遠かったけど、今みたいに道が混んでないから、皆でゆっくり歩いて行きました。卒業する前には関西旅行が例になっていましたが、私の頃（昭和十七年）は戦局も厳しくなっていたから慎まなくてはならず、それでも東北に二晩行かせて下さった。関西は派手という印象があると学校が自粛したのでしょう。我々の次の組はもう旅行はなく、さらにその次二十年の卒業の組は卒業式の写真もありません。兄達は幼稚舎で海上旅行というのをしたんです。それが二年経ち準蔵の頃になると、浜口首相の緊縮政策のためになくなってしまって残念だったと言っておりました。同じ学校でも時代時代で変わってゆく。変わるのが当然なのですね。

父に勉強を教わる

父には時々勉強を教えてもらいました。英語なんかちょっとわからないところを聞くと、父のほうでその本が気に入って読みふけり、なかなか返してくれないから、「もうそれでいいわ」と言って、お願いしておきながら持って帰ってきたりして。

聖心の女学校四、五年の時かしら、公民は講師の船田中《なか》先生でした。戦後大臣をお務めになった方です。一度だけでしたが船田先生は試験前にあらかじめ問題をお出しになって、当日問題に答えるというやり方でなさいました。父に相談したら、「こんな長ったらしいこと書かなくていい」って、答えが大そう短くなったの。少し心配でしたが父の言うことだし、安心して出したところ、短すぎたせいか、点はちっとも良くなかったのです。

あとは数学を教えてもらいましたが、「これは代数で解けばなんでもないんだけど」と言ってスラスラいかないの。かねて母方の従兄で数学に熱心な人が「君のお父さんは経済学者だけど、数学は駄目だ」と言ったのは本当なんだと思いました。

聖心は高等女学校の上に高等専門学校（戦後大学になる）があって、そこに姉が参りました。父がぜひ行けと勧めたんですが、姉が行きたくないって言っていたんです。なぜかというと、専門の国語の主任が滝廉太郎作曲の有名な歌「花」の作詞者、竹島羽衣先生だからなのです。姉が習っている岡先生は竹島先生がお嫌いなんです。竹島先生の「美文調」を、アララギ派の岡先生は常々批判していらっしゃる。姉のお勉強の時にそれをおっしゃるので、姉もすっかりその説になり「竹島先生って嫌だ。行かない」と言うと、父が「どうしても行きなさい」と、二人で意地になって、夜な夜な行けだの行かないだので泣くような騒ぎが起こりました。結局姉が折れて専門に進みました。行って良かった。無二の親友を得ました。

私は国語が好きでもちろん専門学校の国文科に行くつもりでいたのよ。でも、その時、姉が反対したんです。その頃、専門学校歴史科の男の先生が、奥様がいらっしゃるのに生徒といけない関係になられ、結局お子さんが生まれてしまい、学校をお辞めになったんです。姉は「そういう学校に行ったら大変だから妙子は行かせない」と。それで姉の無二の親友の妹さんが学ばれた今の清泉女子大学の前身である清泉寮学院という短大のような学校に行ったほうが良いと。そこならばテニスにも行けると言うんです。それで私も何となく大好きなテニスもできるならいいな、と思って清泉寮学院に入りました。

父は姉の時と違い何も言わなかったんですが、今になって考えてみると、両親はその頃、戦争に行った兄のことでそれどころじゃなかったと思うんですね。私の卒業は昭和十八年ですから上の学校を決めるのは十七年の夏頃。新聞には出ていなくても戦局の悪さを父は聞いていたでしょう。

私ももっとがんばって聖心に行ってもよかったのに、何となく姉の言うなりになりました。後になってから父が清泉に感心しなかったのか、「今からでも聖心の専門に行ったらどうか」と言ってくれたことがありましたが、戦争の最中だし、楽しいお友達もできたので、そのまま清泉に通いました。

木曜会について

木曜会は大正十三年に麻布本村町の家で始まった父を囲む集まりです。一週間の講義が終った木曜日の夜、初めは毎週で父の研究会（ゼミナール）の学生さんだけで学問の話が多かったそうです。翌大正十四年、私が生まれた年に御殿山に引越しましたが、その頃には研究会の学生さんの数が増え、卒業生も続けてみえたので八畳一間に二十八人座るという記録が残りました。

木曜会のメンバーと。右端に父と子供達

父が塾長になると人数はさらに増えて学問研究で始まった会は雑談を楽しむ会となりました。

「面白いから行こう」と、慶應に入ったばかりの人が先輩に誘われて来たりもして、年齢の幅も大きくなりました。

あまり多くなって困ったので二階の十畳の隣に一間建て増して十八畳にしました。それでも祖母がそこに五、六十人も入ったら天井が落ちるんじゃないかと心配するので、建築家に伺ったら、みんなが一斉に立ったら危ないとか。それで皆に「静かに立つように」と言ったのですが守られなかったそうです。

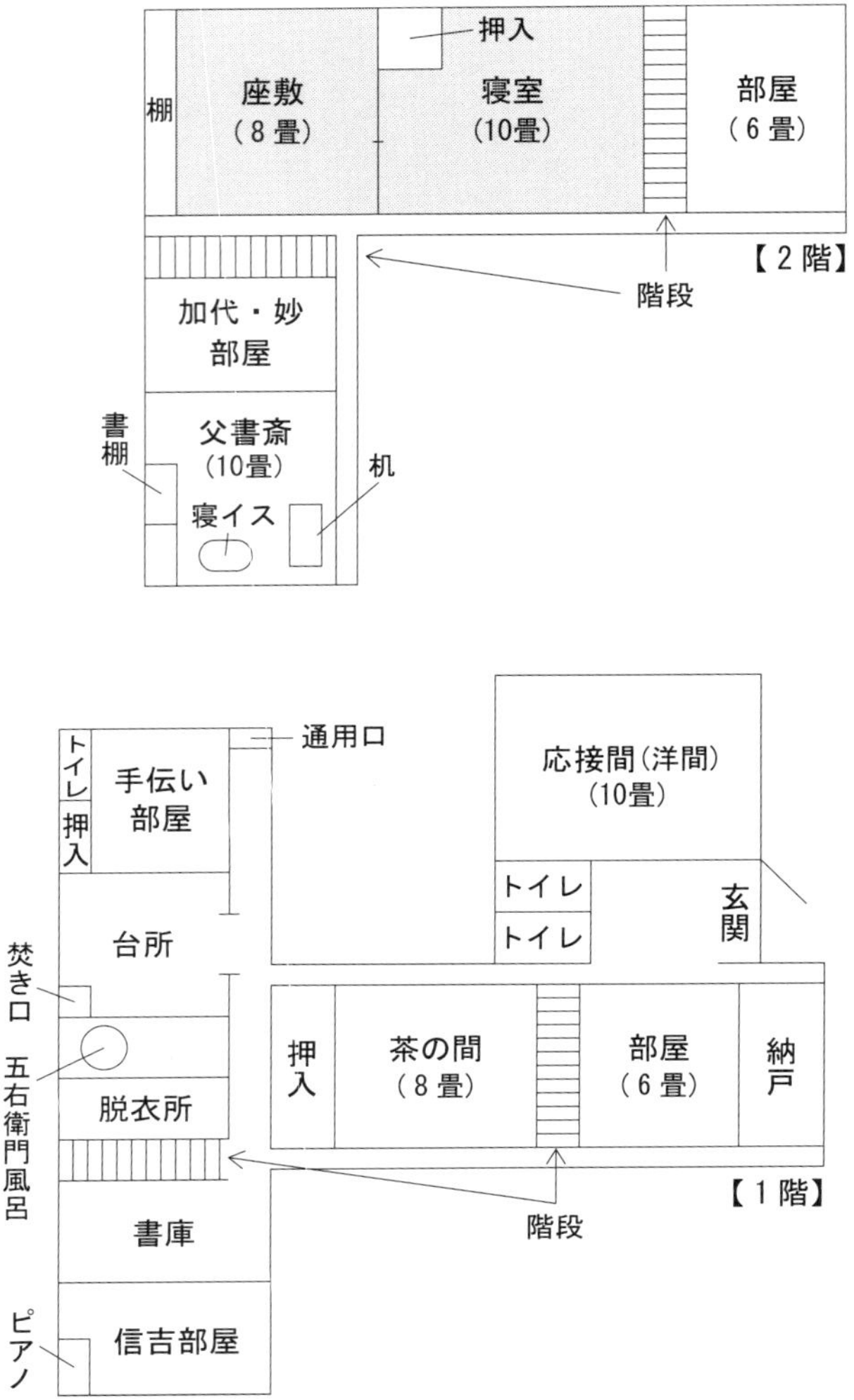

品川御殿山の小泉邸間取り（地坪200坪足らず、建坪約50坪。昭和６年に２階、同11年に１階応接間を建て増し。図は建て増し後。グレーの部分が木曜会が行われた部屋。）

会は七時くらいから始まるのですが、場所取りのためなのか、大変早くいらっしゃる方もありました。私達がその部屋の真下の茶の間で食事をしていると、階段を上がる足音が続き、だんだん人が集まっていらっしゃる。

家族は普段より早く食事を済ませます。時間になって父が出て行く。そうするとたちまち笑い声が聞こえてきてね。しばらくすると手伝いの人がお茶を持ってゆく、またしばらくすると、今度はお菓子とお紅茶を出す。それが六十人近くなると大変で、うちにはそれだけお湯飲みなど揃えていないので、お隣に住む父の従兄の津山家から借りました。ご親切に甘え、お座布団も、紅茶茶碗も毎回貸していただいていたのです。

私はいつもは木曜会が行われる部屋に寝ているのですが、木曜会の日は随分遅くまで皆さんいらっしゃるので、寝室は階段を隔てた隣の六畳になります。

さて、私がいよいよ寝ようと、二階に上がっていくと、廊下にまで人がいらっしゃる。私の足音で、「また何か出るのかな」、「誰が来たかな」って、廊下にはみ出てる方達がご覧になるので、私は大急ぎでその日の寝室に入るのでした。

父が何か言うと皆が笑って、本当に賑やかでした。「ゴー」と風が鳴るような笑い声、あのざわめきは私の好きなことのひとつです。

話を戻します。お茶を出す前には靴を数えるのが私の役でした。人数が増えていくと数を数えるのが、相当難しいんですよ。帰りには、どうして皆がちゃんと自分の帽子と靴を間違わないか不思議なくらい、あっという間になくなるのです。あの頃の学生さんは皆制帽を被ってらした。それも油でつやつやしたのやら、ポマードの臭いのやら。玄関のちょっとした棚が置き場所で、同じ形の帽子が積まれていました。大勢で家からぞろぞろ帰って行かれるので、戦争になってからは、警官に誰何《すいか》されたこともあったそうです。

大体の方は十時、十一時くらいまで残っていらしたのでしょう。その後もまだ残る方があるとおそばをとる。その頃私は眠っていて、わかりません。

電気ブランの話

初期の研究会の方だけの頃は、会の終わった後でお菓子ではなく、お酒を飲んでらしたんじゃないかと思います。父が座を外した間に戸棚からお酒を出して、飲んだ話もありました。父が部長をした庭球部の人達にもそういうことがありました。父が戸棚に入れておいた上等のオールドパーを、皆で飲んでしまった。「おいしかっただろ」と聞いたら、「僕達は電気ブランでもいいんです」と言われて、父はがっくりしちゃったの。本当はおいしかったのでしょうね。

木曜会に関わる思い出として、父は野呂栄太郎*さんのことを書いております。ある時野呂さんがいらっしゃって、うちの茶室にしばらく置いてほしいとお頼みになったんだけど、それがちょうど木曜会の日でもあるし、うちは人の出入りが多いからとお断りしたんです。それでも父はちょっと気になって、「お金で困ってないか」と聞いたら、「大丈夫」とおっしゃった。もしその時あげていたらシンパと見られて問題になったかもしれないと父は書いています。あちらが「欲しい」とおっしゃれば父のことだから助けていたでしょうね。野呂さんは実に頭が良く、良い方で、試験の成績もとてもよかったと父から聞いています。

昭和六年卒の研究会の方はグループの名を信六会として特によくうちにいらっしゃいました。伊東岱吉*さん、福良俊之さん（都新聞、戦後一時NHKの解説者）はキャッチボールしたり、鬼ごっこをしたり遊んで下さったので大好きで、父の亡くなった後までもとても親しくしていました。

信六会の方々、その先輩の有竹修二さんなどが長年木曜会の常連でした。戦後白水会を始めたのもその方達です。負傷後の父が歩行不自由のため家にばかりいては時世に遅れると心配して下さってのことでした。白水会は様々の分野の現役の方を講師としてお話を聞く集まりでした。毎月第二土曜日の午後一時から夕方まで。会の名は「泉」をふたつに分けて白水会となったのです。会員の増減もほとんどなく二十名くらいでした。ただ父が回復してからは会の日に外出することもあるので、講師をお迎えするのはやめになり、誰かが発表するかまたは雑談。小規模の木曜会という雰囲気でした。

好きな女優

木曜会の話題は色々あったようですね。最近読んだ本、見た映画、女優は誰が好きかとか。父は女優でいえば整った美人よりも、個性的でファニーフェイスの方が好きなんです。晩年ですが、「ブリジット・バルドーは体つきもいい、シェパードみたい」と言っていました。他にはマリリン・モンロー、ソフィア・ローレンも好きなの。日本の女優では、山本富士子みたいに整った美人はあんまり好きでないようです。綺麗な人は好きなんですけどね。歌では江利チエミが好きでした。

山村聡という役者、ご存じないでしょうね。学者や実業家、社長さんやお医者さんなどで、慕われる役が多かったの。父はその人のドラマを見ていると「これは正直な奴か」と聞きました。とても気になるらしくて、見るたびに聞くのです。競争心が出るらしいと私達は陰で言っていました。

晩年に慶應の日吉キャンパスで講演した時、終りは雑談にして「君達、女優では誰が好きですか」って聞いたんです。そうしたら学生の答えは「さゆり」（吉永小百合）でした。でも、父はわからなかった。その場は何とかごまかしたのでしょう。「さゆりって何だ」とうちに帰ってきて聞き、やっと判明したわけです。その時は、「時代に遅れた」と、とても残念がりました。

塾出身の杉道助*氏は戦後様々な方を呼んで、父と会わせて下さったんですね。尾崎士郎さんや、井上靖さんとか、今まで父がお会いしたことのないような方を。ある時、女優の団令子さんが来て、父の隣に座りました。だけど、父は全然わかりません。有名に違いないので、どういう映画に出ていますかとか聞いては失礼と思ったんです。困った挙句に、「付けまつげ、痛くないですか」って質問したの。それを聞いて私は笑い転げ、父は憮然としました。「あちらの返事は？」と聞いたら、「『痛くない』って言った」って。杉さんは父より一、二級学年が上です。戦後になってお付き合いが濃くなりました。実に良い方とご尊敬しておりました。

庭球部長を務める

木曜会の始まる少し前、大正十一年から昭和七年末まで十年間、父は慶應義塾体育会の庭球部長を務めました。庭球部のための行事は春秋二度ずつありました。まず早慶戦の必勝祈願として明治神宮に参拝。早慶戦の前日には、当時練習場所だった大森コート近くで合宿中の部員にサラダをたくさん作って差し入れします。お寿司を混ぜる大きな木の鉢に、じゃがいも、にんじん、きゅうり、それに鶏とハムと卵が入ったサラダ（和えるマヨネーズもまだ市販されていなかったのか手製で）を作るんです。それが大変おいしいと、皆さん気に入っていて、ここの家（表参道）に来てからでもまだ「あれがおいしかった」とか「一度食べたい」と言われました。それで作りましたが、青年がコートを走り回った後とは食欲が違いますし、今や会社の重鎮となられた方々のお酒のお肴としてはおいしくなかったようです。「懐かしい」とはおっしゃったけれど。

そのサラダは部長をやめた後も続けました。次の部長の井汲《いくみ》清治先生は、「自分は部長にはなるけど、ご馳走は小泉さんがしてくれ」と初めからのお約束でした。多分昭和十六年の開戦頃まで続けていたと思います。戦後は、早慶戦の前に選手達が家に挨拶に見えることになりました。そこでお出しするのは、西洋菓子なんです。大体、シュークリームをいつも入れていましたが、庭球部代々の言い伝えでは、「きれいに食べるのが難しいからシュークリームはとらないほうがいい」とか。そうとも知らず、こちらは皆さんシュークリームお好きだろう、と思って出していたのでした。

父はシュークリームが大好きなんです。子供の時、「一箱全部食べてみたいものだ」と思っていたそうです。父の姉の松本千も、小さい頃、母（私の祖母）がくれたよりもたくさんシュークリームが食べたいと言ったら、母が一箱ぐいと差し出して、「みんなお食べ」と言ったので、震え上がってお詫びしたそうです。怖かったでしょうね。

父は本当に熱心な庭球部長でしたし、部長をやめてからは熱心な先輩でした。庭球部ＯＢ達との集まりでは、昔の早慶戦の時の選手の一人一人の名場面などを話題に上々の機嫌になりました。

野球の早慶戦は雰囲気から言ってもテニスより興奮します。戦後まもなく早慶戦で負けた時も、「仕方がない。日本だって負けたんだ」と言って、自ら慰めていました。勝てば上機嫌で食が進み、負けて怒るとかえって食欲の出るタチで、モグモグたくさん食べました。父はスポーツの全種目で早慶戦に勝ちたいんです。そうしたら盛大なお祝いをするというのが塾長時代の夢でした。

私が年頃になった時に、お婿さんはどういう人がいいかとか聞くんです。父が言うには慶應ばかりがいいわけじゃない、東大もいい人がたくさんいるし、早稲田だってすごくいい学校だからって。だけど私は、東大はいいかもしれないけど、早稲田だけはやめてちょうだいと言いました。「早慶戦の日、そのお婿さんはどうしたらいいの？　早稲田が勝っちゃった時なんか、居心地悪くて困るじゃない」って言って。いくら「人物本位ですよ」と言われてもね、やっぱり困りますもの。

それから私の縁談で、九鬼周造*さんのご親類の方からというのがあったそうです。その時父は九鬼さんの関係にはうちの娘はやりませんとお断りした。九鬼さんのご先祖が福澤先生に失礼だったというわけでしょう。だから勝麟太郎さんのご子孫でもだめだったでしょうね。

庭球部懐かしのメンバー

庭球部の方達で一番懐かしいのは、昭和三年卒の石井小一郎*さんと昭和七年卒の志村彦七*さん、

＊山岸成一さん、樋口佳雄さん、安田金吾さんですね。その方達は卒業すると父を修善寺の新井旅館に呼んで下さって、お酒もたくさん飲んで大騒ぎだったらしい。

その方々は後になってもまた修善寺行きを実行、母も連れて行っていただきました。新井旅館のおかみさん（前おかみかもしれない）が元気で、昔話に全員笑顔の写真があります。

志村さんは父のためには水火《すいか》も辞せず、という感じでした。甲州のご出身で、お家には大勢の子分衆がいたそうです。彦七さんは大そう乱暴なお子さんだったとかで、甲州のお家へ連れて行って下さった時、お庭にある丈の低い柱を指して「彦七縛られの柱」と笑っておいででした。学校でも暴れて、嫌いな先生にテニスの球をラケットで打ってぶつけたとか。全体に気の荒い学校で、短刀を持っている人もいたそうです。だから志村さんは自分がもし庭球部で父に巡り合わなかったら、暴力団に入ったんじゃないかなと言ってらした。志村さんは卵がお嫌いなのね。卒業記念の修善寺行きの宿で大きな卵焼きが出たら、「こんなの食えるか」と、ぽーんと池に放り込んだと父が言っていました。卵のことはともかく、父は志村さんの気性が大好きでした。

対して、石井小一郎さんは本当に細々と気を遣って下さる方だった。石井さんがいらしたために、父と庭球部との関係が濃くなったんじゃないかしら。のちの「泉会」という庭球部の会ができたのも、石井さんがお考えになったのでしょう。志村さん達は時に反発しながらも、石井さんを重んじてらした。

昭和７年、樋口佳雄（左）志村彦七と（右）

修善寺・新井旅館にて
左端は樋口佳雄、右手前は父、右奥は志村彦七。

父の親友の梶原可吉さんが、神戸からご上京になると、御殿山にいらっしゃる。それはもう大そう賑やかな方で、何かと言うと「ばんざーい」ってお叫びになります。父はからかわれるのは嫌いで、からかうのが大好き。水上瀧太郎も同様で二人で梶原さんをからかっていじめます。そうすると梶原さんが、「小泉信三の不健康を祈ろう！」と言って三人で乾杯する。それでいっそう盛り上がるのですが、ある時石井さんがその席にいらしたの。そうしたら「僕は祈りません」って。すっかりしらけちゃいました。

父は志村さん達昭和七年組が卒業するし、勉強をもっとしようという気持があったので、ちょうどよい機会として庭球部長を辞めました。部長を辞めてからも父がコートに練習を見に行く時は私も一緒に行きました。選手の方達が遊んで下さるので、とても楽しかった。十歳頃のことだったと思います。

志村さんは卒業なさる年に、肋膜炎で学校を休んでらしたから、一年遅れたらどうかと、父が勧めたのですがどうしても早く社会に出たい。それで、追試験を教員室でさせてあげたそうです。志村さんは、教員室で追試験を受けたのは僕だけだ、と言っていらっしゃいました。志村さんは一度だけ父の講義をお聞きになったそうです。

志村さんのお嬢さんのご婚礼の時のスピーチで「自分と志村君の関係は学問じゃない」と父が言ったので、志村さんは「そんなことない。自分は一生懸命勉強もやった」とご憤慨でした。父はちょっとそこで笑いをとろう、笑いをとれると思ったのでしょうが失敗でした。

父は、石井さんのご長女のお仲人もしたし、随分庭球部の方のお仲人（ご披露宴での）を務めました。志村さんの場合だけは、お引き合わせする時から務めていました。一番初めは原田武一*さんの弟、原田直二さん。「僕が一番先だ」ってお得意でした。山岸成一さんは二番なのを、すごく残念がっていました。山岸さんと結婚したのは、私の夫の二番目の姉で、（私にとっては従姉の）桃子です。桃子は成一さんの妹の久子さんと聖心で同級生。二人ともテニスをして親友でした。久子さんはオールジャパンでも強かった。成一さんがぜひと望んでの桃子との結婚でした。二人は年を取ってからもミックスダブルスで良い成績をあげました。成一さんの弟、山岸二郎の奥さんになった辰子（母の妹八重子の長女）は、兄と同い年で、仲良しでした。当時ボートの全日本選手権のスカール優勝の腕前でした。辰子は雙葉学園出身ですが、その頃の雙葉や聖心には運動で活躍する人も少なかったのです。石井さんの奥様も学習院のテニスの選手で大変お上手でした。

父が選手の何人かを和歌で詠んでいますが、成一さんのは、

山岸のヴォレーめでたしエラーして顔しかめぬはさらにめでたし

山岸さんは無口でしたので、父が皇太子殿下（今上天皇）のもとに伺いはじめた頃、殿下はま

だ中学一年生であまりお話をなさらないけれど、「まあ成一も話すようになったから大丈夫だろう」と言っていたこともありました。

「飯《めし》を食いましょう」

庭球部とサラダのお話を前にしましたが、わが家の「魚飯」という料理が、皆さんお好きでした。魚飯は、「興津庵」という料理屋では海老やお魚が入っているものだったのですが、学生さん向きに鶏に変えたのです。鶏と錦糸卵といんげんの刻んだものと海苔と紅生姜。大きい器に盛っておくのを、めいめいがご飯にのせて、それにスープをかける。それを一人ずつすると早く食べ始めた人がおかわりの頃に遅い人はこれからスープをかける段階だったりして、給仕係はご飯を盛ったりスープをかけたり休む間もありません。魚飯の時はいつもより御飯を多く炊かないと足りなくなるのでした。

家族の食卓で、随分色々な方とご一緒に食事を致しました。食事の時に、終わりまで立ってはいけないと言われているのが辛いと思う時もありました。時々いらした澤木四方吉*さんのお弟子さん、美学の相内《あいない》さんは大そうおとなしい方で、痩せてらして食欲がない。すると父が「もっと食いなさい、食いなさい」と言う。おかわりなさると「えらい、えらい」と褒めていました。

とにかく父は親しくなるには、「飯《めし》を一緒に食うのが一番良い」というわけ。だからいろんな方に「飯を食いましょう」とお誘いするのでした。

父の食べ物の好みは、あまりいじりまわしてないもの。牛肉ならビフテキ、すき焼き。魚なら、さしみ、塩焼という風でしたが、何より好きなのは御飯と言ってもよいくらいの御飯好き。それにお酒は欠かせません。

父が酔っぱらったのは一度だけなんです。戦争中まだ御殿山の家にいた頃ですが、幸田露伴*さんの喜寿のお祝いから酔って帰ってきて、床の間を枕にして寝ちゃったの。もうお酒があまりなかった頃でしたから、たくさんいただいたらしいんです。家族は皆冷たい目で「いやあねえ」と言って見ていました。母は若い時に一回だけ見たことがあると申しました。お酒はそれくらい強かったのです。

晩年は二合じゃ足りないようで、毎晩三合くらいは飲んでいたんじゃないかしら。食事の前にまずお燗したのをコップで一杯。食卓についてから、また一杯。次には「今度は半分」とか「コップのこの線までもうちょっと欲しい」とか色々注文するので、母に「ちょっと意地汚いんじゃないの」などと言われていました。毎日そうやって飲んでから一回少し寝て、その後また勉強する。本当によく勉強しましたね。

話の順があちこちしますが、御殿山の頃、朝は父がお寝坊で、私達は学校に行くから先に食べて出かけてしまいます。母は私達と一緒に食べたりしていました。お昼は父が家にいる時なら母と二人。晩はお呼ばれでもなければいつでも五人で食事でした。食事の時は賑やかでした。もちろん父が一番しゃべって切れ目があると姉がしゃべる。その切れ目にまた父がしゃべって。兄が中くらいで母と私は大体聞いていました。私は聞くほうが好きなのね。

父は半熟卵を食べるのが上手でした、卵の上のほうにスプーンでちょんちょんと切れ目を入れて、小さな蓋みたいになったところをとる。誰でも大体同じようにしますけれど、大男の父が細かい仕事をするのが何だか面白くて。おいしそうに食べ始めるまで見ていました。

これは本当か嘘かわからないんだけど、小泉の祖母が言うには、コロッケを普通の家庭で作ったのはうちが一番初めなんだそうです。きっと祖父がロンドンで食べて好きだったんでしょうね。父も好きでした。

第4章　塾長就任

塾長就任

昭和八年、父は塾長になりました。その時は本当に大変な騒ぎでした。祖父信吉《のぶきち》が亡くなったのとちょうど同じ四十五歳でしたから、祖母は大はりきり。嬉しかったでしょうね。祖母は決断の人ですから、お祝いのお魚などがたくさん届くと、これは○○にお分けしろ、これは△△に……、と決めて、お使いをあちこちに派遣し、結局うちにはあまり残らなかったのでした。

当時は三田の山の上でやっていた慶應の同窓会（現在の連合三田会）に祖母を連れて父と一緒に行った時も、お知り合いが多いから、おばあさまは嬉しそうだなぁ、と思いました。

父が塾長になったことは新聞にも随分大きく出ていました。どこの学校の総長よりも若かったんですね。祖母は母を福澤家にご挨拶に連れて行きました。福澤家のご長男の一太郎様にお目に

マスコミ不信の最初となる
『少女倶楽部』に載った写真
(奥が著者、手前は姉加代)

かかり、祖母がご挨拶すると、一太郎様は父が塾長になったのは「衆目の見るところ」と言って下さった、と後まで言っていました。

祖母の妹の主人の鈴木嶋吉は、塾出身の評議員だし、父が塾長になったのをとても喜んで、「塾長になると何かとお金が必要だろう。出してあげる」と言って下さった。伯父の阿部章蔵は、「信さんが死んだら、お葬式が大変だから、家を広くしなくちゃいけない」と、母に言ったそうです。

父が塾長になると、私達も父と一緒の写真が『主婦之友』のグラビアに出たりしました。ちょっと話題になる人の家族の写真を載せるのが、あの頃の流行でした。姉と私が父をはさんで、並んでいる写真を撮って下さったんです。その時すごいフラッシュをたかれたから、私の細い目がまんまるに写っちゃって、説明には「お父様のお話をつぶらな瞳で聞き入る妙子様、九歳」と。おじ達が笑って、「つぶらな瞳を見せてくれ」って。

『少女倶楽部』からも取材を受けたことがあり、それが私がマスコミは嘘をつくと覚えた最初です。写真では夏服を着てるのに「秋風が吹き始めて赤トンボが窓の外を飛びました」。それで「涼しくなったからお窓を閉めましょう、と言ったお姉様と頷いた妙子様と、今勉強に余念がありません」。注文によって勉強のふりをしているだけなのに。雑誌には他の方のご家族の写真も多く載っていて、斎藤茂吉さんの二人のお嬢様のお写真もありました。

父は話題になる人だったのか、それより前にも、『婦人之友』に載ったことがありました。それはまだ兄が幼稚舎の四年か五年で、姉は学校に入ってないくらい、本当は母と子供三人で写るはずだったんだけど、その説明によると、「妙子様は写真がお嫌いで、逃げておしまいになりました」って書いてある。撮影をして下さった方が帰る時には「信吉さんと加代子さんが『さよなら、さよなら』と送って下さいました」と、とてもかわいらしそうに書いてあったから、残念なことをしました。

普通部時代の兄

兄は船が大好きでした。二階の六畳の窓からお台場のほうがよく見えるので望遠鏡（六十センチくらいの筒を台座で支える）を買い、部屋に備えました。手伝いの人達に、掃除の時に船が見えたら教えてと頼んだら皆協力してくれました。幼稚舎五年の時書いた「わが海軍の今昔」は、学校の『智慧』という文集に載りました。すごい題ですよね。その頃すでにかなりの海軍ファンになっていたのです。

ジェーンの『ファイティングシップス』という年々イギリスで出される軍艦年鑑（世界各国の

船が載る）も、中学生の時に自分でお小遣いを貯めて買いました。海軍士官となり、那智に乗る時の喜びはどれほどであったでしょう。

以上は感心な話ですが、大きくなってからの兄は大変お寝坊でした。なかなか起きないのね。それで階段の下から「信ちゃん、信ちゃん、起きなさい」と母が呼びますが、なかなか起きてこない。そうすると父が代って、「信吉、実力を行使するぞ、起きろ」って言いながら階段をのぼるような音をたてます。それでやっと起きてくるのでした。それでも起きなければ大変なことになるのでね。

兄がお寝坊しては困る日には、紙に何時に起こして下さいと書いて私の枕もとに置きます。「足に紐あり」と書き添えてある時はもっと大事な時なのです。それをぐいぐい私が引っ張って起こす役。頼まれたからしているのに「痛い」と言って怒るんです。

また慶應の普通部（旧制の中学校）生になった兄は、電車の中で「胡椒をまいて皆にくしゃみさせるのが面白い」などといたずらをしていたようです。すると父が「扇子を持って行ってやると、もっと効果がある」と教えました。

また家の二階から道を見ていて人が来ると癇癪玉を投げつける。すると皆びっくりするの。それも父は全然止めないばかりか、奨励するくらい。ですから兄は癇癪玉を二階から投げたり、門の内側に隠れていて投げたりするのでした。

学校からはしばしば「すごく面白かったよ」って帰ってくるの。自分ではしないらしいけれど誰かが「先生の帽子をストーブで燃しちゃった」とか、「ドアが開くと、白墨が落ちるような仕掛けをして、面白かった」とか、そういう話ばっかり聞きました（私の夫も普通部生の頃のそういう思い出を話して笑うので、私が「罪滅ぼしに普通部の先生になりなさい」と言ったくらいです）。

そのような学生生活を送っている中学四年生にとって父の塾長就任は迷惑なこと。勉強はできないし、塾長の息子という身の上が嫌なのですから。とってもかわいそうでした。その頃は、成績が家に送られてきたのか、その時期になると兄がしょっちゅうポストを見に行っていました。

よく学校から呼び出しがある。母は、夫が塾長で息子が落第するのはどうしても嫌なんです。でも父は平気。落第するのはとってもいい。とにかく友達が増えるから、ちっとも構わないという説でした。自分も少し危なかったのかしら。伯父の章蔵が普通部時代父に「君は入った、僕は落ちた」と言ったのがどこかに書いてありますね。母の兄弟は次々と落第しました。ある時、兄が慶應の卒業生名簿を見て「変だ」って言い出したんです。母の兄弟達には落第が多いので名簿に書いてある卒業年度が違っていたんです。母は困って、「その時ちょっとご病気なさったの」と言いました。すごく丈夫なおじ達が皆「ご病気なさった」ことになりました。

当時の普通部は五年制で、四年で卒業するか、五年まで一年多く進むかを択べるんですが、兄は五年に進んだんです。そのほうが兄のために良いと父が思ったんじゃないでしょうか。結局この時に兄は力がついたらしく、良かったと兄も言っておりましたし、後に姉と結婚する秋山の兄も五年に進んだので、家では五年まわりは大変良いものになっていました。

塾長になった父は、塾長が特定の学生を連れて歩くのはいけないという考えから、姉と私を連れてレストランなどに行くのに兄は誘いません。すると母が気の毒がって、私も行かないと言います。連れて行かれる私達もつまらなくなるのでした。

ある時、慶應の学生がヨットで遭難して、何人か亡くなられたことがありました。その時に父がすぐ現場の横浜に行くと言うんです。「信吉、一緒に行こう」って言ったら、兄は断った。そりゃあ、断るのが当然だわ、と思いました。だって、兄は特定の慶應の学生ですもの。それで結局、兄と同級生のお隣の津山正夫さん（英夫さんの弟）を連れて行きました。ちょっとした兄の抵抗だったんだろうと思います。その時の心境を尋ねはしなかったけれど。

兄は一時両親に反抗していました。父には随分叱られていたし、母とは普通部三年の時、制服のズボンの裾をシングルにするか、ダブルにするかというのでもめました。当時の普通部の制服の規則は一、二年は半ズボン、三年以後は長ズボンでした。兄はお洒落でダブルにしたいんだけど、母はダブルにすると今にも不良になるかと心配するのです。そうすると兄が、「だけどダブルにすると背が高くなった時に伸ばせるし」と、母の好きな倹約のほうに結びつけるんです。母はどうしてもだめと言う。父は仲裁には入らなかった。結局最初はシングルにして、二回目に作る時にダブルにしたようです。そんなもめ事もありましたが兄は母が大好きで、「お母様、目がいいなぁ」とか「綺麗だなぁ」とか、「湖のような目」とか、相当大きくなって大学生になってからも言っていました。

父の就任後まもなく、兄の組で「総ズベ（ストライキ）をしよう」という事件が起きました。隣の津山英夫さんは、年は兄より二つ上だけれど病気で遅れて同級生。いつもは気の合う仲ですが「君は絶対にしちゃいけない。お父さんに悪い」と言う。兄は、「そんなことない。親父は親父、僕は僕」と叫んで、参加するという。結局総ズベは流れてしまったから、よかったんですけれど。英夫さんは真面目だから真剣にいさめて下さったのでした。

普通部の先生のあだなが面白くて、主任（校長）のカポネさんは橋本孝先生。それから、閻魔《エンマ》、衰弱《スイジャク》、ホワイトマンキー。理科の先生は黴《カビ》、そのお子さんも普通部の先生で、苞子《ホウシ》。閻魔は教練の先生、他には、コブさんという方がいらして、それは数学かしら。

父が困ったのは、兄が亡くなった時、お悔やみに来て下さった中に、先のホワイトマンキーがいらしたんですよ。大体、どなたかいらっしゃると父が母に「これは○○さんだ」と紹介するのに、その時父が名前を言わないので、母はあいまいなご挨拶をした。その方がお帰りになってから父が言ったの。「どうしてもホワイトマンキーしか思い出せない」って。

仙波均平先生

普通部の美術の仙波均平*先生は素敵な方でした。先生は父の親友で、時々うちにもいらしたし、本当に品の良い慎ましやかな方でした。あの方のことを悪く言う人は一人もなかった。普通部生の悪者達でも心服していました。父も大好きでした。自分にないような良いご性質だったからでしょう。色々な美術のお話を、教えていただいたりしていました。

仙波先生は今の頌栄女子学院の創立者の岡見家のご親類で、父とは普通部の同級生でした。水上瀧太郎（阿部章蔵）と仙波先生と三人で楽しそうに話しているのはよく覚えています。父がのちに空襲で怪我をしてから、仙波先生は父の怪我をする前の顔を、将来孫達がわからないといけないからと、描いて下さいました。

仙波先生が父の追悼録に書いて下さったのですが、ある時仙波先生がうちにいらしたら、父が姉と私に「仙波先生に歌をお聞かせしたらどうか」と言い、小学生の二人が廊下で英語の歌を歌ったとあります。何をしたのやら、全然思い出せません。

聖心で英語の詩など習いますと、父はちょっと立って暗誦してみろ、と言います。姉は恥ずかしがらないからすぐやりますが、私は恥ずかしがりなのでためらったあげくに励まされてやるのでした。食事の時などに、食卓にあるものを英語で言ってみろと言われたり。私などは易しいので済む、だんだん難しくなって兄は困っていました。ある時、ゴマを英語で何て言うか誰も分からなかったんです。そうしたら父が「セサミ」って教えてくれた。だから「オープン　セサミ」っていうのもすっかり分かって、今でもゴマを見ると、思い出します。父はそういうところはさすが先生で、ちょっとしたことを教えてくれました。

当時の運動会

慶應の運動会は父が塾長になってからは日吉のグラウンドで行われましたが、その前は三田の綱町グラウンド、それからしばらくは新田（武蔵新田）の野球部のグラウンドでありました。私は新田の頃からですが、運動会には福澤家のお席っていうのがあって、私達もそこに入れていただいて見ました。随分盛大な運動会で、幼稚舎生から大学生までの大運動会でした。普通部対商工（慶應義塾商工学校）というのもあり、普通部が赤い旗で商工が緑の旗でした。

その時の普通部の応援歌には、

力示さん　時ぞ今
走れよ走れ　わが選手
月の桂の冠を
頭に翳《かざ》せ　わが選手

というのがあったのを覚えています。節は「労働歌」と同じで、二番まで歌詞がありますが私が聞き覚えで歌っていたのは、この二番でした。

新田のグラウンドの隣には母のすぐ上の兄舜吾（野球部ＯＢ）が住んでいました。その運動会で幼稚舎四年生の従兄、阿部準蔵がリレーの選手で走るのを応援しました。将来の夫になるとも知らずに。

準蔵は髪をおかっぱにしていて、力走中にその前髪がぱっと上がったのが眼に残っていますが、私はまだ学校にも行っていない年齢だから、他のことはほとんど覚えていません。

日吉の運動会の思い出には、組み体操があったり、棒高跳びで大江季雄《すえお》さんが跳ぶのを見たこともあります。ベルリンオリンピックで大江さんが、早稲田の西田修平選手と銀と銅のメダルを半分ずつつなぎあわせて「友情のメダル」にしたのはすばらしいニュースでした。大江さんはとても感じの良い方でした。ベルリンから帰ってらして、うちに挨拶に来て下さったんです。その時私達は学校に行っていたのですが、父は娘達のために、サインをいただいてやろう、と思いつき、私達が持っていたバースデーブックに書いていただいた。棒と丸とで描いた簡単な人間が棒高跳びしてる絵を描いて下さいました。

バースデーブックというのは英語で一日ずつ言葉が書いてあって、それにお友達やら親類に、名前をそれぞれのバースデーのところに書いてもらうものです。残念ながらその頃は私のほうが姉より整頓がよかったので、机の引き出しにしまっていた。姉は持っているふたつのバースデーブックを机の上に出していた。娘達の部屋に入って来たことのない父が迷うはずもなくそのふたつに書いていただきました。私は残念で残念で、後で姉にひとつ貰いたかったのですが、ついに貰えなかった。父にはそういう細やかなところがあって、子供を喜ばせることが上手でした。

バースデーブックには水上瀧太郎も書いてくれたのは良いのですが、名前だけ書いてくれればいいのに、私のには「今日の佳き日に我生まる」、姉のには「生まれた日は寒かったらしい」なんて長く書いてしまうので、二行も三行も使われて、私達は不満でした。今考えると良い記念なのにね。

二・二六事件と母の名言

昭和十一年の二・二六事件の時は大雪でした。私達は学校へ行ったのですが、姉の一級下に高橋是清さんのお孫さんがいらっしゃったので、早くニュースが入り、「すぐ帰りなさい」ということで家へ帰りました。父はもう学校へ行っていたのですが、母のところへは朝日新聞の有竹修二さんが電話で、「革命が起こりました」と知らせて下さいました。宮城《きゅうじょう》（皇居）に大砲が来ているということを聞いた母が、「大砲の筒先はどちらを向いていますか」と尋ねたら、大砲は宮城を後ろにしている、ということだったそうです。後で「とても良い質問だった」と父に褒められて母はお得意でした。父の帰る前に母が私達を集めて「もうこれからはお女中さんは使えません。倹約をしなくてはなりません」と言った時には、子供心に大変なことだと思いました。父が帰って来て、母が「どうなるんでしょう」と聞くと「まぁ、物価が高くなるくらいだろう」と言って笑ったので、皆安心しました。何日か学校もお休みになって、兄は事件の場所を見に行き、兵隊さんの肩章を拾ってきたりしていました。姉と私は庭に大きな雪だるまを作りました。私の小学五年生の思い出です。

人形の名付け親

父は人形を買ってくるのも上手なんです。昭和三年に父が上海に行って、姉に買ってきた人形は大そうかわいい。かなり高かったらしく、私のはそまつな人形、ごくありふれた、寝かすと目をつむって起こすと目を開くようなのでした。後年聞けば姉のは父の予想よりもずっと高く、そのため私のは安物になったのですが。上海滞在中父は当時入手も難しかった中国共産党関係の書類をある伝《つて》によって買いました。支払いの他は口をきかぬ約束で行き、しっかり包まれた書類をあらためることもできないままに高いと思いつつ金を渡しました。包みの中はまさしく望みの物でそれを慶應義塾図書館に寄贈したのです。三十年後、父は『私の履歴書』の中にその文書が新進の学者に利用され役に立ったのは「望外の次第」と記しました。新進の学者は後の塾長石川忠雄氏です。

姉の人形は、しっかりできていて、立ちもするし、足を投げ出して、腰掛けることも、手を引いて歩かせる真似もできる。とてもかわいい洋服を着ていました。それには父がローザちゃんと名付けました。

何しろ人形の名前は、日本人形は全部自分達でつけます。西洋人形は、父がつけるのがきまりでした。父は考えて「ちょっと預かっておく」、とか言ってね。姉のは、ローズ、ローザなど、私のは、エマ、エレン、マーガレットとか、バイオレットなんてのもありました。バイオレットなんていうのは簡単で、紫の洋服着てたからたちまちついちゃうの。母も人形が大好きだったので、買うのが楽しみだったそうです。人形の洋服を作ってくれたこともあります。

だけど、何て言ったって素敵だったのは、父がハーバード大学の創立三百年祝典に招かれた折に買ってきた人形です。

その出発の時は、兄と母が横浜に送りに行きました。同行は山本敏夫*さん。それまで山本さんは英語を習ってらしたんだけど、アメリカに行って英語で話すのが実に嬉しかったそうです。何しろ真面目な方ですから、チップを出すのにも一生懸命で手間どるので運転手に、「難しいか？」と聞かれて「難しい」と言ってらした。いかにも山本さんらしかったと、父は面白がっておりました。

御殿山自宅の庭にて人形と
左は著者、右は姉加代

姉と私は迎えの時には横浜港に行きました。学生さんが随分大勢来てらした。船上から、父はちゃんと私達が分かったっていう合図をしてくれました。

その人形は本当に素敵でした。ニューヨークの「シュワルツ」という良いお店で、父がふたつ選んだ時、傍にいた客の一人が大袈裟に驚いて見せたそうです。値段も高かったと聞きました。すばらしくかわいかったのに戦争で焼けてしまったのが、何とも言えず残念です。大そう上等だったらしくて、戦争中も食堂のピアノの上に飾って載せてあるのを見ながら、父と母が、「これどうしよう、疎開しようか」っていうくらいでした。姉と私は、「家が焼けてお人形が残ったってつまらない」と断っちゃったんですが今は後悔しています。本当に忘れられないくらいのかわいさでしたよ。

私がもう少し小さい時は、シャーリー・テンプルという子役が大変人気がありました。従妹がおじいさまのアメリカ土産に「テンプル人形」をいただいたのが羨ましくて、私も欲しかったんです。ですからハーバードに父が行く時に、「何かお土産買ってきてあげる」と言うので、「テンプル人形」って言ったんですよ。そうすると、

「わかった、わかった。テンプラ人形か」

「そうじゃなくて、テンプル人形、テンプルちゃんなのよ！」

なんて言うと、「わかったよ。粉と水と卵と混ぜて作るんだろ」。そう脅かしといて、もっと良いのを買ってきてくれる。そういう父でした。

その人形の名はナンシー。父の命名です。髪をふたつに分けて三つ編みで垂らしていて、黒にいろんな色のアップリケがついているかわいい洋服を着ていました。姉の人形は名前は忘れましたが、髪の毛を両耳のあたりにくるくる巻きつけて、ちょっと大人っぽい。

お土産は兄には、何もなしで、とてもかわいそうでした。私達は他にも、革のハーフコートのお土産もあってキャアキャア喜んでいるのに、兄には何にもない。兄は不満だったんですけれども、父は、「お母様に買ってもらえばいい」と言う。それじゃあ違うのに。父としては、女の子は今にどんな家へお嫁に行くか分からない。男の子は自分でどうにでもできるから、という考えだったようですが。その頃、兄はデンチク（電気蓄音機）が欲しいと言っていたので、「それを買ってもらえばいいだろう」って言われたけど、やっぱり兄はつまらなかったらしくて、何も買わなかった。

坂村さんと山本さん

ハーバードに同行した山本敏夫さんは父の秘書を務めて下さっていましたが、非常に真面目な方なので、宴会に向かないということで、父が塾長として地方の三田会（同窓会）を訪ねる時は他のお役の坂村儀太郎*さんが随行して下さるのが決まりになっていました。

山本さんは真面目な方ですから、電話で「もしもし、あのですね」っておっしゃるから、「あのですね」の間はこちらは返事しないでいいと思っていると、聞こえないと思われるのかまた「もしもし、もしもし」になる。「はい」と返事をするとまた「あのですね」になり、本題に入るまで時間がかかりました。しかし真面目さは大切ですから、ハーバード大学創立三百年祭に招かれてのアメリカ行きの随行は山本さんでした。

坂村さんが父に随行していらっしゃると、父は汽車の中でずっと本を読みます。それで坂村さんが外の景色のことなどをおっしゃると、「黙って本読め」と言って、売店でたくさん本を買って渡されちゃったそうです。

一緒にお風呂に入って父の背中を流そうとすると、父が嫌がり、「それなら僕が君の背中を流す」「先生と僕では、まるで面積が違う。僕が損するからやめましょう」というやりとりがあってお互いにしないことになりました。

家族の合作『学窓雑記』

その頃、父の文筆の仕事では、『師・友・書籍――私の評論集』（昭和八年）、その次に昭和十一年に『学窓雑記』が出ました。その時は珍しく題字を兄に書かせ、装丁を姉にやらせたんです。それで私にも何か役をふってくれることになり、あの頃は本を出す時にいちいち本の奥付のところに著者の判を押した切手みたいなのを貼るんですが、その判子《はんこ》の字を書かせてもらいました。岩波の小僧さんが来て、玄関でカタカタと切手に判を押していきます。あの頃は多くても千部とかで、ごく少ないんですね。『師・友・書籍』が二千部売り切れたのは珍しいと言われたそうです。『学窓雑記』も書評で褒められ、装丁も好評でしたが、「著者のなぐり書き風の題字はよくない」と書かれ、兄は下手で悪かったといつまでも後悔していました。

初の歌舞伎観劇

姉が初めて見た歌舞伎は昭和十一年春の団菊祭《だんきくさい》。私はその時はまだ留守番で、その年の秋に初めて見せてもらいました。従姉も姉も女学校三年くらいから見たのに私は特例として十二歳になりたての小学五年生で見に行ったんです。父がハーバード大学の祝典へ行った留守で、何となく母が留守番させるのがかわいそうだったらしく、連れて行ってくれたんです。そうしたらたちまち好きになっちゃった。

私が初めて見たのは『藤橋だんまり』、その次が『盛綱陣屋』――盛綱の子供になったのが今の芝翫《しかん》。もう一人出る子役がのちの大川橋蔵。その次が踊りで六代目菊五郎と三津五郎とで『鞍馬山』と『三社祭』。宇野信夫の『雪地獄』という新作、終りにもうひとつ、『乗合船』という踊り。この演《だ》し物は七十年経ってもはっきり言えます。これが初めての時です。

それまではいつもお留守番で、がらがら（玉の中に小さなおもちゃが入っているもの、それが三個袋に入っている）がお土産だったんだけど、そんなのつまらなくて「写真買ってきて」と頼み、ブロマイドを買ってきてもらった。私があんまり好きになったもので、今度は母が急に心配になり、教育上悪い物の時は連れて行かないという規則ができました。それからしばらくお留守番が続くことになったんです。でも教育上悪いって言ったって、うちで父が「いやサお富、久しぶりだなあ」なんて言っているんです。何のことやら分からないけど、悪い話らしい。今から五十年くらい前に「死んだ筈だよお富さん」という歌が流行りました。愛人の与三郎がそうと知らずに仲間にさそわれて金をせびりに来たのがお富の家だったという話です。確かに教育上悪いですね。

早くまた芝居に行きたいと思っていると父が『勧進帳』の話をしました。源義経が兄頼朝にうとまれ、弁慶や四天王を従え姿を変えて陸奥へ落ちて行く。あちこちの関を通り、加賀の関所まで来たところで富樫という関守に怪しまれます。それからが大変で富樫と弁慶の攻防となりますが、結局富樫は見破りながらも義経を守る弁慶の意気に感じ見逃すことになるのです。富樫は様々の質問をする。弁慶は知恵の限りを尽して答える。その問答が見せ場なのです。

父はその台詞を聞かせ、「これを覚えたら見せてやる」と言う。すぐ覚えて待っていたら、幸せなことにその翌年の四月に上演されることになりました。これでまたもっと好きになって以来、今までずーっと好きです。

最初に見に行った時は母と姉、父の妹の佐々木信子とその娘の千代子、美代子。いつもその組合せで歌舞伎座に行きました。その日は学校から大変な勢いで帰ります。そして着物に着替えて出かける。学校から帰ってきて出かけられたから、当時は確か四時くらいに始まったと思います。

もちろん皆ほとんど和服だし、日本髪を結っている人がいたりして、その後ろの席になると、見えにくくて困りました。本当に華やかで、私くらいの歳の人はそう多くはなかったみたいね。幕間《まくあい》に食堂で食事をします。それは今よりおいしかったような気がします。弁松と吉木と二つあって、うちは大抵弁松で、お弁当の他に合鴨ロースを注文するの。すごくおいしいのよ。私は小泉の祖母と一緒に行ったことがないのだけど、姉は祖母と行くと海老のフライを食べちゃいけないと言われるのですって。理由はわからないけど、あるいは中毒の心配かしら。とにかく祖母と行くとフライは食べられない。その頃は席で食べることはほとんどなかったかと思います。戦後しばらくはお弁当を持って行くのが普通になっていましたが……。

昭和十五年の二月、芝居に行った翌日から、私は猩紅熱《しょうこうねつ》で四十日くらい入院し、その退院した日に伯父の阿部章蔵が亡くなりました。その時の芝居は二代目の左団次一座でしたが、左団次は病気で休み、二月二十三日死去。その一ヶ月後、三月二十三日に伯父が亡くなりました。

伯父阿部章蔵――水上瀧太郎について

水上は本当に良い伯父でした。伯父は母が贔屓で「妻にするならあれが一番」と、父に宣伝してくれたから、母は「本当に章さんのおかげだ」と何かにつけて申しました。

伯父は交際の広い人でしたから、昭和十五年、満五十二歳での急逝は多くの方に惜しまれました。長く主幹であった『三田文学』が編集した「水上瀧太郎追悼号」には、実業界、文壇、劇界、スポーツ界等々。一三七名の追悼文が寄せられました。その男気、頼もしさ、厳しさ、そして優しさが書かれています。中で井伏鱒二氏の文章には、不遇時代に伯父が作品を『三田文学』に掲載、励ましてくれたことに対する感謝が綴られていますが、題の「痛恨痛惜事」こそ、伯父を敬愛した全ての人の心持と思います。

正邪についての厳しさは、泉鏡花崇拝で親しかった久保田万太郎*さんとの不和のもととなりました。久保田万太郎さんの初めの奥様が亡くなられた時に、水上はかねて奥様から久保田さんのお酒についての心配を伺っていたのでお通夜の席にお酒を出しちゃいけないと厳しく言ったのですが、久保田さんはそれでも土瓶でお酒をお出しになった。それを許せなかった。そして和解もありません。だから久保田さんにとって水上は煙ったい存在であったと思います。

水上の家はお客様が多い。親友梶原（可吉）さんのお子さん達もよくお泊めしていました。昭和十二年の夏と思いますが、梶原さんのお嬢さん三人と坊ちゃん一人とその友達とが泊まってらしたの。それで伯父が「皆で東京見物しよう」と言い出しバスを借り切り、うちの家族五人と梶原家長女の薫さんの婚約者とそのお母様と、皆で行きました。とても楽しかった。その時伯父が運転手さんに頼んであったらしくて、三田通りを通る時に車掌さんが、「右に見えますのが慶應義塾大学で、ただ今の塾長は小泉さんです」ってアナウンスをしてくれた。父はびっくりするし、それを仕組んだ伯父はうまくいったというわけで、上機嫌。バスの中に笑いが溢れました。色々な所へ行きました。明治神宮にも、絵画館や放送局にも。絵画館では父が私達兄妹三人に一組の絵葉書を、梶原組には五人の方それぞれに一組ずつ買ってさしあげた。とても喜んで下さいました。お食事は明治生命の中の「マーブル」というレストランでいただきました。

水上の作品『沈丁花』について、母は自分達がモデルだから、ちょっと恥ずかしそうでした。『倫敦の宿』は留学中の父がモデルになっていて水上自身は「柘植《つげ》」という名前。父は『果樹』という作品が好き。ファンの多いのは『貝殻追放』『大阪』『大阪の宿』。母は伯父の家での、里見学さん小島政二郎さんなどのお集まりに行くと、文士のお話は面白いと頻りに言っていました。

伯父のところは最初の子が死産でした。それから十年くらい子供がなかったのです。その伯父に、後に私の夫となる準蔵（伯父にとっては次兄の息子）は可愛がられていて、あちこちへ連れて行ってもらいました。そのうちに準蔵を養子にしようということになったんです。ある日父親と叔父と三人で車で出かけた準蔵は、突然、父親から「叔父さんの家の子になるか？」って聞かれました。準蔵、泣いちゃったんですって。それでたちまち破談になりました。それでも伯父はいつまでも可愛がってくれて、準蔵がちょっと成績が良いなんていうと、多額のお小遣いをくれたりしたそうです。明治生命に入るようにと言われていたのですが、準蔵が卒業する一年前に伯父が亡くなり、その話は消えました。養子にはならなくて良かったと準蔵は言っていました。もし養子になってから伯父の息子優蔵が生まれたら、伯父の気性では意地でも準蔵を立てただろうと。

伯父の亡くなったのは、昭和十五年三月二十三日。風の強い日でした。御殿山の庭の白い木蓮が、真っ盛りだったのが忘れられません。猩紅熱で四十日慶應病院で過ごした私は退院して、母

阿部章蔵と息子優蔵

と家に戻り、その花がきれいなどと言っているうちに電話がかかってきて、明治生命で講演中に伯父が倒れたという連絡があったのです。その時父の居場所が分からず、結局家に帰って来た時に母が玄関で伝えました。父が愕然とし、腕を一度振り上げてから力をこめて振り下ろすようにしました。何とも言えない無念さを表す仕草でした。それからすぐに母を連れて出ていった。その夜遅くに伯父は亡くなり、私達が寝てしまってから両親は帰ってきました。あの年は寒かったのか、まだ炬燵《こたつ》があったんです。父は足を入れたままうたたねし、ズボンを焦がしました。水上が亡くなって心底がっかりしたのでしょう。世の中のこと、学校のこと、そして楽しみも何もかも話し合える唯一の友だったのですから。その後父は、五十肩になってしまい、コートを着るのが無理になり、学校の方々は急に父が弱ったと心配なさいました。私の知る限り、父が人の死で最も落胆したのはこの時ですね。兄の戦死もありますが、多少予測していましたから。

父と伯父とは様々なことで相談し合い、そのほとんどで意見一致するのでしたが、慶應の野球部のある事件では対立しました。早慶戦で勝った後でキャプテンの灰山さんが喧嘩で問題を起こしたんです。水上は野球部の出身だったから寛大にしてやったほうがいいと言い、父は絶対一回厳しくしなきゃいけないと言って。その時はだいぶもめました。結局は父の意見が通って一シーズン出場停止、その代わり灰山選手は次のシーズンからまた出るようになったんです。

伯父と父とで趣味が合わないのは、伯父は横山大観が好きで、父は竹内栖鳳なの。それで、どっちが良いというような議論をよくやっていました。大観にはすこし精神的なところがあるのが父は嫌なんです。竹内栖鳳みたいな自然の美が良いというわけで。

贔屓の店

ところで、父の贔屓の店に「はち巻岡田」と、「ハゲ天」があります。鰻の「野田岩」もありますが、ここは戦後の付き合いで、はじめのふたつは水上瀧太郎が元なのです。ハゲ天の初代渡辺さんは昔明治生命の給仕さんだったそうです。まだ祖父の阿部泰蔵も勤めていた時代に。章蔵が明治生命の社員になってからのこと、その渡辺さんが料理屋をやりたいと伯父に相談をしたら、伯父が素人が始めるには、天ぷらがいいと勧め、天ぷらの修行が済んだところで開店の世話をしました。贔屓強い人ですから友人知人に広めました。伯父が後援すれば父も後援する。それを恩に着てハゲ天さん（現在二代目）は、父亡き後も今に至るまで盆暮にぴんぴん跳ねる海老を届けに来て下さいます。はち巻岡田のほうは水上の小説『銀座復興』の材料になりました。伯父が支援し、父も応援したお店です。兄が前線から戻り短い滞在の間にも家族皆で行きましたし、父は亡くなるまでよく参りました。

ある時銀座で有名な三人のおかみさんのための会が催されました。岡田と出雲橋の「はせ川」とおそばの「よし田」のおかみさん達でした。それぞれの店の贔屓の代表がスピーチをしたのですが、岡田の代表は父が務めました。今のご主人はハゲ天さんと同じ慶應出身なんですが、こちらも毎年お正月におせちを下さる。私達は親のお蔭で大そう幸運に恵まれております。

未亡人会

父と水上はロンドンの留学時代でも一緒だったのですが、留学時代には澤木四方吉さんや、同じ時期に「時事新報」の特派員としてロンドン駐在の成瀬義春さんともお親しくしていたようです。私は澤木さんとちょっとお会いしたことがありますが、見るからにお弱そうな方だった。澤木さんのお家は秋田の酒造家。そこの末っ子でいらっしゃるから、ペンネームは梢（子末《こずえ》）でした。早く亡くなられ、未亡人は慶應に女子高等学校ができてからお習字の先生になられました。澤木さんと成瀬さん、お二人とも早く亡くなられたので、毎年、暮になると父は二人の奥様をお招きして、「未亡人会」を開いていました。その会に未亡人ではないけれどロンドンでのお仲間、*三邊金蔵さんの奥様もお招きしました。未亡人会は太平洋戦争前頃まで随分長く続いていました。

成瀬家はお子さんが六人いらして、上の方は兄の一年下、一番下は私より小さいお嬢さんでした。ご主人が亡くなられた時には父は一生懸命お慰めに通っていました。自分が親が亡くなった時に福澤先生が色々経済のことを考えて下さったのでそれを再現しようと、色々な方に声をかけて、お仲間を集め、経済上のお手伝いをすることにしました。そんなわけで最初の頃はたびたび父が訪ねるので、その小さいお嬢さんが「この人お家ある？」ってお母様に聞いたとか。その後も時々伺うと奥様が、どうもお子さん達を叱る時に「小泉さんがいらした時、お話ししましょう」と言っていらっしゃるらしく、小泉と聞くとお子さん達は皆逃げちゃう。父は亡友のお子さん達と話したり遊んだりしたかったんです。なかなかうまくいかなかったけれど。

父、兄と出かけた思い出

父は横浜が好きでした。急に「横浜に行こう」と言い出すと車で行き、ニューグランドホテルで食事をしました。横浜は父が育った所だし、祖父の働いていた所だし、特別の思いがあったのでしょう。海を見たり、散歩したり、最後にローマイヤでハムなど買いました。

戦争中にも横浜の中華料理のお店に、金原賢之助（当時慶應義塾大学経済学部教授、のちに商学部初代学部長）さん、高木寿一（のちに慶應義塾大学経済学部教授）さん、富田正文*さんなど、のちに『新文明』（『三田文学』の編集者であった和木清三郎*が戦後刊行した月刊誌）の同人になられた方々で行かれるのに、私達まで誘っていただいたこともありました。もうタクシーもなくて、「人力車が一台あるから、それじゃあ先生の奥様と富田さんはお弱いからどうぞ」ということになり、残りの人は人力車の後から店まで歩きました。メンバーのどなたかの伝《つて》があったのか、食糧難の時代なのにご馳走がたくさん出ました。

兄と出かけた思い出をお話ししましょうか。東郷平八郎大将のお葬式の後、昭和八年頃のある日、東郷さんの展覧会があるからと姉と私を連れて行ってくれました。兄にとっては見逃せないものだし、妹達を教育するつもりか「見せておかなければ」と母に話して。私は八歳くらいで小さくて、普通部生だった兄が大事な展示の所へ行くと抱きかかえて見せてくれました。勲章など色々ありました。それから東郷さんを等身大のお人形にしてお家の庭でお孫さんと遊んでいらっしゃるのもありました。兄妹三人で出かけたのはその時だけです。

兄と二人で出かけた大事な思い出もあります。昭和十七年七月、兄は巡洋艦那智から八海山丸に転任となり、二十日ばかりを家で過ごしました。その間に、私服（背広に白いパナマ帽の）で一緒に銀座に出かけた時の街頭写真が残っています。街頭写真というのは歩いているところを知らぬ間に撮られ、それで要るなら買うというものです。

銀座街頭写真

京橋の丸善まで行き、兄は船に持って行く本を買い、私にはアルバムを買ってくれました。そのアルバムの最初のページに「昭和十七年八月五日海軍主計中尉小泉信吉氏に買っていただいた」と記してあります。それから三日後の八月八日が兄との別れになるとは思わずに。

兄は小学生の頃から遠足や旅行のお土産を買って来てくれました。初月給でも、買ってくれました。三菱銀行の初月給はアクセサリー。海軍の初月給はもっと多かったらしくて、私達に何かを買ってやってと母に言い、母が選んでレインコートになりました。母には好きな物を買ってとお金。母はたまたま呉服屋が持って来た黒船の模様の帯を買いました。何でも織物の古い模様ということです。黒船だから船の初月給にふさわしいと母は喜び、ちょっと改まった時にそれを締めました。丸帯は分ければ二本になりますから、母の亡くなった後に、姉と私と分けて二人ともその帯を持っております。地味だからあまり締めませんが、母はその頃まだ四十代でした。随分若くて締めていたわけですが、私が今締めて地味と感じるのは時代の差ということでしょう。でも記念の品ですし、とても気に入っております。

「信ちゃんの親父道楽」

兄には父の言動が気に入らない時代がありましたが、予科生（当時の慶應義塾大学は予科三年、学部三年からなる）になった頃から急に父のファンになっちゃった。秀助叔父が「信ちゃんの親父道楽」と名付けておじ達が皆面白がって話題にしていました。父に「お父様、本当に偉いなぁ」とか、「すごい良い話をしたなぁ」と面と向かって言うので、「よせよせ。恥ずかしい」と父のほうが困っていました。よそで聞いてみると、男親と息子ってそんなに仲の良いものじゃないらしいんですが、うちは大変仲がよかった。道楽がついているほどですから。

兄は一回だけ父の講義を聞きに行って、「とっても良かった」と褒めました。高橋誠一郎先生*の講義も良かったと言って、その口調の真似をしたのが思い出されます。

兄の長所と短所のことなんですが、海軍経理学校に入る時に長所と短所を書けという欄がありました。その時に「何て書こうか」って父に相談したら、父が「長所は正義感」「短所は正義感と同時に狭量である」と言ったんです。確かに正義感と狭量は表裏になりますね。経理学校入学後に再び長所短所を書かされることになったら手紙をよこして、「お父様に教わったのがとてもよかったからもう一度教えて下さい」と。読んだ父は「馬鹿だネェ」と吹き出して早速返事を出しました。

兄は本当に良い人でした。家中で一番良い性質だと私は今でも思っています。何だか愛嬌があるし、昔はすごく怒りん坊で、ドアを閉めて部屋にこもったりしてたけど。大学生になる前くらいからは穏やかで。

特に良い性質だと思うのは、兄はちっとも器用じゃないんですね。中学時代は成績が悪かったのですが、大学になってからは勉強が好きになり、成績が良くなった。といっても一、二を争うほどではありません。テニスやピンポンもそんなに上手でない。お相撲を取っても親に負けるし、私達と一緒にゲームをしてもちっとも上手くない。だけど何となく愛嬌があって皆に好かれる。良いものを持っていたからなんだと思います。負けん気でないのか、何でも優れている父に負けてもしょうがないと思ったのか知らないけど。父のほうは「まだ信吉には負けない」って得意でいる。片方は負けてもきりきりしなくて、負けても楽しいのです。

夫の準蔵は兄のことを、「子供の時から嫉妬心がなかった」って言いました。準蔵は自分でちょこまかした子供だったと言いました。知恵者で勉強が良くできて、駆けっこの選手。幼稚舎の秀才でした。一方、兄は幼稚舎の時、作文は上手でしたが成績は中位。一歳違いですが兄は早生まれなので学校では二年違い。その二人が仲がよくて、準蔵が何か手柄をたてると、「準ちゃんはこういうことをして褒められた」と吹聴してくれたそうです。「子供仲間では珍しいこと、嫉妬心があったらああいう風にはできない」と後々まで褒めていました。あまり派手に発表しないというか、とにかくあまりきりきり人と競争するようなことがない。兄追悼の文集の中で「行い正しく気品に富み、ありそうでなかなかない真の慶應人であった」と準蔵の書いたのが父を喜ばせました。このような性質の人でしたからきっと良い夫になったでしょう。

亡くなった時に「これで綺麗なお嫁さんを探さなくてよくなった」とは松本の伯母の言葉ですが、兄は美人が好きで、母が「何といっても心が大事」と言えば「何といっても美人」と言うのでした。亡くなった歌舞伎の女形、先代片岡芦燕《ろえん》（死後十四代仁左衛門を追贈された）はいやらしいようなくどい顔でした。それを兄が「綺麗だ」と言ったので、そういう人がお嫁に来たら大変と大騒ぎになりました。大恐慌でした。

兄の試験

昭和十六年の三月に海軍経理学校に合格するまでの兄は、実にイライラしていました。何しろ少年時代から憧れの海軍です。無理もないけれど、試験から帰った時「どうだった」なんて聞くと、もう機嫌が悪いの。これは近よっちゃいけないな、と思いました。父は「試験の奴隷になるな。みっともないぞ」と注意していました。

そうしているうちに、ある日家に憲兵が来て親の月給など色々なことを聞いて行きました。合格の前に憲兵が家の様子を調べに来るという噂話があったから、これがそうなのかもしれないとひそかに期待したのでした。

海軍の試験自体はそんなに難しくなかったようです。質問のひとつは「尊敬する人は誰か」で、兄は「福澤先生と山本権兵衛大将」と答えました。大体海軍を受ける人は東郷大将を挙げるのですが、兄は詳しいから東郷さんよりもっと偉いのは山本さんと決めていました。東郷さんのほうが日本海海戦で有名になられたけど、その元は、山本さん。海軍の創設に当たった功績が大きいとしていました。知り合いからいただいた『山本権兵衛伝』も熟読していたようです。日本海海戦の本など少年時代から持っていて研究済みの答えに、試験官もこれは採用とお思いになったんじゃないでしょうか。

海軍に入る前の三菱銀行入行の時もきっと試験があったと思いますけど、その時は昔から庭球部員としてお親しかった石井小一郎さんと加藤武彦さんのお二人に色々教えていただきました。石井さんは三菱地所で、加藤さんは三菱銀行にお勤めでした。めでたく三菱銀行員となり、所属は外国為替部でした。

話の順が前後しましたが、慶應の卒業が三月。四月から銀行員となり海軍経理学校入学は八月です。兄が、銀行に入ってまもなくの頃、明け方にものすごく暴れたんですね。皆眼を覚まし何事かと思ったら、夢で「銀行の金庫に閉じ込められちゃった」のだそうです。

夢といえば、昔話になりますが、兄には銀狐事件というのもあります。昭和十年前後かしら。狐の襟巻きが流行ったんです。狐の頭があって一匹を首に巻く。それで、「襟巻きの狐の顔は別にあり」というのが高浜虚子の句にあるとのちに知りましたが、叔母達がそれを巻いていて、家に来たのね。兄はそれが気に入って、見せてもらったりなんかしてたんですけど、夜寝たらば銀狐がいるんですって。それで母にあげよう、ぜひとも捕まえようと思い、頑張って跳ね起きたところで皆に気づかれたのでした。夜中に大笑いです。

海軍経理学校へ入ると、日曜日の朝早く帰って来ます。朝食はすませているのでしょうが、家の朝食に参加、親類を訪ねたり映画に行くなどして、夕方また学校へ帰って行く。私達はバスの停留所まで送りに行く。父も一緒の時は、兄が乗ると下から「長官によろしく申し上げてくれ」と兄が艦隊勤務の将校であるかのように、それもわざと人に聞こえるように言うのね。困って苦笑いしている兄を乗せて、バスは走り去ります。こういう風にふざけずにはいられない珍しい父親でした。

銀婚式と開戦

昭和十六年十二月七日は、両親の銀婚式でした。日曜日で兄が帰宅。家族揃って飯倉の下津佐写真館に行きました。その後はすべて泉会（父の庭球部長時代の部員四十余名の会）によるお祝いでした。五十三歳の父は、昼間は慶應の日吉のコートで、OB、現役入りまじっての試合に参加。夜は虎ノ門の晩翠軒に家族皆が招かれました。十六歳の私に初めての宴会のその賑やかさ。父の部長時代十年の前半は不振が続いていましたが、後半は部員の努力により、庭球王国と呼ばれるようになったのです。思い出話で盛り上がるのも当然ね。大騒ぎの中で「次は金婚式だ」と言う人、「金婚式まで待てましェーン」と叫ぶ人。

その楽しい日の翌日、太平洋戦争は始まったのです。経理学校の卒業式が二十日に行われ、兄は巡洋艦那智乗組、南方へ赴任と決まりました。その頃のある朝、兄の外出を送る母が玄関で

「大変ね」と言うと、兄は靴の紐を結びながら「これで太平洋の藻屑となれば本望だよ」と独り言のように言ったそうです。出発は二十四日と決まり、二十三日、自動車で横浜の宿へ行く兄を、母と私は送って行ったんです。兄がほとんど話さず、母も話しかけず、私はただ外を眺めているだけでした。ところが飛行機の都合で出発が遅れ、兄は帰宅しました。二日のび三日のび、ついに一週間も。思いがけない休みに皆で箱根に行きました。日帰りでも楽しかったのでもう一度泊りがけで行ったのです。それがとても楽しかっただけに、兄が亡くなった後四人で箱根に行った時は、皆辛くて困ってしまいました。

　結局兄は昭和十七年一月二日に出征したのです。そして巡洋艦那智は二月のスラバヤ沖海戦に参加、戦果を上げ佐世保に入港しました。

　佐世保には二十日くらい滞在したと思います。そこから家に四度電話を掛けてきました。父、母、姉、私、代わる代わる電話に出て話しました。慶應から一緒に経理学校に入り、那智でもご一緒だった前田さんは婚約者が佐世保までいらしたとか、親がいらっしゃってる方もあるという話を兄がするんです。だから父が、母と私とで行って来たらいいと言いました。私はとても行きたかったけど、母は怖がりですから、汽車に乗ってそんなところまで行けないと思ったのでしょう。今に比べたら佐世保は大そう遠かったし。父の気性としては自分は行かれない。でも私達に行って見てきてほしかったのだと思うのよ。今でも私の大きな心残りになっています。

その後、兄は二度帰宅したので、十月二十三日に来た手紙以降、連絡がなくなっても、私には戦死すると思えなかったんです。だからその頃私は平気でいましたが、両親は最後の十月の手紙が来てから、戦死の知らせが来た十二月四日までの間、どれほど心配していたかと胸が詰まります。

兄の出征した一月二日にちょっと話を戻しますね。その日父は横浜に参りました。平沼亮三氏邸恒例のスポーツを楽しむ会に出るために。その途で前夜兄の泊った蔦屋旅館を訪ねました。すでに兄は出かけた後でした。

次の年もまた一月二日に平沼邸に行くのですが、途中でまた宿屋のところへ行ってみました。一年前のことを思い出し、昨年会合に集まった方は皆健在なのに、信吉はいない。「寂寥耐えがたし」と日記に記しました。

兄の戦死

兄の戦死の知らせが届いた時、父は交詢社に行っていたし、母はその頃娘時代以来やめていたお琴を習い始めていて、家には姉と私と従姉の山本千代子だけでした。三人で話している時ベルが鳴りました。武井大助主計中将が父を訪ねていらしたんですが、取次ぎの者が両親の留守を申し上げたらそのままお帰りになりました。父がいれば兄のことを話そうと思っていらしたのです。

その後に戦死の電報が来ました。あまり私達が大声で泣いたので、お隣の津山のおば様が「どうなさったんですか」と聞きにいらした。

そのうちに母が帰り、後から父が帰った。交詢社にいた父には姉が電話をかけました。父はそれから築地の料理屋に寄り、約束の集まりに俄かの欠席の理由は言わずにお断りしてきたそうです。いつも乗っている車の運転手、栗山さんが、その時父が何にも話さなかったので、これは変だと思ったと言っていました。

父は「悲しい時でも物は食べなければいけない」と言って、一生懸命食べて見せます。私達も食べなきゃいけない。父は「これからみんなで楽しく暮らそう」と言いました。兄が亡くなった後に、実に大勢の方がお悔やみに来て下さった。大変でした。兄の戦死の知らせが来た四日後の十二月八日は祖父信吉《のぶきち》の命日で、親類が集まる習いなので父と姉が行きました。母と私にはとても無理ということで家に残りました。

海軍の合同葬の後の、家のお葬式は神道で致しました。兄は母がクリスチャンになってから、時々「一緒に行きたい」と言って教会にも行っていましたが、父が考えていずれ教会にお願いするとしても公の告別式は国の儀式に従うことに決めたのです。慶應の平岡好道先生に司式をお願いしました。平岡先生は英語がご専門ですが、代々船に縁のある佃島住吉神社の神職でいらっしゃいました。その日、式の終りに塾生の合唱団により歌われた「戦没塾員讃歌」は本当に感動的だった。この歌の歌詞は塾生から募集したもので、「この丘は遠き日のごと　今日もまた葉はしげるなり」という終りの部分は殊に心に沁みます。父が口ずさむこともありました。

父母はおば達に相談し祖母に信吉のことを話したほうが良いのではと言いましたが、祖母の妹、鈴木菊枝が「どうしても言わないでくれ。かわいそう過ぎる」と止めたんです。初めのうち祖母は「信吉はどうしてるかい」と聞きましたが、そのうち察したのか、それともぼんやりしてわからなくなったか、結局は知らずに亡くなりました。

家族はあまりにもくたびれたので、箱根で休むことにしたのですが、兄の出征の前に箱根に行って楽しかった思い出の地ですから、もう本当にその山を登って行く時の気持ったらなくてね。富士屋ホテルで、父も母も部屋にこもりっきりでした。姉と私は別の部屋でした。私は兄が戦死するなど考えませんでしたが、両親は送り出す時から覚悟していたのでしょう。それだから兄にこの手紙を渡したわけですよね。

君の出征に臨んで言って置く。

吾々両親は、完全に君に満足し、君をわが子とすることを何よりの誇りとしている。僕は若《も》し生れ替って妻を択べといわれたら、幾度でも君のお母様を択ぶ。同様に、若しもわが子を択ぶということが出来るものなら、吾々二人は必ず君を択ぶ。人の子として両親にこう言わせるより以上の孝行はない。君はなお父母に孝養を尽したいと思っているかも知れないが、吾々夫婦は、今日までの二十四年の間に、凡《およ》そ人の親として享け得る限りの幸福は既に享けた。親に対し、妹に対し、なお仕残したことがあると思ってはならぬ。今日特にこのことを君に言って置く。

今、国の存亡を賭して戦う日は来た。君が子供の時からあこがれた帝国海軍の軍人としてこの戦争に参加するのは満足であろう。二十四年という年月は長くはないが、君の今日までの生活は、如何なる人にも恥しくない、悔ゆるところなき立派な生活である。お母様のこと、加代、妙のことは必ず僕が引き受けた。

お祖父様の孫らしく、又吾々夫婦の息子らしく、戦うことを期待する。

父より

信吉君

この手紙のことを私が知ったのは、父の著書『海軍主計大尉小泉信吉』の中です。何しろ船から兄の楽しそうな手紙が来ますから、面白いところに行ってる人みたいな気がしていました。

兄が戦死した前後でしょう。父が兄の夢を見たし、私も兄の夢を見ました。何か兄と話している夢でした。私は夢を見たのにそれでもまだ兄に何かあったとは思ってなかった。感じなかったんでしょうね。ある晩、家の日本間と洋間の境の戸がどこからも風が入らない所なのに、ものすごくガタガタ鳴ったんです。皆眼が覚めました。それが兄が亡くなった頃じゃないかと後で話し合いました。

同じ船で戦死なさった方のご家族がやっぱりいろんな不思議なことに遭ってらした。ベルが鳴ったとか、お風呂場で水の音がしたとか。私は「あそこまで来たなら入ればいいじゃないの」と思いました。

父が兄に最後に渡した手紙は本によって広く知られ、しばしばご婚礼のご挨拶の時に使われるようになりました。それが始まる二分くらい前から私達はあの手紙の話になると分かっちゃうんです。「幾度でもお母様を択ぶ」のところで、もう母は恥ずかしがって下を向いていました。

あの手紙を読むと父は私を択んでくれるのかな、と思います。母と兄は行く先が決まってるんですけど、姉と私は別に何にも言われていないんですもの。多分また「家族に」と言ってくれると思いますけれど。父のことだから少しじらしてからでしょうね。

兄が戦死した海には行きたくありません。よく「そちらのほうに行くから花束を投げて来ましょうか」と言われますけどお断りしています。しょうがないのですもの。ある時期は海を見るのが本当に嫌でした。でもやっぱり海で良かったと思うわ。陸の上よりは。海の底だって同じかもしれないけど。

姉の婚約

のちに姉の結婚相手になる秋山正さんと初めて会ったのは、兄が亡くなってお悔やみにみえた時なんです。その時は母と私が会ったのですが、秋山さんはこぢんまりとお辞儀をして、とてもお辞儀の上手な人だなぁ、と思いました。その後しばらくして、叔父の阿部秀助が、姉にどうかと言い出した。正さんは兄と同じ三菱銀行に勤めていて、慶應では柔道部に属し、先輩秀助のところにしょっちゅう入り浸っていました。秀助叔父は秋山の兄を好きで、姉より年長の二人の従姉のお婿さん候補として推薦しました。秋山家はお母様がお弱い方が続いて四人目のお母様で、お子さんの母親が違うから、複雑なご家庭で難しいのでは、と従姉達の親が心配してやめました。両親も秋山家はご不幸の多かったおうちだから心配したんですけど、松本の伯母に相談すると「かえってそれは良いと思う。こちらのとりこにできるからいいんじゃない」と言ってくれました。

それで母は気が軽くなり、秀助叔父に「秋山さんは、よく食べるかしら」と聞くと、「食う食う」。「笑うかしら」と言ったら、「笑う笑う」。母は「じゃあ良さそうだからお願いします」と縁談が進み始めました。

母のこの質問は本当に良かったと思うんですね。やっぱりあんまり笑わない人じゃ困るし、食べない人も面白くない。お酒はあまり飲みませんでしたけれども、秋山さんは本当に良い人だったので、大成功でした。

秋山のほうは簡単に縁談を良いと言って下さったので、叔父が「そんなに簡単に決めていいの。もっと調べたりしたほうがいいんじゃない」と心配すると、「信吉さんの妹さんならお会いしなくても分かります」という返事でした。信吉贔屓の叔父はそれを伝えに来て涙ぐんでいたそうです。そのことを聞いた私が「会ったのは私だから」と言うと、姉は悔しがりました。十七年の十二月に兄の戦死が分かり、十八年の三月に海軍で合同葬があって、その後うちのお葬式もして、私の女学校の卒業式があって、姉の婚約。大変な年でした。

姉はその時二十一歳だったのですが、秋山さんには一度も会わずに写真だけ見て、結婚を決めました。姉は両親がいいと思ったらそれでいい。今になって若い人にそれを言うとあきれられたりしますけど。父は、正さんが体育会の幹事で、塾長の父との付き合いは悪くないから、ちょっと弱そうだけどいい人だと言っていた。

姉は蛸がものすごく嫌いで、貰った蛸が冷蔵庫に入ってるだけでも嫌だから、早く誰かにあげてというくらいなんです。それなのに顔合わせの日のご馳走のオードブルに蛸が出たのに食べちゃいました。

父は、姉が普段はお寝坊だったり、あまり働かないのを心配すると、姉は「猫を被る」と答えました。「一生被るか?」「一生被る」と言う。「一生被るんならそれは美徳で、猫でないからいいでしょう」ということになりました。秋山の兄は親切で大人しい人だから、姉は特に猫を被ることもなく、幸せな婚約者となりました。兄が亡くなってすぐ後ですから家族に新しいメンバーが増えて父が非常に嬉しかったようです。

応接間で皆で話していると、「後はもう、二人だけで意見交換したまえ。僕達老人は向こうへ行きましょう。妙子もおいで」と父が軍艦マーチを歌いながら二人きりにしたりね。

姉と正さんが結納を交わしたのが、昭和十八年の三月。そうしたらその年の七月に召集されてしまったんです。正さんは片目がちょっと不自由で、配属は宇都宮だし、前線には目の悪い人は取られないかもしれないと言っていたんですが、取られてしまった。それで満州に行き、幹部候補生の試験で東京に帰れそうになったけれどもなかなか帰れない。向こうにいてもまだ平和だったから、姉が満州に行ったらどうかと言う人もありました。父は反対でした。やっぱり兄を亡くしてから特に子供が大事と思ったのでしょう。正さんは結局ソ連の捕虜になってしまって、昭和二十二年の秋までずっと生死が分かりませんでした。

山本五十六元帥の死

昭和十八年に山本五十六《いそろく》元帥*が亡くなられた時、私達は大変がっかりしました。父が「戦争っていうのは、若い士官も死ぬし、司令長官も死ぬ。これが戦争ってもんなんだ」と言ったのを覚えています。父自身ひどく落胆したのでした。母も兄が海軍好きだったから、兄が那智に乗っている頃、今に孫が生まれたら、男の子なら五十六さんの六を取って信六、女の子なら那智にしたらどうかしら、と言っていたくらいでした。

父と山本さんの関係は、父の若い頃の教え子、小熊信一郎さんがアメリカ留学中に、山本さんとお知り合いになられたのが始まりです。慶應から海軍への献金を届けた時に父は初めて山本さんとお会いした。山本さんは次官で、米内光政さん*が大臣でした。父は非常に好感を持ちました。その後、小熊さんは父があまり山本さんを話題にするので「山本さんと一度飯でも食べませんか」とお聞きになると、父は「いいねーッ」と言ったそうです。そこで「金田中」という料亭でゆっくりご一緒に過ごすことができました。このことは小熊さんの書かれた文で知りましたが、その夜の父は上々機嫌で山本さんの帰られた後も、十一時半頃までお酒をグイグイ飲んでいたとか。昭和十六年春のことです。

父の話によると、山本さんは実に親しみやすく、面白い方。身軽がご自慢で座敷の鴨居にぶら下がって見せて下さったそうです。戦争が始まってまもなくの頃に、小熊さんが山本さんからふたつ、書をいただいたからお好きなほうを差し上げましょうと父におっしゃったので、

たぐひなき勲をたてし若人は永久にかへらずわが胸いたむ

という書をいただきました。その時兄はまだ生きていたので、転任で帰宅の折に掛けて見せました。

兄が亡くなった時にも山本さんからお手紙をいただいた。そのお手紙を岩波書店の岩波茂雄さ*んにお見せすると、それを画帖に仕立てて下さることになり、米内さんの書までいただいて下さいました。米内さんのお書きになったのは、

今も世にあらばと思ふ人をしもこの暁に夢に見しかな

という明治天皇の御製で、「元帥を惜しむ心にも、また御令息に対する心にも通うと思ってこの一首を選びました」と言われました。

岩波さんは兄が亡くなってしばらく後には、家族四人を熱海の別荘に呼んで下さった。その別

荘は海のすぐ見える所です。建築前、そこには櫟《くぬぎ》の木があって、それを切って、お家が建ったので「惜櫟荘《せきれきそう》」と名付けられたのです。そこへうちの家族だけ四人呼んで下さいました。東京の有名なお寿司屋さんの出張で、私達は海を見ながらおいしいお寿司をご馳走になり、お家に引かれている温泉にも入れていただきました。岩波さんは本当にいつもご親切でした。

なお、画帖は靖国神社の遊就館に納めてあります。母の死後、私は自分の死後に家に残る記念の品を、どうすべきか考えました。子孫がおりませんから、甥、姪達が判断に困ると思ったので。多くのものは父の関係から慶應義塾に引きとっていただくとして、画帖は遊就館と決めました。兄は戦死して靖国神社に祀られましたし、少年時代から遊就館が大好きでしたから。

第5章　三田綱町の思い出

三田綱町の家

三田綱町に父の末妹佐々木の一家が住み、その一軒おいた隣に祖母の家が建ったのは、昭和四、五年と思います。地鎮祭で神主さんの神詞《のりと》が始まると兄が笑い出してしまい、後で叱られました。その二軒の間の家が空くと聞いたのは、兄の葬儀が済んだ後で、ちょうどその頃、母は一番上の姉安川幸子から、「新しいページを繰ったほうがよい」と言われました。安川の伯母は、大きなふたつの不幸（幼児二人を残しての長女の死去と夫の急死）を経験していました。伯母の言葉は母の心に沁み、父も感じ入りました。もうひとつ母の気がかりは、祖母の衰えが進みつつあるのに、佐々木の叔母に多くを任せていることでした。引越しが決まりました。

綱町は今はもうマンションだらけで、我が家のあった所は、「シティハウス三田綱町」になっている。家の場所は三之橋と二之橋の間です。三之橋からは古川の流れに沿う細道（右側には慶應のグラウンドもある）を進むと、やがて道は終わり、そこからは右にのびる道。川から二軒目が祖母の家です。二之橋からの道はオーストラリア大使館へ向かう途中、右側（今の三田共用会議所の所）に渋沢邸がありました。渋沢栄一氏はすでに亡く、孫の敬三氏が住んでいらっしゃった。佐々木家は先代が第一銀行発足の時から渋沢氏に協力し、その関係で二男修二郎（父の義弟）も第一銀行員となりました。渋沢邸の崖下に家を持ったのも、渋沢家との近さがよかったのでしょうね。そうじゃなかったら、道の入りくんだちょっと不便な場所ですから。

祖母は大そう喜び、朝に夕に遊びに来ました。心身ともにかなり衰えていたのですけど、来ると「あたいは頭が悪うなって」と言う。父が「頭が本当に悪い人は、頭が悪くなったってわかりません。大丈夫」と大声で励ましました。

四人の子が結婚して出た後も祖母は、慶應の崖下で現在堀越整復院になっている家の隣にずっと住んでいました。大正の終り頃から、綱町に佐々木が住むようになり、すぐそのそばに祖母の家を父の義兄*松本烝治が建ててくれました。祖母が佐々木の近くに住めれば一番安心という周囲の望みがあったとしても、長女の夫（松本）は家を建てようと申し出る、末娘の夫（佐々木）は賛成し、世話をする、何と幸せな話でしょう。

私達の引越しは昭和十八年十一月なかばでした。家の近所には慶應が近いだけに慶應の関係の方が多かった。ここへ越してからは、学校に歩いて行けることになり、父にとってもとても良かったと思いますね。

家は三階建て、一階が鉄筋コンクリートで、二階と三階が木造です。渋沢邸の裏の崖の斜面に建っているので、一階は道と同じ平面、二階は庭と同じ平面で応接間、居間などの和室三間と食堂。食堂は北側でそこから庭に出られます。玄関は二階で「ロミオとジュリエット」の舞台の露台みたいで洒落《しやれ》ていました。このお家をお作りになった方が、工学博士で、家のつくりには色々工夫がしてありました。写真の暗室があったり、下の階にある台所からリフトで、上の食堂へお料理をあげることもできたんです。一階には内玄関と台所の他、手伝いの人の部屋、書生部屋、鉄の扉のついた納戸がありました。納戸は書庫として使うことになり、棚を何列かつけました。階段が一階から三階まで筒抜けになっていたから、空襲の時に大変な火になったのです。

綱町での生活

綱町時代の日常の買い物は三田通りの近くまで行っていたようです。

その頃私はお料理作りと関係がなかったので買い物には行きませんでした。祖母は何でもある時代だと思っているので、三田の和菓子屋の大坂屋でお菓子を買ってきてくれ、などと頼むのですが、手伝いのお志んさんが困って、出かけたふりをして門の外に立っていることがありました。

物のない時代になっていましたから、店との付き合いもなくなりましたが、家では三田に馴染みの店が多く、御殿山時代も三田から取っていました。肉屋は聖坂から田町のほうへ行く道にある玉子屋でした。小泉も阿部もそこから取るのですが、玉子屋としては阿部が一のお得意でした。何しろ子供が多いから大変なお勘定だったそうです。

稲毛屋という鶏屋さんが札の辻寄りにありました。その店は私達がここ（表参道）に移ってからでも配達してもらいました。もうございませんけどお寿司屋の松の寿司は現在の慶應の東門から出て、向かい側からもっと右に行った所でした。鰻は八百吉、場所を忘れましたが。あと本屋は何軒かある中で、春日神社のそばの岸田は、なぜか阿部のおじ達の気に入らない店なんです。気に入っていた店の名は忘れました。

戦時下の話

あの頃は、学校附近を父と一緒に歩いていて学生さんに出会うと、中の一人（頭分らしい）が軍隊式に「歩調とれ」と号令。すると皆姿勢を正し、脚を高く上げて踏みしめる歩き方に変り、父に敬礼してすれ違うのです。父は敬礼はせず、頷くようにしてのっしのっしと歩いていましたが、後からついて行く姉や私は恥かしくて困りました。当時〝慶應〟、〝福澤諭吉〟は何かにつけて陸軍に睨まれていましたから、父は心ならずもそういう事を取り入れていたのでしょうね。慶應は自由で派手というイメージがありましたから、マフラーをしないほうが良いというお触れを出していたこともありました。それは派手というより、詰襟の学生服でコートを着てマフラーするのはおかしいという父の説だったのですが、それをいまだに守っていらっしゃる方があるのには驚きます。「塾長に言われたから」とずっとマフラーなしなんです。おかしいですね。

準蔵の友人が、ある日学生食堂で帽子を被ってご飯を食べてらしたら、父がやって来て、「君、帽子を被って食べたほうがおいしいかい」って聞くんですって。困って「おいしくもないです」と答えると、「じゃあ、脱いでたくさん食べたほうが良い」と言われたとか。いつでも懐かしがって話して下さいました。

配属将校との関係

戦争中、父は慶應と福澤先生を守るためには軍部のご機嫌を適当にとらなきゃならないし、随分苦労したのだろうと思います。配属将校とも一生懸命親しくしていたようで、家にもお呼びしたりしていました。中には父と気の合う方がいらしたのも確かで、そういう方は学生の間にも評判が良かったのです。

まだ御殿山の頃でした。ある時、数人の配属将校を家に食事にお招きしたら、軍人方がひどく酔って、腕相撲をしようということになったらしいんです。父が勝って、「軍人だけが忠義だと思ったら間違うぞ」と叫びました。後で事情が分かりましたが、下の部屋に聞こえる大声は何事かと思いました。そのうちに酔っ払った軍人が「おっかあを出せ」と言いだして大変。母は震え上がって兄の部屋に閉じこもり、兄が「じゃあ僕が行ってくる」と身代わりに出て大騒ぎでした。父が結局その場をおさめたのですが、母は「おっかあ」なんて言われたことがないからびっくり仰天です。

戦争の終わり頃には準蔵の親友佐々木衛さんが配属将校として慶應に赴任。後輩達に軍隊のことはあまり話さず、慶應についてお話しになっていたそうです。

空襲の宿直

大学では、空襲の危険を考えれば、三田の校舎に必ず誰か泊まって学校を守らなきゃいけない、ということで、職員や学生に宿直をさせることにしました。職員だけでなくて、教員も宿直をなさるべきだということにもなったのですが、教授方は反対でした。それである教授が「教授は宿直はしたくない、しないほうがいい」とおっしゃったところ、父が、「それはよっぽど偉い学者が言うことだ」とかすごいことを言っちゃったんです。うちの電話で言っていたので、聞いていました。その方はさぞ不愉快でいらしたでしょう。あの頃父は随分気が立っていたから、何をしでかすか分からない。外務省の委員にもなっていましたが、「本当はしたくないのに官民一致していることを見せなきゃならない」と日記に書いてあります。査閲（軍事教練の成績を実地に調べること）があれば、見に行かなきゃならないし、本当に大変でした。

出陣学徒早慶戦と学徒出陣

戦時中アメリカでは日本についてよく研究し、軍隊でも日本語を教えたと聞きますが、日本では英語を禁止するなど愚かなことをしていました。

野球のストライク、ボールを正球、悪球に変えて何がよいのでしょう。ついには六大学野球の禁止です。そうしているうちに昭和十八年の十月、学徒出陣が決まりました。

出陣する前に早慶戦をしたいという野球部の望みを聞いて、父はすぐ賛成、部長の平井新先生ともども早稲田に相談しましたが、回答は非常に消極的でした。詳しいことは知りませんが、文部省か陸軍に気がねしたようにも聞いています。父が粘って交渉を重ねた結果、許可を得、十八年十月十六日に早稲田の球場で行われたのです。このことについては当時早稲田の野球部員だった方が褒めて下さいますし、野球殿堂入りの理由ともなりました。父は後になっても、あれはして良かったと言っておりました。

学徒出陣の前は国旗に名前を書いてと言われ、そればかりはいくら字が下手だから書くのが嫌いとも言えず、秘書の*川久保孝雄さんに手伝っていただいてそれが大事な仕事になりました。

「征け、○○君　忠孝不二」と書くのです。

久保田万太郎さんが、昭和十九年頃、東京新聞に、珍しく『樹陰』という小説を連載なさいました。ご自分のお家のことをお書きになったみたいで、息子さんが出征なさることになる。学校の先生が国旗に「墨痕淋漓《ぼっこんりんり》」「征け、○○君　忠孝不二」って書いてくれたという一節がありました。父の書はおよそ「墨痕淋漓」に遠いので私達笑ってしまいました。「これは嘘だ、創作だ」と父も笑いました。

学徒出陣では、慶應の学生さんも大勢亡くなりました。あれだけ激励して送り出したのですから父は本当につらかったと思います。父の火傷の入院は七ヶ月にもなり、退院は十二月でした（一四七頁以下参照）。二階の寝室からの眺めは父の文章によれば、「三田から田町、芝浦への焼跡は荒涼たるものであって、品川の海の上を飛ぶ群鳥の姿は敗戦の悲しみを新たにさせた」とありますが、学徒出陣の時に大勢の学生が三田の「幻の門」（当時の慶應義塾の表門）を出て行った姿を思い出すと言っていました。そういう時に兄の戦死を贖罪《しょくざい》と感じたこともあったのではないでしょうか。

ねずみ退治

綱町の家では初めの頃は姉と私とが十畳間に寝て、その隣の六畳の部屋に両親が寝ていたんです。六畳のほうにはねずみがよく出て、父が退治するんです。まず布団をその部屋から私達の部屋に運ぶんですが、その間もねずみはそこにいるので大変でした。私と母はねずみがだめで、布団を運んだ後は片方の部屋に隠れ、姉が手伝って父と二人で追い回す、結局父がハタキの柄でねずみの眉間を打って終ります。テニスで鍛えた眼とストロークの成果でしょう。私も一回手伝ったことがあって、その時私は箒を持っていたんですが、ねずみが箒の柄まで来ちゃったの。キャッと叫んで放しちゃいました。

死骸を庭に捨てると、鳶がさらって行きました。その頃は三田って鳶が多かったんです。ちなみに言えば父の干支は、ねずみ。

空襲がひどくなってきてからは、怖いからみんなひとつの部屋にいることになって、十畳の部屋に四人で寝ました。私は本を読みたいから、押入れの中に布団を敷いて、電気スタンドを引き込みました。『アンナ・カレニナ』や『戦争と平和』を読んだのがとても懐かしいです。いつまでも読んでいるので部屋のほうから「早く寝なさい」と声がかかりました。

ある夜、父が起きてお手洗いに行こうと思ったら、よろけて姉の顔を踏んじゃったんです。「ぎゃっ」という騒ぎが起こりました。姉はその瞬間に大きな機械に顔を挟まれた夢を見たと言っていました。姉が「痛い」って泣く、父は「ごめん、ごめん」と謝っていました。その時私が「二十二歳でこんなに泣いた人初めて見た」と言ったら、姉が怒って「まだ二十一なのよ」と言いました。

戦争中、大変とは言うけれど、もちろんすごく大変だったけれど、やっぱりおかしいことがあれば笑ったりしていたし、ただただまなじりを決して暮らしていたわけではなかったのです。

戦中の勤労奉仕

綱町に引越した頃に、姉は慶應の亜細亜《アジア》研究所（現在の慶應義塾女子高等学校の場所）にお勤めするようになりました。お勤めしていないと、徴用があったんです。考えてみると、自分の娘をそんな所で使うのはおよそ父らしくない。やっぱり兄を亡くして、娘二人もどうかなったら大変と思い、自説を曲げたのでしょうね。姉は父の娘ということで皆様が気を遣って下さるので困ると言っていました。

私が通っていた清泉寮学院は昭和十九年に各種学校の故をもって閉鎖されました。清泉寮の校舎は六本木で志賀直哉さんのお父様のお家でした。スペイン系のミッションスクールで吉田茂夫人が大そう後援していらっしゃいました。

各種学校というのは専門学校ではなく、花嫁学校とも言われましたから不急不要と見られ、それなら働けということでしょう。学校が閉鎖される前から生徒達に仕事をさせないといけないので、三井生命の保険の事務を、勤労奉仕のようにしていました。まもなくスペイン人のシスター達は皆、長野県松本に疎開され、残された私達にはもっと仕事をして欲しいという三井生命からの話で、日本橋の昭和通りにある事務所で同じ仕事をしていました。でも空襲があるようになると、父が心配し、そこを辞めたほうが良いと言います。それで昭和十九年の秋頃、今の三井倶楽部が海軍省軍令部臨時戦史部になっていて、家からも近いからと父が考え、頼みに行ってくれました。海軍では事務員を理事生と呼びます。その理事生になりました。

私が戦史部でしていたのは、前の戦争で得た知識を刷って、「戦訓」書類を作り、それを前線に送る仕事でした。でも仕事が大変遅れているのです。今から送っても役に立たないのじゃないかなと思いながらも、そんなこと言ってもしょうがないから宛先を書いていました。それと、もうひとつは亡くなった人の名前を名簿に筋を引いて消し、どこで亡くなったか書き入れるのですが、兄もこういうふうにされたんだなぁって、嫌な気持ちがしました。

世間一般とは違い、海軍のお役所だけあって、お昼にコッペパンとちょっとしたおかずが出ます。それで私は家から哀れなお弁当を持って行き、コッペパンは家へ持って帰り、翌朝それを四つに分けて家族四人で食べる。それだけではありませんでしたが、当時、コッペパンはとても貴重品でしたから四分の一の小さな一切れでも皆喜びました。バターもその頃はほとんどないから、パンにオイルとお塩をちょっとつけて食べるのです。本当に哀れな食事でした。よく隣のいとこの佐々木美代子と弟の信雄を夕飯に呼びましたが、それぞれご飯を持ってきてもらい、おかずだけ家で出しました。当時習っていた長唄の師匠、杵屋松次さんにもお食事をお出ししたのですが、几帳面な方だから、ちゃんと自分の分だけお米を持っていらっしゃるんです。

戦争中は配給のお米に大豆や、脱脂大豆と言って大豆をしぼったカスみたいなものや高梁《こうりゃん》やドングリなどが混じっていて悲しかったけれど、今考えると全て自然食品だから私達は今の人より健康なのかもしれませんね。先日ある方にその考えを話したところ、「ははァ、毎日薬膳料理だったのですね」と言われ、笑ってしまいました。本当に乏しい食事でしたが、たまに少しはましなおかずがあると、父が食べ終わって、「もし、もう一回初めから、これを食えって言えば、僕は食う。本当だぞ」って言うんです。でも私達は「誰も言いません」と言うばかり。

昭和十九年の末頃に、父と姉と私とで箱根の富士屋ホテルに一晩泊まったことがありました。帰りに小田原に住む元の手伝い、やえさんの家に寄りました。お母さんがうどんを勧めてくれました。うどんの上に卵がポンと落としてあって感激しました。それがとても嬉しくて、今にあんな風に人にごちそうができたらいいわね、なんて言って、お芋など色々貰って帰って来ました。父がなで肩のせいか荷物の入ったリュックサックをうまく背負えないので、私が代わりに引き取り、背負って帰りました。

父はその頃には、幼稚舎が疎開に行く前の記念写真に写っているように、すっかり瘦せてしまいました。幼稚舎の疎開先、修善寺の宿屋に視察に行くと、秋山正さんの弟の譲介さんがいつも家に遊びに来ては暴れていたのに、神妙にご飯を食べているので、父が「何食べてるの」と聞くと、「ふりかけです」と言ったとか。哀れがって、帰ってきました。

幼稚舎の疎開は、一緒に行けるお母さんを寮母として募集なさったので、従弟の慎蔵の母の才子叔母（阿部秀助夫人）は幼い二女を連れて一緒に行きました。その後、疎開先が青森の木造《きづくり》に移りましたが、鶏をさばくのに他の女性達が気味悪がって手伝ってくれないけど、阿部さんのお母さんはしてくれたと、幼稚舎の永野房夫先生が感心していらっしゃいました。

戦時中の歌舞伎観劇

お隣の佐々木家では私より一年上の信雄が陸軍に入りました。その姉の千代子（佐々木の長女山本千代子）には長男が昭和二十年の四月に生まれました。三田小山町にあった松山医院で生まれたのですが、お医者様のご機嫌をとらなきゃいけないというので、兄の春雄が、横山の叔父の会社の製品のグルコース（ぶどう糖）を持ってゆくなど気を遣っていました。

四月の中旬には空襲があって、佐々木の家ではまだ生まれて二週間くらいの拓ちゃんと二歳にならない上の圭子ちゃんを連れて、崖上の渋沢（敬三）さんの防空壕に避難しました。渋沢さんのご好意で、「大きい防空壕を作っておくので、逃げていらっしゃい」と通用口が作ってあったのです。父も祖母をおぶってそこへ逃げ込みました。でもそれが大変。おんぶしようとしても、祖母にその気がないので、うまくおぶえない。やっとおぶったものの、庭は石段と坂道でデコボコしているんです。それで父は祖母を連れて逃げるのが怖くなり、松本に頼んで、田園調布の松本家の離れに入れてもらいました。手伝いのお志んさんが一緒です。

その後で今度は、佐々木美代子の結婚。うちの両親がお仲人でした。式は帝国ホテルだから一応ご馳走が出ますが、そのメニューに乾燥卵のオムレツがあったんです。乾燥卵というのは、溶くと、卵っぽくなる食べ物でした（卵というからには卵を使っていたのでしょう）。佐々木の叔父は何でも自分のところであったことはとてもうまくいったと言う人なのですが、この時も「今日の乾燥卵のオムレツはとってもおいしい」って言うので、皆一緒になって「おいしい、おいしい」って食べました。後のご馳走は覚えていないわ。

その頃、音曲は自粛されていて、芝居がずっとなかったのですけれど、新橋演舞場で四月の末に、六代目菊五郎一座の歌舞伎があったんです。

父が芝居があることを新聞で見て、ぜひ行こうと言うから、嬉しかった。母は祖母がいるし、もし空襲になると危ないから行かない。それで父が、「ちいちゃん（山本千代子）を誘って来い」って言うんですね。千代子は先にお話しした生まれたばかりの拓ちゃんのお母さんですから、無理と思うのですが、とにかく聞いて来いって言われて、「お父様がお芝居に行くって言うけど」と話すと、「行きたい、行きたい」って言う。「大丈夫？」って聞いたら、「どうしても行きたいけれどもうちょっと考えてみるから、出かける時に来てちょうだい」と言います。それで出がけに行ったら、もう仕度して待っていました。千代子がやり残したことをしようと、奥に入って行くと、叔母が後ろからついて行って「あなた、本当に行くの?」って聞いています。でも断然「行く」と言って一緒に出かけちゃった。空襲があるかもしれないのに叔母はその子供達を見ていなくてはいけないから大変です。四十年も経って、「あの時、叔母様お気の毒だったわね」と千代子に話したら、「本当に悪いと思ったんだけど、これを見逃すと、一生芝居が見られないと思ったら、どうしても行かずにいられなかった」と。本当は慎重な人なんですけどね。父と姉と私と千代子と四人で行きました。服装はモンペを着て、もちろん防空頭巾を持って行ったと思います。お客はちゃんと入っていましたし、役者達もちゃんと芝居していました。警戒警報も何もなくて皆満足したんです。あの頃って本当に楽しみがないからたまにそういうことがあると印象が強く、忘れられません。

その後、新橋演舞場も焼けてしまいました。松竹の記録を見ると、それまでしばらく興行は停止されていたのに、四月二十六日から新橋演舞場に私達の見た菊五郎一座が出て、五月は歌舞伎座で羽左エ門(十五代目)の出る芝居を計画していたのですが、羽左エ門は五月六日に亡くなるし、歌舞伎座も焼けてしまいました。

その前の年に『勧進帳』の映画を松竹が作りました。七代目幸四郎、十五代目羽左エ門、六代目菊五郎という最高の配役で上演した時に写したものです。その初公開に父がお呼ばれして、私を連れて行ってくれたのね。私はその時は三井生命に勤めていたんですが、早退すればいいと言うんです。でも姉は慶應の亜細亜研究所だからまさか早退ってわけにいかない。私だけが付いて、虎ノ門の華族会館で見ました。もう本当に感激しました。父も大満足でした。

五月二十五日、空襲

四月の芝居に行ってまもなく、隣りの佐々木では娘の山本の母子と手伝いの一人が夫の登さん（のちの慶應義塾大学経済学部教授）に連れられて御殿場に疎開してゆきました。先ほどお話ししたとおり、うちでも祖母とお志んさんが田園調布に移りました。

綱町の家には、御殿山時代からの手伝いの静さんとその弟で慶應の夜学の商業学校に通う須山敏夫さんがいましたが、その須山君が五月二十五日の空襲の晩は家にいなかったんです。なぜかと言うと、前日の二十四日に空襲で綱町の普通部（当時は、現在の慶應義塾中等部の敷地にあった）が焼け、亜細亜研究所も半分焼けた。姉はその時田園調布に疎開した祖母の家に泊まっていたんですね。三田の焼けたことが分かって、従兄の松本正夫と一緒に自転車で帰ってきた。それで自転車は大事な物だからと、須山君に自転車を返しに行ってもらい、須山君はそこから大森の自分の家へ帰ることにしたのです。

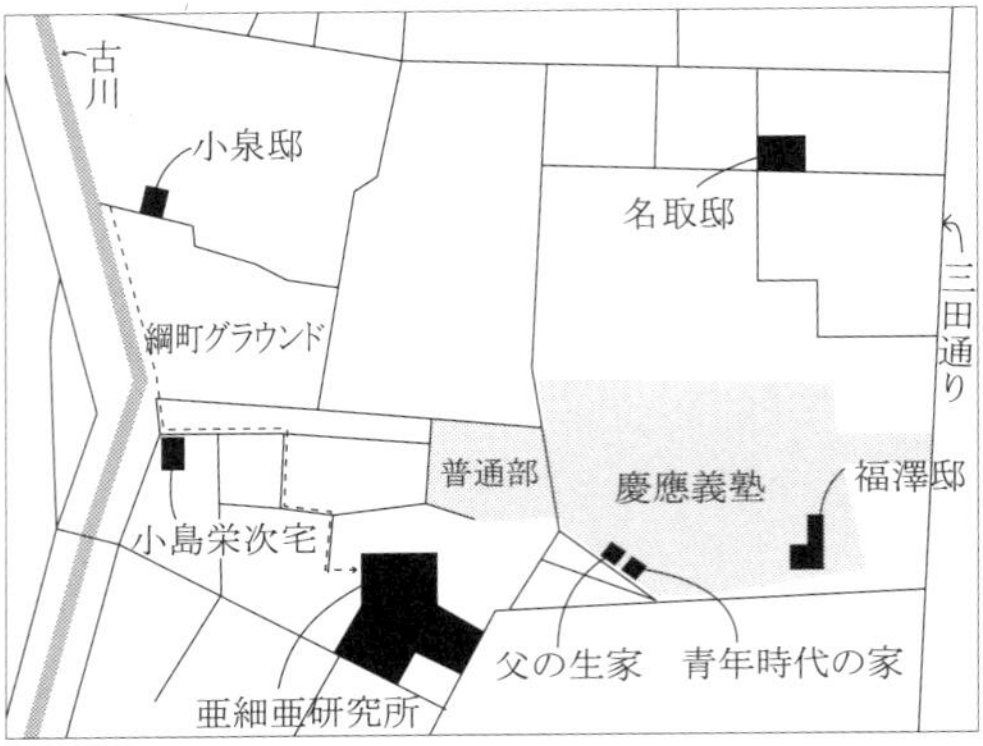

当時の三田綱町周辺
点線は５月25日の空襲の際、防空壕まで逃げた経路

二十五日夜、焼夷爆弾が家に落ちる前に、私も父と一緒に三階にいて遠くの空を見ていたら、飛行機が来てバラバラ焼夷爆弾を落としました。父の記憶によれば、その位置は二マイルほども離れた芝浦の上空と思われたそうです。私は「あら落ちてるわ」と言ったけれど、まさかそれが家のほうに来るなんて思わない。慶應の山の上にいた方は、小泉の家に落ちたのでは、と見てらした。まさにその通りだったのです。風向きで近所の数軒は無事、うちにはまるで狙ったように落ちました。それも大きな焼夷爆弾が。遠くを飛んでいる飛行機を見て、落としたのも見ていたので、早く来たともゆっくり来たとも言える感じでした。

私はその時、もうちょっと水を汲み足すと言って、下に降りたんです。もし上に留まっていたら父は火を消すなど考えず、すぐに私を連れて逃げたでしょうね。さて、降りてちょっと水道をひねったくらいのところで、ガード下にいるようなものすごい音がしました。外を見たら、庭はもう大変な火で（後で聞けば焼夷爆弾が七発落ちて大きな穴になっていた）、怖くてどっちに行ったらいいかわからない。庭に出られる食堂にも火が回ってきてしまって、とにかくどんどん火が吹き付けてくるんです。もう渋沢さんの防空壕には行かれない。姉と母と三人で「どうする」、「どうする」と寄り添っていました。「とにかく下に行ってみましょう」と姉が先に行ったら、「下も駄目」と戻ってくる。また、「どうしよう」。でも逃げるとしたら、そこしかない。行ってみたら、垣根が燃えているくらいでした。

母と姉と私の三人は会ったんですけど、父がいないので「お父様、お父様」って叫びました。ようやく父が出てきましたが、顔は煤《すす》色に腫れているし、オーバーの衿や裾に燃える焔がついているのです。私達は綿を入れた防空頭巾をかぶっていましたが、父はそれが嫌いで鉄兜（今のヘルメット）だけかぶっていたので顔がじかに火にさらされてしまったのね。五月なのに、オーバーを着ていたのはあの年は寒かったのかな。

父は病気の時など私達が「大丈夫？」って聞くと「大丈夫」と言う人なんですが、その時は何にも言わない。それでこれは大変だと思い、私はそこにあった水の入ったかなり大きな樽を、火事場の馬鹿力で持ち上げて、父にかけたんです。それがすごく汚かったから、私はそれが化膿の元になったと思い、ずっと後まで後悔していましたが、とにかく冷やすのが最も良いと聞いて安心したんです。姉にも母にも水をかけちゃって、皆寒い思いをしていました。それにしても私達が怪我をしなかったのは、不思議なんですね。家を出て皆で川に沿う細道を亜細亜研究所に向かいましたが、その間にも真上に飛行機が来ると恐ろしくて道に伏せずにはいられませんでした。重傷の父も。

亜細亜研究所に着き防空壕に入りました。防空壕にいると、山の上から、係の学生さん達が、「今○○が焼けてる」「今××が焼け始めた」といちいち報告にいらっしゃる。それを聞いて始めは答えた父が次第に黙りがちになった。手の甲をしきりに触って薄い布のようなものをとっている。それが皮膚とは気づきませんでした。そのような中で、「よく加代も妙も怪我しなかったね」と父が喜んでくれたのが忘れられません。父はだんだん目も見えなくなってしまいました。朝になって学生さんが担架を持ってきて下さった。三之橋からちょっと入ったところの小島栄次先生のお宅は焼けなかったので休ませていただくことになりました。私がたくさん水をかけたために体が冷えていますから、服を脱がせようとしましたが、顔や手が腫れていて脱げません。服を切りました。

一人の学生さんが歩いて信濃町の慶應病院まで知らせに行って下さったお蔭で、外科の島田信勝先生が来て下さいました。先生も信濃町から歩いて、しかも途中で何人か怪我人の治療をしながら来て下さったのです。父の火傷はかなりひどく全治四週間とのご診断で、随分長いと思ったけど、結局はそれから十二月まで七ヶ月間の入院になりました。赤痢で瀕死の状態になったり、植皮の手術を受けるなどあったからです。

ところで、一緒に住んでいた手伝いの静さんは、空襲の時にいなかった弟の荷物を助けようと思い、門のそばに土を掘って、そこに埋めようとしている時に、背中に火がついてしまいました。走って古川に飛び込んだんですね。向こう岸の方が助けて下さって、古川橋病院に連れて行って下さった。私達は静さんが川に飛び込んだことを知らないから、焼け死んでしまったかと思って家へ行ってみました。焼け跡に俵や何かがこんもり転がっていると、それが静さんかもしれないって姉と二人で震えながら探しました。ピアノ線はグニャグニャにまがっているし、アメリカ土産の素敵なお人形は焼けちゃいました。

お隣の佐々木家では男三人は家を守り、叔母だけが渋沢さんの防空壕に逃げました。ところが、いつもの防空壕に鍵がかかっていて入れない。それで仕方なく他の防空壕に入ったんです。そうしたら鍵がかかっていたほうには爆弾が落ちたんです。本当に人の運って、とても考えられないようなことが起こるなあと思いました。佐々木の叔父、春雄さん、山本登さんの三人は火に追われ別々に逃げたそうです。

その空襲の後、麻布の仙台坂の上に住む母の弟の秀助の家に、私達と長唄の師匠杵屋松次さんは身を寄せました。松次さんは増上寺の近くに住んでいらっしゃったのですが、祖母の留守宅にお入りになればお稽古もしていただけるし、松次さんにもご都合がよいということになって、空襲のその昼間に越していらしたのでした。増上寺のお宅も焼けました。母は病院に泊まり、時々叔父の家へ帰る。姉と私はずっと叔父の家にいました。

姉の婚約している秋山家も同じ日に青山の家が焼けてしまった。秋山家は東京に親類がありません。それで秀助叔父の家で何日か一緒に暮らしました。秋山家は家政婦さんも来て五人。うちが母も入れれば三人、松次さん、それに叔父と長女の英子、その上叔父がいつも頼んでいる近所の床屋さんが焼けちゃったので、一家四人、叔父の親しい慶應の学生、岩富弥太郎さん。総勢で十六人で暮らしていたんです。岩富さんは罹災者ではありません。叔父のところは息子の慎蔵が幼稚舎の疎開に参加、寮母として叔母は幼い二女を連れて同行。やがては長女も聖心女子学院の疎開へ行き無人となるので、叔父は岩富さんと相談して同居を始めていたのでした。

床屋さんは叔父の馴染みで店は仙台坂の上、叔父の紹介で父も刈ってもらうようになりました。空襲の夜早く床屋さんはうちに来て父と叔父、二人の髪を刈ってくれました。そして帰って間もなく、警戒警報が鳴り、すぐ続いて空襲警報が鳴ったのでした。

私は七月の初めにお役所の疎開で山中湖（以下、「山中」とも）に行くことになったのだけど、父が危篤だと言われていましたから、行きたくなかった。でも両親は私に行けと言うし、父のお弟子さん達が、小泉の子孫が絶えるといけないと言われるの。ということは、私だけ生き残ることだから、なおさら嫌だと言ったんですけど、どうしても行きなさいって言われて仕方なく行くことにしました。山中に行くまではお勤めもあったので、仙台坂の上から歩いて行く。帰宅して父の見舞いにも青山墓地を通って病院まで歩いて行きました。本当によく歩いたと思います。しばらくして、電車が通るようになりました。

父は本当に苦しそうで、ガーゼの交換が実に痛そうでした。お医者様より婦長さんがお上手なので、父はなるべくなら婦長さんにしてほしい。傷の膿で寄ってくる蝿も婦長さんは手で捕まえて下さるんです。父は手も使えませんし、口をとがらして息を吹きかけるしか、追い払いようがなかったのでした。具合が少し良くなった時に、今度は赤痢になってしまった。その時は死の十字（グラフの上で熱と脈の線が交叉する）になったんですって。主治医の石田二郎先生が大変心配なさって。西野忠次郎（慶應病院開院以来の内科の主任教授）先生のご出張先に電報で相談なさって、指示を受けていらっしゃるうちに、治ったようです。

山中湖への疎開

そして七月、私達の働いていた臨時戦史部部員は山中へ移動しました。湖畔のニューグランドホテルの広い一階が事務所になりました。部長は星大佐、その下に永井大佐、機関科の森田大尉と、主計科の士官二人、その下に下士官二人と数人の水兵さん。その水兵さんの一人は慶應の歴史科の鈴木泰平先生でした。相当なお年なのに水兵さんなのは召集されたから。一方に慶應出の若い横倉少尉の存在があり、軍隊の中での階級の厳しさをつくづく知りました。宿舎は士官がホテルの上階、私達理事生は元従業員用に建てられた日本家屋で暮らしました。

仕事は、日中はお役所の仕事をしたり、開墾したり、冬を越すつもりでしたから炭焼き竈造りを手伝うなど大変でした。それは重労働で、厚い布地の丈夫な袋に土をいっぱい入れて背負い、山の上に何度も運びました。

食事は粗食で、大体主食はとうもろこしの粉を水で溶いて焼いたもの、きゅうりのおみおつけに、きゅうりのお漬物とか。お米もたまにはありますけど、山中は元々あまりお米の取れない所でしたから。

姉の婚約者、秋山正さんの妹さんも一緒に行っていたのですが、お父様（秋山孝之輔）*がお砂糖の会社（大日本製糖）なので、お砂糖を持ってきていらっしゃいました。私のほうは横山の叔父の会社の製品、グルコース（ぶどう糖）を持っていたので、夜の自由時間にこっそり食べたりしました。

私は東京へたびたび手紙を出しました。もし父が健康だったら、レターライターですからきっとまめに手紙をくれたでしょう。でも、母と秀助叔父が面白い手紙をよくくれたから、とても嬉しかった。寮の中で私は一番手紙の来る人でした。前にお話ししたように叔父の子供達は幼稚舎生の慎蔵は修善寺、のちには青森の木造《きづくり》に（寮母として叔母は末娘を連れ同行）、聖心の長女は長野の松本にとそれぞれ疎開していましたから、一人残った叔父としては私達との同居はかえって良かったとも言えましょうし、焼け出された我々にはまことに幸せなことでした。

広島や長崎の原爆のことは私も聞いておりました。新聞は上の方が取ってらっしゃるのを、ちょっと見せていただいたりしていました。原子爆弾のことは特殊爆弾とか何か、そういう名前だったと思います。

七月中に一度山中からお使いで、バスと電車を使って東京に帰って来たことがあって、一晩泊まり、父のところへも行きました。それから八月十五日にまたお使いで東京に帰ることになっていたんです。

終戦を知る

八月十五日の昼すぎに、私はもう一人の理事生と上司と三人で山中湖のバスの停留所に行ったんです。陛下の御放送を知らずに。そこで聖心の上級生（この方も疎開）にお会いしました。「あなた達どうなさるの」とその時初めて終戦の詔書があったことを聞いて、びっくりしました。すぐにそこから引き返し、海軍省に連絡をして、やっと分かったんです。

私は停留所から泣き泣き帰りました。兄はいなくなっちゃうし、父は負傷、家は無いし、どうなるんだろう、と思って。勝てば何とか我慢できたけど、本当に悲しかった。

敗戦から二、三十年後だったかしら、何かに寄稿を頼まれて、その時のことを書いたんです。

「戦争は負けるし、兄はいなくなるしで泣いて帰った」と書いたら、出版社が「戦争は勝てばいいのか」と、言ってきました。「ちょっとそこを書き直してほしい」と言うんです。腹が立ちました。だって本当にそう思ったんですから。やっぱり出版社にうるさいことを言う人がいるのでしょう（その頃は「満州」と書くと、「中国東北部」と書き直されていました）。その時は結局活字になったんですけど、問題になった部分はちょっと削られてしまいました。私も出版社が苦労するんじゃかわいそうだから、「それならいいわ」って言ったんです。でも、本当はものすごく怒ってる。だって勝てば我慢できますものね。そのために兄が亡くなったのならば。

終戦を知らなかったにも拘らず、山中では海軍がテキパキと動いてくれて、二日後に私達理事生を帰して下さった。終戦後の海軍省では書類などを燃やすなど大変だったようです。山中でも行われたかもしれませんが、私達は何もやりませんでした。東京には、バスで帰って来たのでしょう。交通不自由のあの頃のこと、電車に乗れるはずはなく、バスで帰ったに違いないのに、記憶が薄れたのは残念ながら年のせいですね。

私は八月十七日に泣きながら家に帰ったんですが、母、姉、叔父、皆全然平気、もう慣れているんです。戦争が終わったから暗幕を外し、電気を明るくつけて暮らし、皆がサバサバしていたので驚いたくらいでした。その後しばらく仙台坂の叔父のところにいて、九月なかばに祖母のいる田園調布の松本の離れに移りました。姉もそちらへ行き、母も病院から帰る時はその家へ帰ってきました。山中から帰って二、三ヶ月後でしたか、元の戦史部から知らせがあり、戦史部の表札をおろした今の三井倶楽部へ行きました。思いがけずかなりの退職金と洋服地をいただきました。

終戦から四十日、九月二十五日に秀助叔父が田園調布に訪ねて来て下さった。庭の収穫の南瓜《かぼちゃ》を持って。「誕生日おめでとう」と。叔父の息子慎蔵と私は誕生日が同じで、この日私は二十歳、まだ遠い疎開地にいる慎蔵は十歳になったのです。満二十歳お祝いの品は叔父からの朱色の南瓜だけでしたが、それを床の間に飾り、幸せを感じました。

病院での父

私が山中にいる間に、姉から父が初めて包帯を取った時の「驚きを忘れない」という手紙が来たんです。ひどい、こんなびっくりしたことはありません、顔が小さくなってしまった、などと。母がたびたびの手紙にそれを書かなかったことから衝撃の深さが察しられます。私が帰るとすぐ母と姉は私をつかまえて「とってもひどいんだから、そのつもりで」を繰り返しました。翌日一人で慶應病院に行きました。そうしたら本当に大変ひどいのですけれども、あまりひどいって聞かされてたから、「もっとひどいかと思ったら、案外いいじゃあないの」と言ったんです。父は「そうかい」と軽く応じましたが嬉しかったらしく、後で母に「妙子がいいじゃあないのって言った」と話したそうです。

父は終戦になることはだいぶ前にわかっていたと戦後に聞きました。伯父の松本烝治やその娘婿の田中耕太郎*さんその他から、内々の情報を得ていたのですね。私は陛下の御放送によって誰もが初めて終戦を知ったのだと思っていた。空襲があれだけあれば、大変だということはわかる。でも新聞には随分良いように出ていますし、戦争がどういう風に終わるかは全然分からなかったんです。

父は、米内さんがさぞご苦労だろうというわけで、お見舞にいただいていたウイスキーをお届けしたらいいと八月十四日、母をお使いに出しました。海軍大臣の公邸は仙台坂の、今の大韓民国大使館の所だったんですが、母が行くと、もう米内さんは他に行かれたということでした。幸い甥の安川泰が主計少佐で海軍省に勤めていたので頼み、お届けすることができました。

当時の慶應病院

父は慶應病院の別館に入院してから、空襲があると、安全な場所（多分地下室）に連れて行っていただきました。医学部の学生で柔道部の吉田利一さんが係でおんぶしていって下さったのですが、とっても重かったとおっしゃっていました。終戦後、その時の記念に字を書いてくれっておっしゃったんですって。でも父は負傷の手だから書けないとその時はお断りしましたが、後に外科医となられた吉田さんに「鬼手仏心」と書いて、感謝のしるしと致しました。

病院で父は大そう良くしていただきました。主治医の竹内先生は、戦争からお帰りになったばかりの方で、かなり荒っぽく、ガーゼの交換で一番痛いのはその方の時なんです。父がなるべく我慢しようと思うけど、やっぱり時々「いてえ」とか言うと、「怪我してるんだから当たり前だ」と一喝される。父は悔しくもあるけれど、我慢したらしい。食事は初めのうちは流動食みたいなものしかいただけなかったのですが、病院でそれなりにちゃんと用意して下さいました。

食事時になると、病院の廊下では患者の家族、または患者自身が七輪に火をおこし煮炊きをしていました。病院から出される物だけでは足りないためで、煙と臭いが立ちこめ、何とも言えぬ侘しさでした。親類の少年が不発の焼夷弾を触ったために、ひどい火傷をして、入院していました。そのお母様は、以前はお人形のように美しかった方が、疲れた様子でそれでも一生懸命に何か作っていらっしゃる光景も目に残っています。病院では何を出してらしたのかと思いますね。食料係の方々の苦労はどれほどであったでしょう。

父は顔にも手にも植皮をしました。目の近くや手にもすれば、ずっと良くなると言われましたが、一回退院してしまったらもうしませんでした。焔の中、階段を駆け降りるのに焼けた手すりを探り続けた左手は曲がったっきりで、どうにもならなかったようです。右手で字が書けたから良かったんですけど、それでもきつい手袋をはめているみたいだとは言っていました。随分辛かったと思います。それに目がちゃんと瞑れません。夜は手拭いを濡らして目に当て、はち巻して寝ました。自分が死んだら、目と口とすぐ閉じるように縫ってくれと頼まれましたが、きれいに閉じていたので縫う必要はありませんでした。

退院する時は、誰かおぶわなきゃいけないので、甥(私の従兄)で庭球部出身の國ちゃん(のちに慶應義塾の普通部、女子高の教諭となった安川國雄)に頼もうということになったんです。新しい家(名取邸)の階段は半分上ったところが踊り場になっていて、そこからさらに半分上ります。國ちゃんは痩せたとはいえおぶってみると、「叔父様随分重かった」と後で言いましたが、まず階段を半分上ったところでくたびれてしまった。母はそれを予想して椅子を用意していたので、「ここで國ちゃん休めば?」って勧めましたが、応援に来て下さった庭球部の先輩石井小一郎さんに「休んだら駄目だから、上がれ上がれ」と言われて、國ちゃんは死にもの狂いで上がって、父をベッドに寝かせたんです。

退院する時はお礼を病院にしたい、と言っていても本当に物がなかったから、例の親類の横山の会社のグルコースにしました。グルコースは皮をなめす時に使うものだとか、馬が食べる物だとか、叔父はそれを馬鹿にするのですが、私達はおいしくて好きでした。叔父の会社から大きな塊を五つくらい譲ってもらい、病院にお届けしたら、病院側はとても喜んで下さいました。しかしそれを分けるのが大変で、私達も金槌と出刃包丁を使って、がんがん割っていたんですが、病院では鋸《のこぎり》で切ってらして、鋸がだめになったという話を聞きました。戦後に、慶應の評議員会が家（名取邸）で一度行われた時にはグルコースが唯一のお菓子でした。年取った手伝いのお志んさんが、葛を練って作ったものにグルコースを細かく刻んで蜜の代りにかけ、お出ししました。グルコースは食べた後で、お茶を飲むと、歯が黒くなるものなんです。評議員の方はそれを召し上がって、歯を黒くしてお帰りになりました。世が世なら皆様召し上がることもない物だったでしょう。笑ってしまいました。

名取邸への引越し

塾長役宅として慶應義塾が借用して下さった名取邸に引越したのは、昭和二十年の十月一日でした。父はまだ病院にいたので、母と姉と私と静さん四人で引越しました。それからしばらくして、祖母とお志んさんも合流しました。素敵な洋館でした。だけどスティームの暖房の設備はあっても、石炭がないから使えません。広いだけに実に寒かった。わずかな炭を火鉢に入れる、それが唯一の暖房でした。私達の荷物なんて、本当に少ししかなかったんですが、幸い名取邸には家具もあったので、上等なベッドに寝かせていただきました。

引越しの日は、庭の木犀《もくせい》が真盛りでした。良い香りの吹き入る家で働いている時、本当に平和になったって気がしたの。だけど、三田通りから坂を上がってくると家の一軒手前までは焼けていました。防空壕を家として住んでいる人があり、防空壕のそばに掘っ立て小屋を建てて住む人があり、悲しい焼け跡の景色の中でコスモスが目を見張るほどきれいに咲いていました。その頃はガスも電気も時間制で食事時、あるいは夕方だけ供給されました。夕方からつくはずの電気もよく停電しました。うちが停電しているのに、道を隔てた焼け跡のトタン葺きの家から洩れる光は明るいので見に行くと、ろうそくの灯りです、やっぱり皆停電なのね。がっかりする一方、うちだけでないという変な安心感がありました。

また、焼け跡でさえぎるものもありませんから、うちから帰って行かれる方が田町に曲がるまで見えました。うちから見ると田町駅より向こう側にあるガスのタンクが、今日はたくさん入っていて少しふくらんでいるとか、まるで無いみたいにへこんでいるようにも見えました。タンクの中のガスの量で、お茶の缶のふたのように上下するのです。

名取和作さん

名取邸は慶應の評議員の名取和作*さんの奥様のお家でした。ご主人の名取さんは国府津に住んでいらっしゃいました。

その奥様のお家を名取氏が慶應に貸し、慶應は塾長の役宅として、父を住まわせて下さったのです。鍵に「奥様部屋」と「洋之助（二男）様部屋」、「壌之助様（三男）部屋」の札がついていました。「壌之助様部屋」に父母がいて、祖母が「奥様部屋」におりました。姉と私が「洋之助様部屋」。ここはお留守が多いせいか小さくて、「奥様部屋」が一番広かったかしら。昭和二十一年一月に「奥様部屋」で祖母千賀が亡くなって、お葬式もその部屋でしました。慶應の先生方が大勢来て下さいました。まだその時父は、私達にすがって歩くのがやっとという状態でした。

父は名取さんには何かにつけてお世話になったようでした。父の入院中、初めて名取さんが病院にお見舞に来て下さったのは、私が山中から帰って間もない頃でした。ちょうど私はそばにいたのですが、小柄な方がすすっと病室に入ってらして、「いいよ、いいよ。もう嫁さん貰うんじゃないからね」と大声で言って、握手して、すぐお帰りになった。名取さんは長く病室にいるのがお嫌だったのでしょうが、実に自然な感じの良いご様子でした。「面白い人だろう、名取さんは」と父が笑ったので嬉しくなりました。父に会うなり泣き出す方さえあったのですから。親しい先輩と傷を種に笑ったことは、父の気持の上でひとつの区切りになったかと思います。

まだ時代の良い頃ですけれど、ある時御殿場から母が一人で帰って来たことがありました。その日母の荷物は、祖母への土産の秋草の束だけでした。汽車の中で、偶然名取さんにお目にかかりました。品川で母が降りると、名取さんも汽車をお降りになって、母の秋草を持って下さった。ところが改札口まで行くと「それではこれで」と言って秋草を渡すと、ホームへ戻って行かれた。母が「やっぱり外国仕込みはお違いになる」と感激していました。とてもスマートね。

米軍の接収、塾長進退問題

昭和二十一年頃、アメリカの将校が住む家を接収するということがありました。名取邸は外国人にぴったりの家だったので、大人数で何度も家を見に来ました。父はまだベッドに寝ているのですが、そこへも入って行く。それこそ敗戦の悲しみを感じさせられました。

まだ祖母がおりましたから、母が、向こうの人達に祖母のことを何て説明したらよいか聞くと、父が「My mother is very weak, both mentally and physically.」って言えと言う。でもいざとなると母が大抵慌てちゃって、「mentally」までで終わっちゃうんですね。すると父が「俺のおっかさんのことを mentally だけでやめたな」とからかったりしていました。

外務省の山形さんをはじめ、多くの方が父のために陳情して下さって、結局父が住んでいる間は接収しない約束になりました。父は山形さんを直接には存じあげなかっただけにひとしお深く感謝しておりました。

一方で、公職追放になるか、ならないかでも随分調べに来ていました。アメリカの若い士官の質問に、父が「自分は戦争に反対だったが、戦争が始まってからは熱心に協力した。どこの国でも愛国者ならそうするだろう」と言うと、士官は「Oh, fine.」と言ったそうです。それだけが良かったのでもないでしょうが、追放にならなかった理由のひとつにはなったと思います。接収に来た人達にしても、父が空襲で火傷をして寝ているので、心に痛みを感じたんじゃないでしょうか。

その間に慶應の塾長進退問題があって、評議員会が開かれたりしました。この問題では教授その他大勢がたびたび家にいらして、戦時中の父の愛国的行動などにつき追及されました。慶應がもめているると新聞に記事が出ましたから母も姉も私も心配で心配で。毎朝新聞を開いて、何も書いてないと安心するという日々でした。父が「塾生諸君に告ぐ」という文章を書き、大きく清書していただいて貼り出したら、すぐに剥がされたことを知ったのも新聞でした。剥がしたのは学生かもしれないし、誰の仕業か分かりません。でも私が昭和二十二～二十三年頃、慶應の外国語学校にしばらく通った頃に、戦時中の「塾長訓示」が残っている教室もあったのです。第一校舎の教室の黒板の左に貼ってありました。

訓示

一、心志を剛強にし容儀を端正にせよ。

一、師友に対して礼あれ。

一、教室の神聖と校庭の清浄を護れ。

一、途に老幼婦女に遜《ゆず》れ。

善を行ふに勇なれ。

塾長

父の塾長の任期は、二十年十一月まで。改めて塾長を選ぶ評議員会は父の四選を望み、教授達は反対で塾長進退問題の騒ぎは起きたのです。悪く言われてとても悲しかったけど、辞めてもしょうがない、辞めて欲しいと思いましたね。あんな怪我をしていて塾長を続けても、学校に行かれないのですもの。高橋誠一郎*先生が代わりをしていらしたんです。

塾長辞任を求める教員の中に甥の松本正夫がいたこともまた複雑でした。正夫と父は昔から何かにつけて議論をします。半日くらい議論が続くこともありました。元々正夫に議論の仕方を教えたのは父なんですけどね。教えた結果、正夫があまりにも議論好きになってしまったので哲学の全集を買ってやるから、もう議論を止めにしてくれと頼んだこともあったほどでした。戦争や塾の問題でますます議論の種が増えました。

叔父甥の関係としては大の仲良しでしたが、塾長問題では正夫が急先鋒の一人なので、母や私達には悲しい時代でした。

続投反対者の中でも経済学部のある先生は特に激しかったんです。当時のお手紙が残っていたので読みましたが、反論するにしてもひどい言葉遣いなので、ぞっとしました。父の追悼文集には昭和三十四年頃の父とのエピソードが楽しげに綴られ感謝の言葉で終っていますから、ある時仲が直ったのでしょう。当時の父は非常に怒って、「○○に二百メートル以内に立ち寄るな、と言ってやった」と誰かに話しているのを聞いています。学部の代表のような方達もいらっしゃいました。

そういう時は父はベッドから出て、足に毛布を巻き車座に置いた椅子のひとつにかけました。会議は長時間にわたり、父の疲れが心配で、下の部屋にいる私達は気が揉《も》めてなりませんでした。皆様が帰られた後で父が家族に愚痴をこぼしたかとのご質問ですが、それは全くございません。

自分でも辞め方が不手際だったと申しましたから本当にそうだったんでしょうね。大変な混乱時代ですから、どうしていいか分からなかったんじゃないでしょうか。父としては少しは慶應義塾を建て直したかったのかもしれないけれど。

昭和二十二年に退任が決まった時、父はほっとしたようでした。私達も別に残念でもないし、安心しました。仕方ないというか、当然という感じね。塾長になった時も、騒がれたし、終始何となく騒がれる人ですね。

その頃、福澤先生の研究家で慶應の職員でもあった富田正文さんは、毎日と言っていい程、いらしてました。ゆっくりお話が続きますが、お夕飯の時間になっても何しろ食糧不足ですから軽い食事も差し上げられず、お茶とか、それこそグルコースなどをお出ししていました。のちに母が富田さんに申し訳なかったとお詫びしたことがありました。富田さんがいらしたのは、お役目としてでもあるし、色々塾の中の事情をお話しになっていたんじゃないかと思います。父は晩年に、富田さんが塾長におなりになったらいいのだが、と言っていたことがありました。塾長とは別に財政面をみる塾長みたいな方がいればいいんだけど、と。福澤先生のことをもっと学生に伝えたいと思ってそのことを言ったのかもしれませんね。とてもご信頼していました。

鰤の騒ぎ

「鰤《ぶり》の騒ぎ」というのがありました。これは二十年の終りか、二十一年の初めくらいのお話です。慶應の入学のお願いに来た方が父と玄関で話している時にお供らしい人が台所のほうに行くのが見えました。お客様を送り出して父が部屋に戻ると母が、「今の方から鰤をいただきました」と報告。「入学の話だ。すぐ返せ」。それはそれは大変なけんまくでした。鰤は大きな一尾です。それで慶應に電話して助けを頼みました。来てくれたのは小柄な人でした。鰤と抱き合うようにして、電車に乗って返しに行くのは大変だったでしょう。タクシーなどない時代でした。

偶然その晩、父の友人新関庄蔵さんが「いいものを持ってきました」と鰤の切り身を持ってきて下さった。「さっき返した鰤はどうなっただろう」と思ったんですが、「さっきの鰤があれば良かった」と言えば怒られそうですから黙っていたら、父が「さっきの鰤と代れば良かった」ですって。

鰤事件の他に山鳥騒ぎがありました。昭和二十三年のある日、築地の料亭の女将さんが一人の紳士と共に現れました。父が風邪で床についていたので母が応対したのですが、女将と話すうちに紳士は慶應入学志望者の親ということが分かりました。紳士の差し出す風呂敷包みを女将が取りついで母に渡そうとする。入学に関わる話の時はたとえ古い知り合いからでも物をもらってはならない家訓ですから、母は受けまいとする。女将が押し戻す。往ったり来たりする風呂敷包みは不規則な形で、雉らしい尾羽がつき出ていたそうです。

玄関の高声が二階の寝室の父に聞こえたのね。父は起きて階段の上まで出て叫びました。「オイ女将さん。うちのかみさんを困らすならもう付き合わないぞ」。鶴の一声、騒ぎはおさまりました。女将はこれは私からのお見舞いですとデコレーションケーキを置いて帰りました。

この他にも果物篭の中からお金が出て来たり、入学については色々不愉快なことがありました。「これは名刺代りです」と言われて、「代りでなく名刺を下さい」と父が押し返した話もあります。

慶應外国語学校

昭和二十二年〜三年頃、私は慶應の外国語学校にしばらく通いました。別に父の勧めではなくて、家からも近いし、やっぱり少し勉強していたほうが良いと思ったからです。いくつかクラスがある、その中程度に入れていただきました。教室に学生がぎっしりって感じでもなかった。

外国語学校では随分良い先生方に習いました。イーストレーキ、ガントレット両先生は英会話、池田潔*先生は口語英語、厨川文夫*先生は英語古典でした。イーストレーキさんは大きい方でした。お子さんが慶應にいらして、お隣の津山正夫さんの友人でした。正夫さんは英語好きで、英語研究会に属し劇をしたりしていたんですが、その話によくトウコ君が出ます。珍しい名前と聞いていましたが、イーストレーキ（Eastlake＝東湖）だったのね。厨川先生には少ししか習っていませんがとてもお品の良い静かな感じの方でした。お講義は高級過ぎて私にはよく分からなかったという印象です。池田潔先生の授業は口語英語で、たとえば「お茶の頼み方」とすると例をいくつも書いて下さって、それを写す授業でした。池田先生はよく父を訪ねていらっしゃいました。昭和二十四年に出版され、いまだに増刷されている『自由と規律』に書かれている英国留学中のお話などその折に伺って父が感心し、出版をお勧めしたのでした。

神主として兄の葬儀の司式をして下さった平岡好道先生の時間もありました。西脇順三郎*先生の授業では自国語と外国語についてのお講義を伺いました。日本人の書く英文は、日本語でも英語でもない。文法は英語で、形容詞は日本語。イギリス人なんかはかえってそれを面白がるとか。そういうことを面白く聞かせて下さいました。素敵な方でした。

昭和二十三年頃、父の発案でダンスを習うことになりました。ダンスの上手な日比谷叔父が先生で生徒は親類。秀助叔父夫妻、松本正夫夫妻、いとこ達。とにかく親類の多い家ですから、たちまち人数が集まりました。名取邸の食堂と居間をつなげば、かなりの広さとなり、床がよいのでダンス教室にうってつけだったのです。

夕食後から十時頃まででしたか、十回で終りましたけれど、良い思い出です。正夫が厨川先生をお誘いして来たこともありました。一度だけでしたけれど。

米内光政さん

昭和二十一年四月、戦後初めての総選挙がありました。その時、米内光政さんをお見かけしました。

まだ足の弱っていた父は選挙には行かれず、母と私とで近くの小学校に投票に行ったのですが、初めての選挙だったから事務がうまく運ばないらしくて、行列が校庭を一回りするくらい長くなっていました。ひょっと見たら米内さんがいらしていたので、びっくりしました。そこにいる人は皆気が付いて、とても尊敬しているという感じで静かにしていました。米内さんも群衆の一人として列の鈍い動きに従って、静かに歩いてらっしゃる。白いシャツとズボンの簡単なご服装でしたが、実にお立派だと思いました。

私達のほうが先だったので大急ぎで帰って、「今、米内さんが選挙にいらしてた」と興奮して報告しました。しばらくしたら家のベルが鳴ったんです。「米内さんかもしれないぞ」なんて父が冗談めいた調子で言ったら本当にそうだったので、もうびっくりでした。その時の父の目の大きかったこと。米内さんは通りがかりに表札に気づいて寄って下さったのです。あがって少し話してお帰りになりました。

私家版の『海軍主計大尉小泉信吉』の本ができた時は私がご自宅にお持ちしました。お宅はすぐ近く、綱坂を降りて少し入ったあたり、堀さんという方のお家を借りてらしたの。ベルを押したら米内さんご本人が出てらした。すぐ私と分かって下さって「オ」。笑顔で頭を軽くお下げになった。親しみのこもるご様子に感激した私は、家に帰って報告する際、「オ」の口真似をした。一言の「オ」の真似は難しく似てもいなかったのに両親も感激しました。

米内さんは本当に素敵で、何とも言えず良い感じの方。ちょっとないのね。あまりおしゃべりにはならないけど、私達にも親しげに接して下さる。とっても温かい方です。

家の食事にお招きした時も、姉と私は大きなテーブルの端のほうにいるんですけど、米内さんは話しながらもこっちに、サーチライトみたいに視線を配って下さるから、楽しい気持になるのです。父は三国同盟のことや、昔の海戦にお出になった時のことを伺っていました。そうかと思うと話題は戦中戦後に食べたまずい物に移ります。私達も競ってあの頃のまずい物の話をすると、米内さんが「がんばり粉」っておっしゃった。説明は「食べればお腹がいっぱいになります」でした。

その夜の父は、いかにも嬉しそうでした。憧れている方に会っているという感じでした。父は米内さんの良いお話を私達にも聞かせなきゃならないと思っているらしくて。何しろ演出家ですから、私達にも分かりやすいお話になるように色々質問してくれました。それで何となく私達も一座にいて良いような気分になるのですね。お話は随分難しかったのですが、海軍の訓練のことなども話して下さいました。その後、米内さんを二度ほど家にお招きしました。ご子息は準蔵と慶應で同級、海軍経理学校でもご一緒でした。

父と米内さんとは、よく分かりませんがまず父が山本（五十六）さんとお親しくなったのでしょうか、米内さんとのお付き合いの始めに、父が山本さんのことを「面白い方ですね」と言うと、米内さんが「あれは茶目です」とおっしゃったとか。小磯・米内内閣の頃に父が内閣顧問になっていたことがあったので、その時にももちろんお付き合いしていたと思います。前にお話ししましたが、戦死した兄のために岩波さんが仕立てて下さった画帖には書を寄せて下さいました。終戦時にはウイスキーをお届けし、お礼のお手紙をいただきました。米内さんも山本さんもどちらとも父の好きな方でした。「茶目」でいらっしゃるから山本さんは面白かったらしいし、米内さんのことは深くご尊敬していました。盛岡にある米内さんの碑文は父の傑作ですよね。あれと三田キャンパスの丘の上にある「平和来」の像の碑文が、私はいいなと思っています。

和木清三郎さんと『新文明』

昭和二十一年春頃、和木清三郎さんが名取洋之助さん（名取和作の二男で著名な写真家）と一緒に上海から帰ってらしたんです。洋之助さんは家が残っていると思って安心して帰ってらしたわけですが、塾長役宅になっているので、何日かうちに一緒に住まわれて、仙台坂の阿部秀助の家へお移りになりました。秀助とは年の違う親友でした。洋之助さんは年でいえば私の従兄松本正夫と幼稚舎から一緒で仲良しでした。物柔らかなお話振りで楽しい方。洋之助さんは奥様と赤ちゃんと三人で帰っていらしたのですが、その時の赤ちゃんが今タイでエイズの子供達のお世話をしている名取美和さんです。「徹子の部屋」に出ていらっしゃるのを偶然見て、その後お付き合いをするようになりました。

和木さんは奥様と何ヶ月かうちに同居されました。その頃は、父の脚も二階から降りられるようにはなっていたので、下の食堂で一緒に食事をしていました。当時本当に何にもなくて、卵など貴重なので目玉焼きといっても一つ目の目玉焼きしかできない。それなのに和木さんが悪気ではないでしょうが、上海で色々良い物を召し上がった話をなさるので、母は困りました。

和木さんは父を楽しませて下さる方で、文壇の内情や、表に出てこないような話もして下さるので面白かったらしく、応接間からの二人の笑い声をたびたび聞きました。和木さんのお蔭で兄の『海軍主計大尉小泉信吉』もできたと言えるでしょう。その時にはあの本の巻頭に絵をいただきたいと、父に知らせず横山大観先生に絵を頼みにいらしたの。そして見事な富士山の絵を描いていただいたのです。せっかくのその絵は空襲で印刷所と共に焼けてしまいました。和木さんは大観先生にお礼をあまり差し上げられないけれどと言って、お頼みになったのだそうですが、そういうことが言える方なのです。荒っぽいというか図々しいというか。それでいて一種愛嬌のある方です。父の好きなひとつのタイプですね。

和木さん発刊の雑誌『新文明』には父は多分一号も欠かさず寄稿したと思います。『三田文学』にはちっとも書きませんでしたもの。和木さんとしては一度排斥された『三田文学』には帰れない。だから別の形で、『新文明』のようなものがいいんじゃないかと。和木さんがそう思ったでしょうし、それを聞いて父が断然応援したのでしょう。父は贔屓するとなったら本当に大変な贔屓強さでしたから。そもそもは水上瀧太郎（阿部章蔵）が和木さんを贔屓していたので、水上が亡くなった時の和木さんのしょげ方は一通りではなかった。そこで父が、「今度は僕が力になるから」と和木さんを励まし、『三田文学』で排斥されそうになっているのを応援したりしたのでした。和木さんはその後上海に渡って軍との関係か何かはっきり知りませんが出版の仕事をなさっていたのだと思います。

執筆再開と税務署

昭和二十二年九月に芝の税務署に母と行きました。思いがけぬ多額の追徴金の知らせが来たので。そこで、「収入はたったこれだけですか」と言われました。その税務署の人は親切で、二時間近くかかった結果、追徴金は大変少なくすみました。母と二人で「よかった、よかった」と言って帰りました。金額は忘れましたが私は父の収入が少なかったことに驚いて「よく私達あんなにお芝居に行かせていただけたのね」って言うと、母は「私の腕前」と得意になっておりました。

幸いにもその頃から文筆の収入が入るようになりました。川口央《なかば》さんその他小さな出版社もあったけれど、『文藝春秋』に書き始めたのがやはり大きかったのでしょうね。和木さんがしばらくうちにいらした間に、文藝春秋の鷲尾洋三さんに、父に何か書かせたらって、おっしゃたんです。それで二十二年春、鷲尾さんが訪ねてらして、そのお勧めにより「読書雑記」の第一篇「マルクス、エンゲルス」を書きました。空襲で焼け残り黴《かび》のはえた本をうちに運んで来た、その中のものが、材料になったのです。

空襲の頃、書庫には熱が加わった場合のために、中に水を入れて置くと良いとどなたかおっしゃったんですね。それで後に塾長になられた久野洋さんが工学部でご一緒の津山英夫さんとよくうちにいらしていたので、教えていただきました。そうしたら、花瓶とかバケツとかそういう物に水を入れて置けばいいんじゃないかと教えて下さいました。そのお蔭で書庫に入れて置いたものは無事だったんです。でもその後、本を出さずにいるうちに、上の床が崩れ、そのひびから水が浸み込んで黴び、固まってしまいました。それでも助かった物は家へ運びました。べとべとになってしまった本でもましなものは、三田の清水という古本屋が二千円で引き取ってくれて、後は屑屋の仕事だと言って帰りました。翌日来た屑屋は汚れきった本を荒縄でしばり上げしばり上げして目方をはかりました。一貫匁五十円、二百貫あり、一万三、八三〇円。屑屋は無造作に腹巻を出し、百円札の束をつかみ出して父に渡しました。汚れた本がどうしてその値段になったのか不思議ですが、私は驚きを日記につけたので間違いありません。昭和二十二年九月のことで終日父の元気のなかったことも書き添えてあります。家に運び入れた中に良いのがあって、先にお話した『文藝春秋』の「読書雑記」の役に立ちました。

焼け残った物はガレージの中にもありました。要らない物や写真を入れていました。要らない物と思った写真は後になってみると実に大切な物になりました。この本のためにも。まさか空襲に残るとは思わなかったのですが。書庫には衣類も少し入れていたので、空襲直後にそこから取り出しました。そうしたらその中になぜかタキシードのシャツが入っていた。これは塾長になった時必要だからというので作ったものでした。この時、焼け跡の整理に塾僕さんに手伝ってもらっていたので、母は何かお礼をあげなくては悪いと思い、一方父の着られるものは残しておきたいと迷った末に、そのシャツをあげました。何だか可笑しいやら気の毒やら。でもあちらは着るものだから喜んで受ける様子。ホッとしました。

アメリカ士官の学費援助

アメリカ士官の学資援助のお話をしましょう。

前にお話しした岩富弥太郎さんのお父様は、慶應で叔父の阿部秀助の同級生。早く亡くなられ、続いてお母様も亡くなられ、岩富さんはおばあ様に育てられることになりました。まだ太平洋戦争になる前に、おばあ様は西陣織のネクタイを売ってらした。父の前の塾長林毅陸《きろく》先生はそのおばあ様をよくご存じで、ネクタイを売る応援をなさっていて、父にも紹介なさいました。それでおばあ様が家へもいらっしゃるようになり、父母もお手伝いすることになりました。母は弟の秀助を紹介する。秀助の紹介である財団の奨学金が受けられるようになりました。昭和二十年、空襲を避けておばあ様は疎開。阿部でも家族を疎開させました。それで空いた部屋によかったらという叔父の勧めにより、岩富さんと叔父の同居が始まったのです。

それは三月のこと。五月二十五日の大空襲では私どもの家が焼け、父は負傷して入院、家無しになった母と私達姉妹は叔父の家に引きとられました。そして敗戦です。

ある日、父はアメリカの若い士官ブラウン大尉から、煙草をやめ、そのお金で学生に資金を提供したいとの申し入れを受けました。すぐ頭に浮かんだのは岩富さんです。早速岩富さんとブラウン大尉の面会が行われました。ブラウン大尉はハーバード大学出身で、ソーシャルサイエンスを専攻した方でした。大尉が煙草をやめて提供される学資を受けることになった岩富さんは、それなら自分もと煙草をやめました。

このブラウン大尉が、父の公職追放に関する調査に来た方と聞いたように思いますが、正確ではありません。

第6章　戦後の父

キャッチボール

父の体が回復するにつれて、ちょうど家の門の前の道が広くて、今のように車は通らないし、父はよくキャッチボールをしていました。

その当時うちにいた書生の須山君とキャッチボールをしていると、近所の子供に「おじさん、もうちょっと足を上げると巨人の川崎に似てるよ」なんて言われて、父はそれに従い、ちょっと足を上げてみたり。それから「お巡りさんが来たら教えろよ」って須山君に言った時は、もう後ろでお巡りさんが見ていたり。御殿山の頃は私がキャッチボールの相手でしたが、須山君は上手でしたから父の腕も上がったでしょう。庭球部の志村（彦七）さんが一度相手をして下さって、その後「先生、あんまり負けん気出してはいけませんよ」なんて忠告され、苦笑いしておりました。

父は硬い本ボールでキャッチボールをします。私は球の投げ方を小さい時に教わっているので、まだ御殿山時代、十五、六歳の私に父は「ちょっと野球してくれないか」と下手に出て誘うのでした。こっちも良い気持ちになって本ボールで相手をする。私が変な球を投げると「No control at all.」と言い、自分の場合は失敗すると私に言われないうちにそう言いました。私に対して随分きつい球をビシビシ投げました。それが嬉しいらしいのです。昔は、秘書の川久保孝雄さんが大変お上手だったから、よく塾長室が入っていた塾監局前の広場でキャッチボールを楽しんだそうです。学生さん達見物人があると、なお元気の出る人でした。

「食卓の人々」と慶應義塾創立九十年祭

戦後の家庭日記は昭和二十二年の五月六日から始まっています。父が、「今こうやって家で話していることが後になると面白いから、書いたらどうか」と言い出して、兄が戦争で船に乗っている時に、皆で書いていた家庭日記みたいにしようということになりました。前の日記は兄が「面白いからまた船に持って行って読む」と言って、八海山丸に持って行ってしまいました。兄は笑い上戸でしたから、うっかり人前で読み出すと大変なので、人のいないところで読んでいたようです。

姉の婚約者の秋山正さんはソ連に抑留されたまま消息不明でした。「帰ってきたらこれを見せれば今家ではどういう話をしていたかもわかるし、正さんの教科書にしよう」ということでまた日記を始めることになりました。父は、姉の気持もですが、自分の気持も引き立てようとしたのでしょう。

ノートの表題には「食卓の人々」と書きました。水上瀧太郎の作品からとって。

残っている日記が昭和二十二年五月から始まっているのには、あるいきさつがあります。それはお話ししたくないのですが、避けて通ることもできませんから、軽くお話し致しましょう。

というのは昭和二十一年春に、ごく近しい家の方と私が婚約したのです。兄は亡くなる、正さんは消息不明、小泉の家はどうなるかと周囲が心配したのは当然ですし、両親はもちろん深く考えての上のことでした。姉と同様、私も両親が良いと思うなら、と迷いませんでした。よく知っているという安心感もありましたしね。婚約から一年くらい経つと、婚約期間があまり長いのは良くないという説が出て、両親もそれに傾きかけました。でも私は姉の気持を考えるとそれは避けたいと言ったので、正さんの帰りを待つことになりました。ところが、先方には結婚したい方があったのです。

この婚約解消について、母が佐々木の叔母（父の妹）に出した数通の手紙が残っていて、三年ほど前に叔母の孫から私の手元に届きました。それには父母の後悔と嘆きが細々と綴られており、五十余年前の事件当時よりも泣いてしまいました。

父はこういうことがあったけれど、変わらぬお付き合いをしましょう、と先方のお父様に申し入れ、それを守り通しました。

この「食卓の人々」を始めたのは私の婚約解消事件の後で、家の中で「気を変えよう」という雰囲気があったからなのです。

多くの方が父のことを幸せな人と言って下さいます。確かに幸せでしたけれど、悲しい思いも致しました。六歳で父親を喪ったのがその第一ですが、銀婚式までの人生は順調に過ぎました。銀婚式の翌日が開戦。それからは心身ともに痛めつけられることが次々に起こりました。正さんの帰還、その結婚、孫エリの誕生を喜んで暗黒時代は終ったかと思われたのに、エリも三歳を前に亡くなってしまいました。

日記にはまず、一番はじめに私が日記を始めるいきさつを書いて、次に何日か前に父が初めて皇太子殿下（今上天皇）のお住まいのある小金井に伺って、殿下にお目にかかったことを書いています。日記は飛び飛びで、書いたり止めたりしていますが、二十二年と二十三年はわりと詳しく書いています。

慶應の創立九十年祭の日記（二十二年五月二十四日）では、私は当時慶應の外国語学校の学生でしたから、式典に参加し、感想を書いています。高橋誠一郎先生は創立五十年の時が塾生代表で、創立七十五年の時は一教授としてスピーチをした、今回は文部大臣として挨拶をすることになった、と話された。それがとても長くて雑談風でふさわしくないと、生意気にも批判していまず。そして高橋さんは、「今度創立百年の時はどうなるか。百年まで生きていたい」とおっしゃって、ようやく終ったので、やっとほっとしたと。それから尾崎行雄さんはもう九十歳になってらして、「今の世の中を見ていると、福澤先生がいらしたらどうだろうと思うけど、その先生今はなし」と、おっしゃったので皆シンとしたとか。この時はまだ三田の山は焼け跡だし、それからのことを思うと、今の慶應は大変な発展ぶりですね。

式典は五月二十四日でしたから、それに出席するまで結局丸二年、父は三田の山の上には行かなかったわけです。歩行訓練は昭和二十一年の終り頃から始まり、映画館の芝園館あたりまで行けるようになっていました。

九十年祭が終って一緒に帰る途で、古い卒業生の方々が挨拶して下さり、この日の喜びを述べられた。日記によると学生さん達は、

軍国的な靴音をたてて、姿勢を正して懐かしそうな顔でお父様を見て下さった。「痛々しいね」という声も聞こえた。お父様は目とステッキとで適当に挨拶なさった。

そしてこの日、捕虜になっていた秋山の兄から手紙がきたのです。実に感激的な一日でした。また創立九十年のこの年、六大学野球春の優勝は慶應でした。その日の騒ぎはお話しするより日記のほうが迫力があると思うので読むことにしましょう。

六月十七日火、朝のうち小雨のち晴れ。

今日は梅雨の中休みと自信あり気な予報にも拘らず、午前中小雨が降り続いていたが、お昼頃から雲が切れ始め、やがて青空が見えた。早慶戦は少し遅れて始まった。六―二で勝って優勝。芽出度《めでた》し。リーディングヒッターも久し振りで慶應、久保木。メデタシメデタシ。

夕方から夜にかけて、塾の教職員や庭球部野球部の先輩など塾員が二十人以上いらっしゃって、この間運び込んで置かれたビール樽をあけて乾盃なさった。応援団の徳川泰国さん通称トクサンが団長で、ご親友の五島岩四郎さんと共に現れてからはまるで球場のような騒ぎになった。皆に指揮して「若き血」や「丘の上」を唄わせたり、チャッチャチャチャ、オッ、チャッチャチャ、オッ、チャッチャチャチャチャチャチャチャなんて手を叩かせたり、先輩の知らない唄は、「オイ岩四郎ヤローカッ」「ヤロー」と二人ですっかり嗄れた声をふりしぼって唄うなど二人共これを最後に卒業なので大変な感激ぶりだった。優勝を喜び、学校の前途を憂えて泣きそうだった。
十時過ぎから将棋。お母様に負け、次お父様とで十二時半までかかって勝った。モシカシタラ妙テンサイ？

その頃私が将棋で母に入門しました。うちでは母が一番強いのです。父母が戦い、母が勝つ。そうすると父が盤をひっくり返したり、盤を飛び越えたり、（あ、飛び越えたのは戦前のことで、この頃は脚が弱っていましたから盤をひっくり返すだけね。とにかく、全くグッドルーザーじゃないんです）私が入門して、その翌日に父と私が対戦して、私が勝った。父は室内遊戯がだめなんですよね。好きでもないし熱心でもない。

秋山正の帰国

その後、秋山の兄からは二度目の手紙が昭和二十二年六月四日にきました。兄の下にいらした方が日本に帰ってらした。その方に兄が手紙を託したんです。姉が留守の時にその手紙が届いたのですが、両親と私は、すぐに渡したんじゃつまらないから、少し姉をからかってやれということになりました。それで手紙を封筒に入れて「加代ちゃんへ　父より」と書いて食卓に置いておいた。そのうちに姉が帰って来たんですが、外であったことをいつまでも喋っているので、皆イライラしてしまいました。父は二階に行ってしまうし、姉も何だか二階に行きそうなので、私が先回りして父に「まだ手紙を見てないからそのつもりで」と伝えた。母は「とっても傍にいられない」って私と一緒に庭に出ました。そのうちに姉がその手紙に気づいてもう大騒ぎで、「はじめはお父様から手紙が来たんだと思ったらば、こういうことだったの」と手紙を振り回して喜んでいました。

秋山の兄はその年の秋になって帰って来ました。その時も姉が外出していたので、「あいつは馬鹿だから、こんな時に留守にする」と父が怒りました。兄は秋山のお父様の会社に行き、そこから電話をかけたのです。私が「正さんが帰ってらした」と二階のベッドルームのお手洗いにいた父に言ったら、父が「開けろ」と言い、父はそこに腰かけたままで私と握手。

正さんが帰ってくるまでは、父は「暖かいベッドに寝ているのが申し訳ないような気がする」と、本当に心配していました。姉もちょっと神経衰弱的になり、夜中に変な音がすると、「正さんがどうかしたんじゃないかしら」と言ったりするのでした。それで田園調布に住む従姉三邊文子（松本の二女）の家に預かってもらったりもしました。

父は心配して、「何か打ち込んでできることをしたらいいんじゃないか」とか、姉が器用なので、「絵を描くとか、人形を作るとか、そういうことをやってみたら」などと勧めました。

その頃にこんな思い出もあります。父が元秘書の川久保（孝雄）さんに『社会思想史研究』の校正のお礼を差し上げたいと思っていたら、お金がちょうど机の上に置いてあったので、それを差し上げちゃったんです。でもそれは母がバタを買おうと思っていたお金だったの。それで母が「バタもう止めにしようかしら。でもあなたには太っていていただきたいし」と言う。すると父が「この動物はよく働くから飼っておいてお得用ですよ」と激励して買う決心をさせました。

当時の食物のことですが、まだ戦争中、父、姉、私の三人が箱根の帰りに小田原に行き、もと手伝いに来ていたやえさんの家に寄り、うどんをご馳走になり、野菜を分けてもらったこと、前にお話ししましたね。名取邸の頃もまた小田急線で行きました。帰りの電車で私の背負ったリュックサックが半分外に出たままになって、とても怖い思いをしました。進駐軍の兵隊も乗っていて本当に敗戦という気分でした。

姉の結婚式

姉の婚礼は昭和二十三年の四月八日。名取邸で行われました。その時のご馳走は当時としては「大変なご馳走」と言われました。三種類のサンドウィッチは鶏と牛肉とジャム。お菓子がエクレアなど四種類。それからのり巻きとみかんとアイスクリーム、紅茶。皆大変喜んで下さいました。お料理は全て慶應の学生食堂「山食」の塚田さんにお願いしました。その塚田さんからのお祝いはウェディングケーキともうひとつありました。じゃがいもで作られた鶴と亀が青い昆布の蓬莱山で遊んでいる。おめでたくて面白い飾り物です。汽車の都合で新郎新婦はウェディングケーキを切らずに出かけました。旅行から帰ったらケーキを一緒に食べる約束でしたが、いとこの松本正夫や三邊謙さんがどうしても食べたいと言うので切り分けました。一切れの高さが十二センチで、母と私以外の方は皆二切れ召し上がったと日記にあります。

姉の婚礼の衣裳は戦争中に作ったものです。多摩川の瀬田に住んでいらっしゃる濱洋治さん(白水会メンバー)は空襲の危険が三田あたりより少ないように思えるから、荷物を預かりましょうかと言って下さった。母は父の物はサイズが大きいから焼けたら大変と気にしていたので、たくさんお預けしました。九十年祭出席の父が着たモーニングも姉の嫁入り衣裳もお蔭で助かり、姉の翌年の私の結婚式にもそれを着たのでした。

泉会と白水会

その年の五月には、庭球部の「泉会」の主催で父の還暦のお祝いがありました。まず五月八日に七十四人が家にいらして大宴会となりました。ウイスキーが二ダース、ウイスキーにレモンと氷を入れたもの、日本酒が一斗なくなったと日記に書いてあります。大変酔いが早くて、皆さん大騒ぎになりました。倒れた方が四人出て、大変な酔っ払いが七人で、ズボンを脱いだ方が一人。他人の靴で帰った方が一人、それから母にキスした方が一人。一度帰って、五反田で二次会をして、またいらした方が二人。姉は秋山の兄と一緒に来て、とても嬉しそうでした。酔っ払いをたしなめたりもして。翌日は、日吉コートでテニス大会がありました。学生さんが迎えに来て下さって、母と私も行きました。父はテニスはできませんが、お昼くらいで帰るつもりが、面白くてとうとう四時頃まで楽しく過ごしました。

白水会というのは、元の父の研究会（ゼミナール）の方が主なメンバーで、第二土曜日の午後に外務省の方その他をお呼びして、時局のお話を聞く集まりでした。当時は三田の町はまだ治安があまりよくないし、夜はたびたび停電したので昼間にしたのでしょう。あの頃はどこかへ行くとすれば、田町まで歩かなくてはなりませんでしたし、途中の三田通りは焼け野原でした。

この頃になると、お呼ばれの回数が増えました。車でお迎えに来て下さったので、久しぶりに家族一緒に車で出かけたと日記に書いてあります。会社の寮のようなところでヤミのご馳走が色々ありました。母がご飯がゴムみたいだって。もちもちしていたからかしら、ゴムみたいというとあまりおいしくなさそうですが、そういう舌触りのおいしいお米でした。

物の不自由さが少しずつ元に戻り始めた昭和二十三年頃に、父の話が聞きたいと検事の方達が十五人ほどいらっしゃったことがあります。当日のお茶などは全て持参しますからということでした。その通り、葡萄とお茶の袋が届きました。それでは何だか足りない気がして、私は、和菓子とお煎餅を買って来ました。この頃にはそれくらい物が出て来たわけです。会が終わってから、私が「何もかも持って来るっておっしゃったにしては簡単だったのね」と言うと、父が「そんなことはない。お菓子とお煎餅があった」と言うのです。父はあちらが持って来て下さったとばかり思っていたから「皆さん、お菓子をいただこうじゃありませんか」と言ってしまいました。

一週間後にもう一回その会があったのですが、また始めに葡萄とお茶が届いて、その後からお菓子も届きました。そのことを父に言っておかなかったので、今度は父が「つまらない菓子ですが、どうぞ」と言ってしまい、後で大笑いでした。

父の回復

二十三年の六月二十九日には阿部対安川という親類の野球の試合がありました。慶應の綱町のグラウンドを拝借して。私はバッティングが下手なのに出ました。あまり三振するので、最後に父がピンチヒッターになって、三塁ゴロを打ちました。怪我を思えば夢のようでした。それくらいまでに回復したのは、怪我の時はまだ五十七歳だったからでしょうね。

昭和二十四年四月。父が負傷後初めて芝居を見た時、私も一緒に行きました。父は昔、震災の後で麻布の小さな劇場で、今の芝翫《しかん》の父、五代目福助が『道成寺』を踊ったのを見て、こんな良い物がまだあったのかと思って泣いたのです。だから戦後に初めてお芝居を見る時に、また泣くのではないかと心配でしたが泣かなかった。演し物を忘れました。泣かずにすむものだったのでしょう。もし『勧進帳』だったら……。『勧進帳』を見ると父は必ず泣いてしまいます。しかも皇太子殿下にお仕えするようになってからなおさら泣いたように思います。広尾の家に移った後に、一度食事の間に、父が珍しく無口で、何かとても沈んでいた時がありました。訳を尋ねると、「東宮様にきつくご注意したんだ」とだけ、理由は言わずに泣いていました。私達も沈んでしまいました。

その頃に父が「勉強の気分転換に何でもいいから映画が見たい」と言うので、姉も一緒に四人で芝園館に行ったら、「白頭巾現る」という大変くだらない映画で、もう私達は呆れちゃったの。父は「それでも目的は達した」と言っていました。父は本当によく「思想が枯渇した」とか言っては映画に行っていたんです。晩年にも一人でもよく参りました。

芝園館は赤羽橋から芝園橋へ行くちょうど間くらいにあって、鉄筋コンクリートの立派な建物、古風な良い映画館でした。父の足ならしに家からちょうどよい距離でした。

この頃には、もう父が一人で出かけられるようになっていて、三田通りから電車に乗り、母と私をお迎えに来てくれたことがありました。その日は母と帝劇に出かけたのですが、夕立になり、私達は傘なしで、「どうしましょう」と言いながら出て来ると父が傘を持って立っていたので、びっくりしてしまいました。「どうして」と母が言うと、「君が今日は良い着物を着て行ったから。迎えにきた」と。母がその日に着ていたのは、父の好きな藍色の着物でした。母も私も感激してしまいました。それくらい父の健康が回復したのね。

『共産主義批判の常識』

二十四年となるとお寿司もとるし、鰻もとれるようになりました。その間にどんどん世の中の様子が元に戻っていくのでした。それでも、日記によると昭和二十四年のクラス会に父が出た時はお弁当を持参していきます。

その年の三月に、『共産主義批判の常識』が七万部出版されました。本がたくさん売れたということで父が姉夫婦と私と婚約中の準蔵とに一万円ずつくれたんです。一同狂喜乱舞しました。一万円というのはその時は大変なことだったのね。

『共産主義批判の常識』を出す前には、書こうと思っていることを話して白水会の方達に叩いていただきました。伊東岱吉さんなど父とは全く立場が反対ですからなかなかもめましたが。最後に皆さんにウイスキーを飲ませて、仲直りをして、あの本を出したんですね。

白水会には様々な立場の方がいらっしゃいました。その時には皆さんが色々おっしゃったでしょうね。川田寿さんは共産党だから、獄中生活もされて、戦後になって帰ってらした。船江豊三郎さんもいくらかそちら方面の方。だから戦争中に文部省から睨まれて、ご本人も気にして慶應で教えるのを辞めようとお思いになった。父が止めたそうです。

長与善郎*さんは文芸評論でこの本を大そう褒めて下さって、終りに「共産党ではこの人は日本最大の癌と言っている」と書いてありました。父はそれが嬉しくて興奮しました。お酒をいつもよりたくさん飲み、散歩の時一歩ごとに「がん、がん」と踏みしめたとか、「顔が癌らしくなった」などと申しました。結局あの本は七万部よりもっと売れたのです。この間『文藝春秋』に国中の歴代のベストセラーが載っていましたが、その中でも『共産主義批判の常識』はかなり上位でした。ちょうど求められていた時だったのでしょう。母が印税を持ってきた出版社の方に「こんなに一度に持ってらっしゃらないで下さい」と言った時があったくらいでした。

父は、進歩的文化人は大嫌いでした。進歩的文化人は赤なら赤になればよい。ピンクはよくない。白水会で、二十四年の一月に、戦争裁判の弁護士の高柳賢三氏をお呼びしたことがあります。私はその白水会を隣の部屋で聞いていたら、文化人が戦争裁判は人類の進歩だと言っているけれども、明らかに退歩だと高柳さんがおっしゃっていました。連合軍の側では、はじめもっと簡単に片付くと思っていたのだけど、日本の弁護団の程度が高いので長引いて二年かかったとおっしゃっていました。

戦後まもなくの時、まだ父がベッドにいる頃の昭和二十一年二月には野坂参三*氏が訪ねていらっしゃいました。慶應の先生でお名前は忘れましたが狂信的な共産党員なのか、ファンなのかわからない方の案内で、お供が何人かついてジープでいらっしゃいました。退院しても脚の衰えた父はジープは話で聞くだけの車でした。

準蔵との婚約

昭和二十三年春に私は従兄の阿部準蔵と婚約しました。これも両親の熟慮の末の話でした。父はそれまでに準蔵と話し合っていたので後は二人で会って決めろと言います。いとこ同士ですから、そういう話をどのようにしたらいいかわからなくて、「会見」の前の晩に私は『海軍主計大尉小泉信吉』と父の勧めた福澤先生の『新女大学』を読み直して、試験勉強をしました。父は「婚約を決心するまで人のことを考えないで、自分が幸せになることを考えなさい。君が幸せになれば、僕達も幸せだ」と。

私は元々兄が生きていたら兄と気の合う人と結婚したいと言っていたのですが、準蔵は兄と大変仲良しだったのです。でも、従兄の準蔵と結婚するなんて考えもしませんでした。それでも私が昔から準蔵と気が合うことは確かだったのです。一方、いとこ同士の結婚はよくないと聞いたことがあったので気になりました。父は、「イギリスではいとこでも結婚することはよくある、『我々はいとこ同士だがまだ婚約していない』と言うそうだよ」と言いました。物識りですからすぐ適切な例が持ち出せるのね。それでその件は解決。安心致しました。

それで準蔵の下宿先に行き、会見することになりました。さて、いざ会うと、途端に二人とも笑い転げちゃって、こんなことになるとは、としばらく笑いが止まりませんでした。会見の前に母に、「私が良いと返事をするとそれからどうなるの」って聞いたら、「『私は準蔵さんと一緒になることにしました』ってお父様に言ったらいいんじゃないの」と言われていたので、それを準蔵に話したら、「そんな儀式はオルガンなしでは無理だ」と言うのでまたけらけら笑ったりして、深刻な話も出ず、多分それで会見は終わったのでしょうね。他人事のようですけれど。

　準蔵と私の結婚は誰が言い始めたのか分かりませんが、大人同士が話して、決まったことのようです。準蔵の姉の夫は庭球部出身の山岸成一です。私の生まれたのが大正十四年秋、成一さんが慶應に入り父が部長の庭球部員となったのは大正十五年春です。庭球部は先輩を重んじるところですから、「私のほうが先輩よ」と言って威張れる仲でした。とにかく皆が私の行く末をとても心配してくれたことは確かです。

　会見に出かける前の日は父が私の顔を見ると、「がんばれ」と応援するのね。テニスの時に応援の方が試合の大事なところで「ゆけよ」とか言うんですが、それを真似して「ゆけよ」とも言っていました。そういう時に選手の*藤倉五郎さんが「ライ（オーライの略）」と言ってらしたから、私はその真似して「ライ」と答えていました。

　そして、無事に私と準蔵の婚約が決まった後、私が歯医者に行こうかどうしようかと考えていると父が、「僕の家計の間に行ったほうが得だよ」と言います。それから伊勢海老を二尾いただいたら、父と母は半分ずつ、私はひとついただいて良いことになった。辞退したのですが、「今のうちに栄養つけとけ。僕達はもっとおいしい物をこれからも食べられるんだから我慢するよ」と。私が結婚するとつましく暮らすからという理由でしょう。結局私は一尾食べちゃいました。

結婚式

名取邸での結婚式
左より従兄阿部泰介、伯父松本烝治、新郎・準蔵、新婦・妙、伯母松本千、父、母。

『共産主義批判の常識』が出版されたおかげで、私の結婚の時は家は大そう豊かでした。それで新婚旅行は、一年前の姉の時は箱根に二泊くらいでしたが、私は京都に一週間行かせてもらえて、大変な得をしました。その一年の差は本当に大きかったの。共産党様々でしたね。

私も姉と同じで名取邸で昭和二十四年の十一月に結婚式をしました。まだ良いホテルは進駐軍に接収されていますし、幸い自宅が広かったので。私の時も「山食」の塚田さんが結婚式のごちそうを作って下さった。姉の結婚の前に槇智雄先生（のちの初代防衛大学校長）のお嬢さん（私の同級生）のご婚礼を「山食」の塚田さんにお頼みになったので、真似させていただきました。私の時は一応お昼のコースになっていました。それにも一年の差があります。結婚式には阿部側の母方の伯父伯母が二十一人。それに加えてごく親しいいとこも呼ぶから、阿部家は全部で三十人くらい、小泉のほうは、いとこも入れて二十人以上。それに準蔵の兄と姉夫婦、伯母二人、従兄夫婦、私の両親と姉夫婦。総勢六十人以上にもなりましたが名取邸の広いリビングとダイニングと繋げれば、ちゃんと座れました。

新婚旅行は、当時タクシーはないので、バスで東京駅へ行く。荷物は先に運んでおいてもらう。京都には父のごく親しい澤田孝三さんが待っていて下さいました。そのご関係の静旅館に泊めていただき、様々なおもてなしにあずかりました。京都でも東京同様車がなく、電車やバスに乗ってあちこち見物しました。準蔵が子供の頃、父親が日銀の京都支店長だったのでお休みごとに行っていたから詳しくて、楽しい旅行でした。

宮内庁長官に望まれる

昭和二十三年の五月一日には、芦田（均）首相が父を訪ねていらっしゃいました。宮内庁長官になってほしいというお話で。父は、病体であることと、反マルキシストだから、皇室にご迷惑をおかけすることがあるといけないとお断りすると、芦田さんが「誰が入っても悪く言われるから、構いません。病体では仕方がないけれど、お上が御切望あそばすので、この際元気を出して、出てくれませんか」とおっしゃった。父は、自分はやるとなったら、いい加減なことはできないからこの病体ではだめだとお断りしました。芦田さんはその通りを陛下に申し上げましょうとお帰りになりました。

それから、陛下の御切望ということなのに、自分は一番安易な道を選んだのではないか、卑怯なんじゃないかと、父がすごく悩みだしました。陛下のお傍に本当にお力になったり、お話相手になれる人がいなければいけないのに、自分は卑怯なんじゃないか。でも長官になれば、行幸のお供ができなければ無理だし、やっぱり無理だということになったんですね。

父は、日本は何もかもアメリカのもとでやらなければならないから、役人にはなりたくない。自由に批評ができる立場でいたいと思うし、それだからこそ、出なければ悪いとも思って、大変複雑な気持ちだったようです。当時の宮内庁長官の田島道治氏に東宮御教育常時参与をお断りしていた時の手紙にも、そのようなことが書いてありました。

還暦の大宴会をやった五月八日に、今度は慶應の大先輩、尊敬する池田成彬*さんが宮内庁長官就任の問題でいらした。池田さんにも自分の健康のことと、自分が共産党のあまりにも大きな敵だからとお話しした。また自分は、パージ（追放）にはなっていないけれども、もし自分が引き受けた場合、アメリカが急に辞めさせたくなれば、パージするのは簡単で、その可能性があるのだから就任してすぐ辞めることになってまた次を探すよりも、もう他を探していただきたいとお断りした。池田さんはそうはっきり断らないで、考えておく程度に言って、私を帰して下さいとおっしゃった。牧野伸顕氏（戦前、宮内大臣・内大臣などを務めた政治家）もぜひ福澤先生の教えを受けた人になってほしいと言ってらっしゃったそうです。

父が九日の還暦祝いの日吉のテニスから帰ってくると、今度は入院中大変お世話になった医学部の西野忠次郎先生がいらした。西野先生は池田さんが「小泉は健康上のことでお断りしたから、君が行って診て来い」と言われたということでした。父が同じように、共産党の敵である自分が宮内庁長官になると、国内だけではなくて、ソ連との交渉にも響く。「首相は一国の一番最高の信用のある人だから、首相に断ったことを他の人で受けるというのは、どういうわけでしょう」と言ったら、西野さんが「なるほど」と納得されてお帰りになった、と父の日記に書いてございます。

皇太子殿下に初めての拝謁

父が皇太子殿下に初めてお目通りしたのはその前の昭和二十二年のことです。家庭日記が始まった時に、父が小金井で坪井忠二博士とご一緒に皇太子殿下に初めてお目通りした四月二十七日のことが書いてあります。

少し古いが、先日小金井の東宮御所で皇太子殿下にお目通りしたことを書いて置きます。四月二十七日のこと、午後一時頃、宮内省から差し廻された自動車で小金井まで伺った。この道程は一時間数十分かかって、ガソリン払底の昨今としてはかなりの遠乗りであった。

東宮大夫の穂積さんが、「これは小泉先生です。最近まで慶應大学の総長をしていらした方でございます」とご紹介申し上げると、殿下ははっきりしたお声で「どうぞ、よろしく」とおっしゃる。坪井博士にもご同様であった。ただ僕の時にはその後に「身体をお大事に」とおっしゃって下さった。僕の顔をご覧になって「痛そうだ」とでもご同情下さったのであろう。それから廊下をへだてた別の間で、茶菓を賜った。ご相伴は、野村先生［のちの東宮大夫］。黒木侍従の六人で座席は上［二〇二頁の図を参照］の通りであった。ご馳走はイチゴジャムとハムサンドヰッチ。ドーナツ。缶詰の桃と紅茶である。食卓で初めてよく殿下のお顔を見上げたが、失礼な申しようであるが、実に好少年である。十四歳の少年としてご身長はまず普通であるが、お顔色と肉付きとが実にお宜しい。張り切った感じで、日に焼けられたお顔は琥珀色に輝いている。お目は大きくないが、黒目がちで、何か興味をお感じになった時に、生き生きとかゞやく。また、それは後でお歩きになる時見上げたのであるが、大きく手を振ってお歩きになると、お尻の肉がぷりぷり動く。

まず僕は「タイム」で殿下がバットを構えてお出でになる写真を拝見したことから、野球に及びベーブルースの名をご存じか否かを伺ったところ、知っていますとおっしゃった。それからテニス、ピンポン、水泳、乗馬等の話となり、僕が色々伺うとテニスは軟球、馬からは二度落ちました、水泳では巻足もできると仰せられた。ピンポンは余程お得意と見え、黒木侍従を顧み何か仰有った。お言葉は少ないが、はきはきおっしゃる。穂積氏は何かと専門学のことをお話申し上げさせたいのであろう。我々の専攻について言上し、坪井氏は少しばかり地震のことを申し上げた。

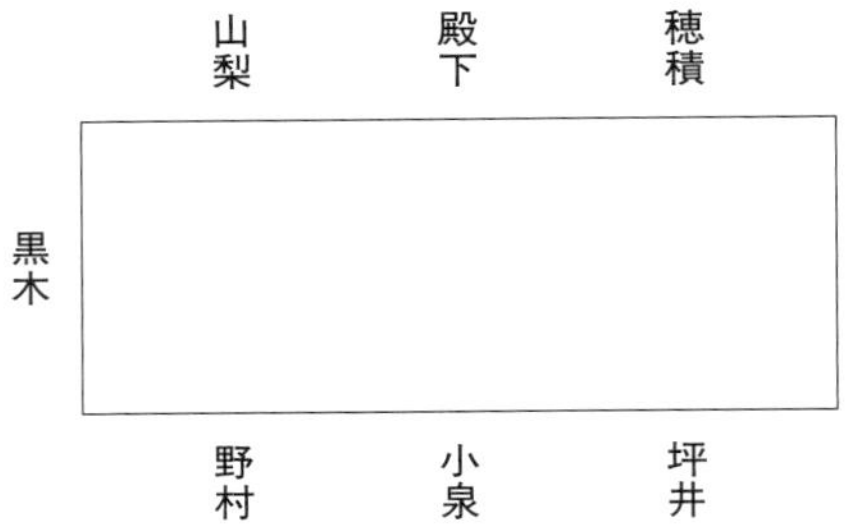

当日の席次（日記より）

ノーベル賞のことをご存じでいらっしゃいますか、とお訊ね申し上げると、知っていますとお答えになった。その間に野村氏が、目を悪くしたことから滋養を取るため、卵をヤミで買いますと、一個九円五十銭いたします、というような民間知識もお耳に入れた。僕はさらにベーブルースが合計七三〇本のホームランヒットを打ったこと、その中の最も劇的であった、二本のストライクを黙って見送って、指を二本立てて自らストライクを数え、第三球の前にセンターのフェンスを指さし、さて投げられた球を指さした通りセンターの柵外へたたき出した大ホームランのお話を申し上げた。また、「リーダースダイジェスト」で読んだ考えものを出して殿下に伺ってみた。殿下も他の人もそれを考えられるようであったが、あまり時を取ってはと思い、すぐ答えをお教えしてしまった。坪井博士がこれは良い問題だ、と言った。八つ同じ大きさの球がある。その中の一つだけが他より軽い。それを天秤の量りで発見する。ただし、二度以上量ってはならぬ。如何にすべきや、というのである。

四十分程して殿下がお立ちになった。御所の竹やぶで掘った筍をお土産に頂戴し、他の人々と共にまた自動車で東京に帰り、ちょうど集まっていた親類の人々にこの話をすると、一同大いに興味をもって聞いてくれたので、少々調子に乗って、こと細かに吾等の皇太子殿下のご近況を物語った。以上　五月六日　信三。

これは「食卓の人々」の第一回目でございます。その後は時々小金井に伺っていたのではないでしょうか。東宮御所が渋谷常磐松に移られた後は毎週二回金曜の午前、火曜日の午後御所に伺っておりました。ご一緒に読んだ本は福澤諭吉の『帝室論』、幸田露伴の『運命』と『ジョオジ五世伝』と書いております。

ヴァイニング夫人

昭和二十一年三月に来日した米国教育使節団団長に、昭和天皇はじきじきに皇太子殿下のための家庭教師招請を依頼されました。

そしてヴァイニング夫人*が決まり、二十一年十月に来日されたのです。夫人は幸せな結婚生活を送っていらっしゃいましたが、わずか四年でご主人は交通事故で亡くなられました。その後はアメリカンフレンズ奉仕団の難民部局で奉仕活動の一方、青少年向きの著作をされ、その方面で認められていらっしゃいました。皇太子様の御教育に関わっていられた元学習院長の山梨（勝之進）氏が、殿下のお傍には不幸にあったことのある人がおつきすると良いと言われたそうです。理由は存じませんが、ヴァイニング夫人と父がそういう身の上であったのは天の配剤でしょうか。ヴァイニング夫人は穂積（重遠）東宮大夫とは意見の違うことがあり、野村（行一）先生が東宮大夫に、父がご教育の主任をお受けしてから、事はなめらかに運ぶようになったと書いていらっしゃいます。

ヴァイニングさんは本当に感じの良い方で、ヴァイニングさんと一緒にいる時の父がまた最高にいいんです。意地悪なんか全然しないし、ヴァイニングさんがユーモアのあるような話がお好きと知っているので、話に色々ユーモアを取り混ぜる。ヴァイニングさんとお話する時に父の目がいつもより黒くなるんじゃないかというのが我々家族の感想でした。本当にお互いに楽しそうでしたね。ヴァイニングさんのほうも父のユーモアや、気持ちにゆとりのあるところを気に入って下さったのでしょう。大親友の三文字に尽きますね。

父がヴァイニングさんと初めてお会いした印象は、女学生みたいな方、実に感じの良い方、でした。その後、お会いするたびにつくづく感心していました。初めの頃はヴァイニングさんのご授業に松平信子夫人や父が一緒だったので、授業をなさりにくかったらしいのですが、アメリカの子供達を家に呼び、殿下もご一緒にゲームをなさる時などに父がいると、子供達の扱いがうまく、皆が楽しくなったと感心なさいました。

箱根にて
左よりヴァイニング夫人、著者、母、父 (昭和34年４月　皇太子殿下御結婚の儀を終えて)

家にもたびたびお招きしました。母が花を生けておくと、それをとても褒めて下さって、お手紙にも「百日草の生け花が良かった」と書いてらした。アメリカへお帰りになってから、子供用の小説をお書きになり、可愛い女の子の名をトミとし、表題も『トミ』でした。母に献じて下さいました。父が亡くなってから初めのうちは英文の手紙を下さったのだけど、後には日本語のお手紙を下さることもありました。「下手な字で書いたたどたどしい文章を読むと、あなたが慰められるかもしれないから」と言って。

父にはヴァイニングさんの他にも女性の親友はありましたが、ヴァイニングさんの場合はことに高級なお友達、親友だったと思います。

初孫エリの誕生

昭和二十四年の四月十四日、姉夫婦に長女のエリが生まれました。何しろ小泉の家で私以来の赤ちゃんなので、興奮していたら、父に「そんな興奮するな」とたしなめられました。姉のいる病院に赤ちゃんを見に行った父は、「なかなかよろしい」と喜び、二人が退院してくる前日には、「明日は孫が帰って来るのだな。可愛がってやろう」と、とても楽しみにしていました。

初めの頃はエリも、特に父が好きでもなかったんですが、ある時から急に父に懐いて、ニコニコするの。泣いていても、父が顔をあわせると一瞬、笑って見せたりするので、もう父はとろとろです。私の日記に「エリはどうやらおじい様から乳母車をせしめたらしい。もしかすると家中でエリが一番策謀家らしい」と書いてあります。

ある日、庭球部の方達がうちに食事にいらしたら、なぜか父の機嫌が悪いのです。誰かが酔ってお話がくどくなったりすると、「会話っていうのは彼語り我語りするものだ。一人で話されるのは嫌いだ」とか、「もうちょっと普通の声で話せ」とか、とても意地悪しています。よく考えると、その前に父がエリをちょっと抱こうとしたら泣いたんです。それでどうやら八つ当たりをしていたらしいことが分かりました。

姉達がうちに来た時には、いつも大急ぎでエリを抱きとって、お腹にのせ、お腹をふくらませたり、へこませたりぷかぷかして遊ぶことになっていたのね。その日もエリを喜ばせるつもりだったのに、なぜか泣かれてしまったというわけです。

名取邸にて
左より母、エリ、著者、父、姉。

エリが生まれた初め、父は、自分の顔の怪我のために嫌われるのじゃないかと、とても心配していましたが、仲良くなって大変嬉しかったらしいのね。ある日などエリが泣いてしまった後に、また仲良くなったら「エリ、君は偉い人だ。真の男性美を解する」とか、「三輪車買ってあげようねえ」なんて言います。姉がまだ早いと言うと、父は「子どもに約束したことは守らなければいけない」と、重々しく言って買いました。

顔の怪我のことでは、親類でも子供達を連れてくる時に「小泉のおじさんは怪我をしてらっしゃるから、あんまりお顔のことを言ってはいけません」とか、「見ちゃいけません」とか言って連れてくるので、子供も気を遣う。有名ないたずらっ子さえ珍しく大人しくしていたくらいです。その子は外に出てから「僕、一回もおじさんの顔を見なかった」と自慢したそうです。

親戚の幼い男の子が「おじさんの顔、赤くっておかしいなぁ」と言った時は、気の弱いママが青ざめ、お姉さん達が怒って大騒ぎになりました。あの頃は外でよく外人だと思われて、子供に「ハロー」と言われる。父は「ハロー」と答えました。

エリが少し口をきけるようになってからは、父がお酒を飲んでいると、「わぁ、みんな飲んだの、えらーい」なんて褒められてご機嫌でした。

クリスマスともなると、父も母も二人ともエリに気に入られたいので、プレゼントを一人で渡すわけにはいかないの。片方だけからだとエリに思われては大変ですから、抜け駆けされないように二人でプレゼントを持ち、エリの前に行進して「エリちゃん、プレゼント」よ。

皇太子殿下をお招きする

昭和二十四年五月二十八日は皇太子殿下を、初めてうちにお迎え申し上げた日です。父はご経験のため殿下を民間の家にもお呼びしなければいけないと申しました。普通にお呼びすればいいのだから、特別なことをしなくてよいと言うのですが、当日になると父が気弱になって、トイレを見に行って「ちゃんとタオルはあるか」と言い出したので、皆が心配になりました。三田署にも事情を説明して、あまり大げさにしないで下さいとお願いしましたが、署としてはそうはいかない。庭に潜んでみたり、あれこれ気を遣っていました。

当時殿下は学習院の中等科生でいらっしゃいました。父がまず母をご紹介したら「今日はありがとう」とおっしゃって、母はたちまち感涙にむせびました。私と従妹の敦子も紹介によりお辞儀をしてご会釈を賜り、後はお給仕をさせていただきました。お相伴には庭球部の石井小一郎さん、藤倉五郎さん、隈丸次郎さんをお招きしました。石井さんはいつもテニスを教えてらしたし、藤倉さんや隈丸さんも何度もお相手していらっしゃるから、殿下もお気楽だったらしく、お楽しそうでした。カレーがお好きと伺っていたので、ビフテキとカレーをお出ししたら、カレーを三度おかわりなさった。それも藤倉さん達がおかわりのことを、「僕は二セット目です」とか「三セット目です」とまるでテニスの試合みたいにおっしゃるので、殿下もさそわれて召し上がったのでしょう。

名取邸への御成はその一回だけでしたが、のちに広尾に移ってからは随分たびたびお出でになりました。父がエリもご挨拶させると連れて出たこともございました。殿下はその頃は小さい子の扱いに全く慣れていらっしゃらない感じでした。お子様を持たれ、お孫様も持たれた陛下の保育園ご訪問などテレビで拝しますと、子供達をあやすのもお楽しそうなご様子に歳月を感じます。

加茂公成さん（昭和三十年代に活躍した早稲田出身のデ杯選手）やもう少し若いテニスの方達とご一緒の時もございましたが、学習院の寮生達六、七人と、ご一緒のことが多く、御成婚後は妃殿下とお揃いで御成のこともございました。父は時々寮に伺って寮生方とも親しむ機会を持っておりましたが、ある時その方達がアルバムを見せて下さったら、「小泉先生の招待に洩れたる者の悲しき夕食」と説明の書かれた写真がありました。それでその洩れた方達をお呼び致しました。

殿下の御成は、六時にご到着、お発ちのご予定は九時がお決まりのようでした。せっかくお友達と楽しくしてらっしゃるのですからごゆっくりなされるとよいと思いますと、侍従さん方のおはからいで三十分くらいはお延ばしになれる。それでも殿下はお道筋で待つ警護の人の身にもなっておあげにならなければならないのです。何と不自由なお身の上かとお見送りのたびにお気の毒になってしまうのでした。

いつでしたかもう何度もいらした後のこと、お手が汚れて「フィンガーボールをお願いします」と言われたのですが、うちにはフィンガーボールがないので困ってしまいました。お絞りをお出しすれば何でもないのに、母があわてて塗りのお椀みたいな物に水を入れてお出ししました。後で大笑いでした。父は私達が大変がるのが嫌なので「もっと気楽におもてなしを」と申しますがそうはいきません。

お食事には、「はち巻岡田」に出張してもらったこと、「野田岩」の鰻をとった時もございました。一度は私達に中国料理を教えて下さった準蔵の伯母に頼んだこともありましたが、後は私達でできるものを差し上げておりました。「野田岩」の鰻は皇太子殿下が「おいしい」とおっしゃって下さって、その後、御所から御注文があったそうです。

野田岩は戦後から、贔屓にしたお店です。昔馴染みのお菓子屋、飯倉の風月堂が焼け跡で店を開いたのでお菓子を買うと、近くの野田岩がお店を始めましたと紹介されたのが始まりです。父がシュークリームが大好きなことは前にお話ししましたが、風月が何しろ一番でした。洋菓子と和菓子両方あるのでね。戦前はご用聞きにも来てくれて塗りの箱に洋菓子と和菓子が両方入っていてそれを見て注文しました。野田岩は名取邸から近いので歩いて行ったり出前をとったりしましたが、まだお米の配給切符がなければいけなかったり、ヤミのお米のあった時代です。焼け跡に建った小さなお店で、部屋は二間きり。それ以来のつながりで、父は侍従さん方との親睦にとよくお誘いしておりました。昭和天皇の侍従長を勤められた入江（相政）様をご案内したところ、お気に召し、陛下にお話しになる。陛下は行幸のお道筋で飯倉をお通りの時に、入江様に野田岩の場所をお尋ねになられたとか。

まだご結婚前の順宮《よりのみや》様（池田厚子様）をお招きした時は、父が民間の家をお見せしなくてはならないということで、「あまり片付けないでおけ」と言う。その上で家中を父がご案内致しました。台所のドアをちょっと開けて、「ここが台所でございます。あそこに酒の瓶がございますが、私が酒を飲むものですから」と申し上げるのですが、それはお醤油の瓶なのです。父こそ民間の台所を見る必要がありますね。順宮様はまことにお静かな方で、父がおくつろぎになるような話と思って、「宮様、寝言をおっしゃいますか。うちの家内は、この間寝言を申しまして」とお話しするのですが、丁寧な言葉だけど寝言の話なので何かそぐわない感じでした。

清宮《すがのみや》様（島津貴子様）とは父は軽井沢でテニスを拝見に出たり、ホテルの食事にお招きするなど致しました。そのようなことから母の葬式の時にお出で下さって、「お懐かしい」とおっしゃって下さいました。

皇太子殿下と父は最初は、殿下が硬くなってらしたのだけど、初めてお目にかかってから一年後くらいには打ち解けてお話し下さるようになったようです。でもそのご年齢で年寄りとのお付き合いはさぞご窮屈でいらっしゃいましたでしょう。一方父は年寄りの中では若い方とのお付き合いに慣れているとは言うものの、慣れぬ良い言葉も使わなくてはなりませんしね。

吉田首相、不意の来訪

吉田茂*首相が名取邸にいらしたことがありました。連絡もなしに。ある日のことで、父は私達と一緒に昼の食事中でした。そこへ書生の須山君が「吉田さんがいらっしゃいました」と言って来ました。幼稚舎の吉田小五郎*先生はよくいらしていたので、父はてっきりそうだと思い「食事をしているからちょっとお待たせしといてくれ」と言ってお待たせしてしまったんです。そうしたら首相だったので、びっくりしてしまった。吉田さんが手袋を重ねて右手で握り、左掌をたたきながら待ってらしたとか。「天は人の上に人を造らず」を守る父ですが、その時はしきりに申し訳ないと恐縮していました。

後で須山君には「君が吉田さんというから吉田先生と思ったよ。しかし首相を吉田さんとだけ言ったのはなかなかよろしい」と。

広尾の家を買う

昭和二十三年に結婚した姉は麻布富士見町（現在の南麻布）に住む母の弟大六の家の二階に住んでいたのですが、私と準蔵が結婚したので、初めは両親とは別に住んだほうがいいし、ちょうどエリも生まれたばかりだったこともあって、一時姉夫婦が小泉の家で暮らし、私と準蔵が富士見町に住むことになりました。ところが結婚して半年後の四月頃に、私が肋膜炎になってしまったので、また交代して名取邸に戻り、それからはずっと両親と一緒に暮らしました。

私は計三回も肋膜炎をしました。有名な名古屋の勝沼精蔵先生が「親といるのは一番身体にはいいんですよ」とおっしゃったけれど、実家で両親と暮らして大そう助けてもらいました。症状はかなり重くて、肋膜炎というのは最低六ヶ月は療養しなくてはいけないと言われ、治ると再発し、三年くらいぐずぐず過ごしました。でも三度目、両親が皇太子殿下御外遊（昭和二十八年）につかず離れずの旅行をした頃から元気になり、その後は病気をし尽くしたのかちっとも病気しません。

その三度目の時には、準蔵も結核を患い長く勤めを休みました。私達は二人とも健康だけが取り柄と言って結婚したのでしたが、そうではなかった。私は戦争中、お勤めの関係で山中湖に疎開し、開墾や冬越しの用意に炭焼き竈造りの手伝いなどでかなりの労働をしましたが、その無理が原因でしょうとお医者様に言われました。父のすぐ下の妹の勝子は、結核のために四十一歳で亡くなっているのですが、性質が私と似ているからと父が心配しました。人前では恥ずかしがっているかと思うと陰では結構いろんなことを言ったと聞くと、確かに私と共通点があるようです。父は二歳違いのこの勝子叔母と仲がよかったので亡くなった時の嘆きは深く、書斎に写真を飾っておりました。

名取邸には五年余り住みましたが、私達が引越した後は、のちの塾長潮田（江次）先生がお住みになりました。昭和二十五年頃には接収は関係なくなったのかもしれません。こちらは随分手入れをしてお返ししたのですが、三田新聞（慶應の学生新聞）に小泉家が引越した後の部屋は天井にストーブの煤《すす》跡が見られたと書いてありました。父がこれをうっかりお母さんに見せると大変だと言っていました。すると義塾の営繕課の小野さんというよく仕事のできる穏やかな方が憤慨して、天井はそうだったかもしれないけど、小泉家では方々手入れをして、お返しになりましたと三田新聞に投書して下さいました。それで安心しましたが、結局母にはその最初の記事は見せませんでした。三田新聞と父との関係はちょっと良くない時もあったのではないかと思います。記事に一抹の悪意が感じられましたから。

広尾の家に引越したのは昭和二十六年五月のことです。何しろ父は家のことは全て母まかせなので、広尾の家を買う時も、母が秀助叔父と私を連れて三人で見に行ったのです。すぐに気に入って決めました。父は全然見に行かない。名取さんはもっといて良いとおっしゃって下さいましたが、塾長公邸に塾長を辞めた者がまだ住んでいてはいけないからということで探していたのです。父がその時「家を買ってもいいけど、一ヶ月○○○位（額を忘却）で暮らせるか」と母に聞いたんです。母は、本当は暮らせないと思ったのですが、「暮らせます」と言い切りました。

広尾の家は随分良い家でした。関東大震災後昭和十年頃に建った家は土台がしっかりしているそうです。応接間は四畳半にもならないくらいの小さな洋間で、そこに皇太子様と義宮《よしのみや》様（常陸宮《ひたちのみや》様）とお友達をお招きした時など満員になるくらいでした。父の書斎も狭かった。それで昭和二十八年に、その二部屋を建て増して広くしました。その後六畳の食事をする部屋をちょっと改造し、台所も改造した。結局四度も改造と建て増しをしたことになります。

母は不思議なことに建て増しが大好きなんです。ある日父が勉強していると、庭に母が建築会社の人といて屋根を見上げているので、「また始まるのかと思って、ぞっとしたよ」と。それは雨漏りの修理の相談だったのですけどね。昭和三十八年には、広尾の家の門内に私達夫婦のための小さい家を建ててくれました。その小さな家を建てるのも考えたのは母、出資はもちろん父でした。

第７章　広尾時代の思い出

エリの死

エリは生まれてすぐには、体に問題なしと言われました。けれど間もなく先天的に心臓に穴があいていて塞がらないと分かりました。姉は手術を望みましたが、まだ成功率がよくないからと両方のおじいさんが嫌がり反対しました。あの頃ではまだとても危険な手術だったのです。ちょっと動いてもチアノーゼを起こして、ふぅふぅ言って横たわります。秋山の兄が抑留三年間ソ連でひどい目に遭っていましたから、それも一因なのかもしれません。

眼が大きくて可愛らしいし、弱いのに機嫌がよいので皆に可愛がられました。

昭和二十七年の二月、もうじき三歳になるという時にエリは亡くなりました。亡くなった時に、洗礼を受けさせたくて、アンデレ教会の野瀬秀敏先生にお願いし洗礼を授けていただきました。

霊名は母と同じセシリア。父の嘆きは深く、姉夫婦が逆に慰めなければなりませんでした。

その後両親は姉にまた子供を持つようにと申しましたが、正さんも姉も弱い子に懲り、子なしの生活で良いと言う。父が「人間の義務だ」「人間として一人前でない」といさめても駄目でした。父没後十年、その秋山夫婦に娘が二人できました。有子、朋子は夫正さんの弟の子です。楽しい家庭であったのに、十一歳と九歳の子を残してパパは昭和四十五年急逝しました。親戚一同の落胆の中で、遺族のその後の心配が始まりました。そして昭和四十八年、子のない正、加代夫婦とパパのない子供の合同が決まったのです。一人をもらうか二人にするかという問題もありました。私もその一人でしたが二人説が多く、子供達のママも考えてそれが良いと言い、子供達は今までどおりママと暮らすという条件もよかったのか納得しました。お互いに幸せでしたのに今度は正さんの急逝（昭和五十三年）という悲運に遭ったのです。それから三十年経ちました。

娘達は結婚し、有子の長男は今年社会人となり、次男は大学二年生。朋子の長男は今年から中学生、長女は小学生になります。

洗礼を受ける

エリを失い嘆きつつその葬儀に列した父は、「主与え主取り給うなり、主の御名はほむべきかな」という聖書の一節に打たれ、火葬場の帰りの車の中で「僕も洗礼を受けるとお母様に言ってくれ」と姪の三邊文子に申しました。文子は父の姉、松本千の二女です。父の姉妹、私の母、皆ミッションスクールの香蘭で学びました。松本千がまず洗礼を受け、妹達、私の母、祖母までも信者となりました。伯母の願いは、一族すべてが信者でしたが、中でも父に対しては若い頃から勧めていたのです。

「一番先にお母様に伝えたい」という父の言葉を文子は、その日病気で床についていた伯母に伝えました。エリの死から二ヶ月後、父と姉は聖アンデレ教会で野瀬先生により洗礼を受けました。父の霊名はナタナエル。新約聖書ヨハネ伝に「イエス、ナタナエルの己《おの》が許《もと》にきたるを見、これを指して言いたもう。——「神よ、これ真にイスラエル人なり、その衷《うち》に虚偽《いつわり》なし」とあります。伯母がかねてから父にふさわしいと選んでいた名前なのです。

ある方から受洗について問われた時、父は、キリスト教は貴い教えであることは知っていた。それをよく研究して、よく分かったらクリスチャンになるというのも一つの行き方だろうが、自分は逆にまずクリスチャンになってそのお仲間に入れてもらい、そうして知りたいという途《みち》を択んだと答えています。野瀬先生にも始めにそのような気持で洗礼を受けてよいか伺いました。先生のお返事は「それでよいのです」でした。

洗礼を受けるずっと前、まだ名取邸の時代ですが、母と私が教会に行くと、父が散歩がてらに迎えに来てくれることがありました。帰りに芝公園の中を通って池を覗いたりしながら帰りました。私達が教会に出かける前に、「行ってみたいな」と言うので、「一緒に行きましょう」と誘うと「僕が行くと教会の方達が特別の思いで扱って下さりそうで心配なのだ」とためらう気持があったのでした。全てはエリの死によって解決したわけで、父はエリのことを「我を導く天使エリ」と言っておりました。

父と野瀬先生とはまことに気の合う間柄でしたが、お付き合いは兄の戦死後毎週一度祈りを捧げにいらして下さったのが始まりです。お祈りでも、讃美歌でも皆さめざめと泣いてしまいますが、食事になると先生と父のスポーツ談に皆が笑うようになるのでした。先生はスポーツ好きで殊に野球、それも出身校立教の野球にご熱心でした。父が「今度は慶應がきっと勝つ」と言えば、「いいえ断然立教です」とお互いに刺激し合うのが、また大変愉快そうでした。キャッチボールも共通の趣味で、御殿山の庭から出る人通りの少ない道で投げ合う。ある時、父がモーニング姿で外出から帰ると、先生がいらしていたのね、早速キャッチボールをすることになりました。先生のご服装はいつもの黒い裾長の司祭の制服。道に出て投げ合ううちにボールが溝に落ちてしまうと二人が跪《ひざま》づいて探すなど大騒ぎでした。年の差は父が四歳上でした。父が亡くなって八年後に先生も亡くなられました。ご永眠の一週間前に母がお見舞に伺うと、「小泉先生にお会いするのが楽しみです」とおっしゃったそうです。

私も、父より少し後に洗礼を受けました。次がエリのパパ。そして準蔵でした。

松本の伯母はすでに亡くなっていましたが伯母の長年の望みは、このように思いの他早く成就致しました。それはやはり野瀬先生がいらしたからこそと思います。準蔵が洗礼を望んだのは、九死に一生を得て感じるところがあったからではありましたが、長年親しくしていただいている間に、先生のような方のお仲間に入れていただくことを願うようになっていたのでした。

野瀬先生とは時々箱根のホテルにご一緒に参りましたが、朝になるとスポーツ新聞を買って食堂に持っていらっしゃる。私達がそんなに興味もない女子の野球などでも、ちゃんと読んで面白いと教えて下さいました。真面目な面と楽しい面を特別豊かに併せ持つ方と、今も懐かしく思い出します。

もう一つ付け加えましょう。野瀬先生は東村山のハンセン病療養所をよくお訪ねになりました。娯楽の少ない入園者に野球を見せたいと言われるので、父が慶應の野球部を連れて行き、紅白試合を見せて、非常に喜ばれました。野瀬先生と父の連携プレー、大成功。

外遊の話

エリの死から父の洗礼になり、野瀬先生へと及んでしまいました。話を昭和二十八年の父母の外遊に戻しましょう。それは、我が家にとって大きな事件でした。昭和二十八年の五月十四日に出発して、ロンドン、フランス、イタリア、ベルギー、西ドイツ、スウェーデン、スイス、アメリカを廻り、十月三日に帰国しました。皇太子殿下がエリザベス女王の戴冠式参列にあわせて欧米諸国を御巡遊されることとなり、父は吉田首相から、御旅行先で殿下に時々お目にかかりながら欧米諸国を視察してくるよう勧められたのでした。

昭和十一年にアメリカのハーバード大学創立三百年祝賀会に行く時は多くの方から「奥さんを連れて行ったほうが向こうでよい」と言われたのですが、祖母もいて、私達もまだ子供だったから、母は行きたくなくて、父が一人で行きました。今度は父六十五歳、負傷以来足もとが何となく危なっかしくなっているから、付いて行かないわけにはいかなくて、行くことになりました。母は随分ためらっていたのですが、松本の伯母や皆に「行きなさい、行きなさい」と言われて、大決心でした。父は始めからぜひ一緒に行きたかったようでした。

向こうに行ってから皆さんが「奥様は何がお楽しみですか」とお聞きになると、母が「帰るのが楽しみ」と答えるのですって。父はそんな愛嬌のない返事が嫌で、母に言わせたくないんですが、母はすぐそう言ってしまうのでした。

母はレディーファーストが嫌いで、いつも父の後ろから付いて行くのですが、外国では「先に行け」と言われて父の前を歩かなければならず、それが何よりいやだったそうです。洋服を着たことがないのでずっと和服で通しましたら、和服の良さを皆さんが褒めて下さったと言っておりました。

母はロンドンで英語のレッスンを取りました。娘時代に通っていた香蘭女学校は英語が盛んで、卒業式の総代は父の妹の信子が日本語の謝辞、母が英語の謝辞を述べたのだそうです。ロンドンに行った時には、昔香蘭で習った英語の先生ミス・フィリップスがご健在だったのでお訪ねしました。そうしたらにわかに母が英語づき、帰りの車の中で父に英語で話しかけたとか。父はびっくりしたらしいのね。ミス・フィリップスは本当に日本がお好きで、日本が良かったと言って下さったのが嬉しかったと父も母も言っていました。

戦時中日本は概して外国人に冷たかったようですね。昭和十四年オッペンハイマー氏（ドイツの社会学・経済学者。父の留学中に教えを受けた方。ユダヤ人のため、当時日本を経て米国へ亡命しようとしていた）の来日の時、父がなるべく長く滞在されるよう配慮し一生懸命おもてなししたので、「こんなに大事にされると思わなかった」と大変喜ばれたそうです。ここで当時の思い出をひとつ。父はある夜オッペンハイマーさんと一緒に宴会に出て、それから家にお連れしました。母がお出迎えしたら、オッペンハイマーさんはあっという間に靴のまま上がってらして、母の手にキスなさった。気味悪がりの母は急いで、でも秘かに拭いてしまいました。後で話して父に叱られたのですって。

外遊中、母はお金のことは全然分からないので、買い物に行くといちいち父に「これは高いの？」とか「これは安いの？」と聞きます。父はすっかりお供にされてしまい、買い物に付き合うことになりました。母は帰るのが楽しみで出かけたのに、日本に帰って来てからは「もう一回ハロッズに行って買い物がしたい」と申しました。母の生涯で一番太ったのがあの外遊の時なのです。それはあちらのデザートが大好きだったのと、お金のことはすべて父に委せたからじゃないでしょうか。行く先々に知り合いも多くて、姉と私のそれぞれの親友の旦那様がどちらも外交官で、そういう方達もてなして楽しませて下さったのでした。徳川夢声*さん（戴冠式取材に新聞社から派遣されていた）とは以前からお付き合いがありましたけれど、たびたびお会いして親しみが増しました。帰国してからも家にお招きしました。

八ヶ国廻った中で母はイギリスが一番気に入りました。イギリスに二ヶ月くらい滞在してその良さを確かめたのでした。昔から香蘭でいかに良いかを聞かされていたし、明治の日本に感じが似ていると喜んでもいました。ロンドンでは、お城に住んでいらっしゃる方にお呼ばれして泊めていただいたのですが、翌朝、その奥様が真面目な顔をして母に「大変なことがある」とおっしゃる。母は前の日にお元気だった旦那様が倒れて重態になられたのかと思ったら、「あなたと私、ファーストネームで呼ぶことにしましょう」と言われる。側にいた父は先方が大変すばらしいことを言って下さっているのに、母が全然感激しないので困ったということでした。

ロンドンでは大使館の方達にお世話になりました。大使の松本（俊一）氏、公使の朝海（浩一郎）氏、書記官の藤崎萬里氏（のちに最高裁の判事、藤崎夫人は姉の親友）。父は藤崎さんを実に優秀な外交官と言い、帰国されてから皇太子様に様々な外交の話をお聞かせしに来ていただいたりしました。一方、藤崎さんは父の英語をとても褒めて下さいました。

パリでは西村大使の奥様が母の妹の日比谷の親類だったので、大使館に泊めていただきました。ベルギーの大使は荒川昌二氏、元は大蔵省にお勤めでそれから横浜正金銀行にいらした方。一高、東京帝大と学校は違いますが、元々祖父信吉と荒川さんのお父様が親しく、息子同士も若い頃からの知り合いでした。奥様も母が小さい時から知っている方ですし、お蔭でベルギーもとても楽しかったみたいね。荒川さんはテニスもお上手だったので、後に庭球協会の会長もなさいました。ついでに言えば、お嬢様の米子さんは私の親友で、テニスのパートナーでした。

外遊帰国時に飛行場で
昭和28年10月３日帰国

父は、学問としてドイツ語を習ったので、日常会話が却って難しいらしいんですね。それでドイツのレストランで話が通じなかった時に、母が「ドイツ語の先生だったんじゃないの？」と言ったら、すっかり機嫌が悪くなってしばらく口を利かなかった。徳川夢声さんが「夫婦で旅行すると必ずつまらないことで喧嘩する」っておっしゃったそうですが、その話を伺って笑っていたら自分達もそうなってしまいました。

アメリカではフィラデルフィアがすごく良かったそうです。ヴァイニング夫人が自宅に皇太子様をお招きになり、父母もお相伴させていただきました。

外遊中の手紙はたくさん残っています。父のより母のほうが面白いの。母は文章が上手だし、私達家族のために書く。父には『外遊日記』に使おうという魂胆が感じられます。確かに帰国後すぐ本が出ましたものね。それに父は用事が多くて非常に忙しいんです。家事のない母は暇なんです。そこにも差があって、父が何をしていたかは母の手紙によってよりくわしくわかります。

ここで一つイギリスに滞在していた時の母の手紙を読んでみましょう。

英国にての感想

町に老婦人の多き事おどろくばかりなり。日本の老人は大方家にこもり又は孫の守り等にて散歩をする人は殆どあらざるべし。この国にては二人三人つれだち傘と袋を持ってゆるゆる町を歩きショウウィンドウをのぞき公園のベンチにいこひて語り会ふ様楽しげなり。足の悪い人の多きにもおどろく。雨多き為なるべし。老人は老人同志で歩くやうにて私のやうに娘がお供をしてくれなそう。その点私の方が仕合せ？　娘にとっては気の毒？　日本婦人も閑を作り楽しみを求めて愉快に人生を過ごすべきと思ふ。結局衣食住の複雑さが時をうばふなるべし。簡単な生活を考へ時間を有効に用ふべきなり。

人々のゆったりした態度も学ぶべきと思ふ。バスもすいて車内に立つものを見ず。車台多く人少なき好条件は人々を行儀よくさせるユエンならん。

自動車が警笛を鳴らさないのにも感心する。運転手はゆうゆうと手の合図で止まる又は先にゆけをする。スピードもゆるやかにて乗り心地よろし。車は黒く四角な感じの旧き型にて流線型等めったに見当らずハイヤーの運転手も制服制帽にてすべて保守的の一語につきる。

西洋夫人の落ちついて居る例。ガーデンパーティにてスカートに尺取虫がはって居る。それを注意されるとサムシンググリーンと云ってゆうゆうとつまみ捨てる。私ならさしづめキャアキャアと云ふところ。

地震のない国はちがったもの。缶づめ類は高くつみ上げ、マイターホテルでは、天井に近いところにおぼんやポットがかざってある。羨山しい。

若い婦人は健康的で美しい。年寄りはあまり美しくない。日本なら一歩も外へ出られなそうな高齢者がソロリソロリと歩いて居る。子供の可愛らしい事。エリに似た子が時々居る。あれは日本人ばなれがしてました。

サリーへの途上広々とした美しい景色ははてしなくつづきよくペーブメントされた道路もつづきて心地よし。信三曰く「吾々はもう生涯の附録を生活して居るのだからいいが子供達はコンナ国に住ませたいね。」同感同感。

チップの少ない時は私に渡させる信三さん。「女はどこの国でも倹約だから少なくていいんだよ。」自分だけイイ子になる。ひどいですナ。

ホテルの使用人運転手皆丁寧で言葉のあとにいちいちサア。マダム。をつける。部屋附の女中さんとても好ましい人です。「あなたはよく働らきます」とフェミニストが云いましたら私はスローワーカーと答へました。朝からおひる過ぎまでは藤色夜は黒の服です。ベッドを作って私が外出して居るとねまきを出してくれるのですが正しくねまきを出してくれたのは一度だけ。あとはいろいろよそ行のをパアット椅子にかけておいてくれます。信三氏の分は大丈夫間ちがへません。

信三氏私に食事を命ぜよと毎日いぢめる。朝食だけ漸々《ようよう》頼めるやうになった。なかなか苦労がありますよ。（後略）（五月二十六日付）

ハーバード大の三百年祝賀会に父が行った時に母は一回も父に手紙を出さなかったのです。それは父の留守中に応接間の建て増し、玄関改造計画を実行中でした。しかもそれを父に秘密にしているものですから、三ヶ月間一回も出さなかったの。秘密にふれずに手紙を書くなど何でもないと思うのですが。父のほうからは皆に次々来るのですが、留守宅からはまさに梨の礫《つぶて》で一通も。もし行く先々のホテルの住所を教えてくれれば私が出したでしょうが、そのチエもない十歳でした。母は十七年も経ってロンドンでそのことを詫びたそうです。いかに旅先に手紙が来ることが楽しいかが初めて分かったと言って。

軽井沢でのトーナメント

この時代のことを考えていると、皇太子殿下の御成婚までが随分大変だったなあと思います。昭和三十二年夏に軽井沢で殿下が正田美智子様と初めて出会われてテニスを遊ばした時に、父も軽井沢に行っておりました。よく、「あれは密かに殿下と美智子様お二人が出会うように整えられた」と言う方があります。しかも小泉氏などと名を出されることさえも。絶対にそうじゃないの。試合の組み合わせを作った方達も全然そうではない、たまたま作った組み合わせで、両方の組が勝ち上がった結果と言ってらっしゃる。全くの偶然なのです。もし父が企んだのなら、始めから終わりまで試合を拝見しているはずでしょう。

大体父は試合というものは最後の一球まで見とどけなければいけないという説なのに、その時は午後*安倍能成さんをお訪ねするからと途中でさっさと帰ってしまったのです。「これはもう殿下がお勝ちになるに決まってる」と言って。母も私も試合を拝見していて、殿下がお勝ちになると思い、父と一緒に安倍家に伺ったのです。殿下のお相手の組は綺麗な若い方と外人の少年とで、その綺麗な方が少年に作戦を授けたりしてやっていらっしゃった。大変落ち着いていらっしゃる

軽井沢でのトーナメント（著者撮影）
手前は皇太子殿下、写真奥左が正田美智子嬢。

から私はどこかの若奥様かな、と思いました。そうしたら、安倍さんから帰った父が皇太子様のお宿のプリンスホテルに伺って戻ると、「殿下がお負けになったそうだ」と意外そうに言い、相手の方は「正田さんのお孫さんだそうだよ」と。母も私も驚きました。ですから本当に偶然なんです。あれは計画されたのではないことを、この際どうしてもはっきりお話しておかなければ。

皇太子様がテニスをなさると聞くと、大勢見物が来るので、相手は緊張して硬くなる。見物大勢が殿下には普通のことでいらっしゃるけど、相手は大抵いつもより下手になっちゃうんです。それなのに美智子様は全然硬くもならず、挽回してお勝ちになった。ただならず落ち着いていらっしゃった。殿下がその時、「打っても打っても返されてしまった」とおっしゃっていたそうです。もし、美智子様がその時負けてらしたら、事情は違ったかもしれませんね。

軽井沢に行くと、*加藤武男さんがいらっしゃるし、田中耕太郎（従姉の夫）さんもいるし、父には楽しい避暑でした。いくらかお勤めのような感じもありましたが。安倍能成さんの別荘は、軽井沢の賑やかな所と離れていて、野上弥生子さんの別荘などもある静かな学者村でした。

軽井沢には東宮職の御用を務めるようになってから行くようになりましたが、初めのうちは万平ホテルが接収されていたので、星野温泉に泊まっていました。

昭和三十年頃でしたか、母が急にお腹が痛くなったことがありました。星野温泉のお医者様が、下剤を下さった。母は車の後ろの席に横になり、父は助手席に乗って東京へ帰って来ました。お医者様に診ていただいたら盲腸炎でした。手術はせず、冷やして治しましたが、下剤と言い長時間の自動車と言い、思い返してもゾッとします。

万平ホテルで父がお風呂場で転んだこともありました。かなりの出血で母が東宮職のお医者様に手当てをお願い致しました。その後で父がプリンスホテルに伺うと、妃殿下がお小さい浩宮様に「小泉先生はお怪我なさって大変だったから、いい子いい子しておあげなさい」とおっしゃった。浩宮様が父を撫でて下さいました。

美智子様との御婚約まで

お二人が初めて出会われたその試合の後も、美智子様は東京ローンテニスクラブに属してらっしゃるから、よくテニスにいらっしゃいました。

父はクラブにお知り合いが多いし、足を鍛える気もあって、クラブの所で車を降り、しばらくテニスを見てから歩いて帰ることもありました。私がある日バスに乗ると、奥の席に美智子様が乗ってらした。「あの方だな」と思っていると、美智子様は三軒家《さんげんや》のバス停で降りて、クラブの方に歩いていらした。その頃、私は皇太子様とのことを薄々勘づいていたので、ちょっと父を試してみようと思い、「今日、正田さんがバスに乗ってらしたわ」と言ったら、父が「ふーん、何か落ち着いた人だね」とすぐ他の話にしたので、これはいよいよ怪しいと。

母は母で、ある時、応接間の隣の日本間の隅でちょっと片付け物をしていました。父は応接間で黒木侍従とお話しています。すると父が間の戸を開けました。誰かいるかどうか覗いているのです。母がいるのに気がついたのか、それとも部屋の隅だからいても大丈夫と思ったのか、そのまま戸は閉まりました。「あれは絶対私を調べたのよ」と母が申してました。

母と私は「きっと正田さんが殿下のお相手なのね」と言っているのですが、それを父に言ったら大変なことになるので、口にせず、二人の間だけでひっそりと話していました。それもなかなかくたびれることとでした。父は出かける時には、大体「どこへ行く」と言い残すのですが、その頃は、ただ「出かけてくる」とだけのことが多くなりました。私達も「どこへ？」とうっかり聞かないほうがいいので、何となくその気配で察していました。

他にも怪しいことがありました。昭和三十三年の七月、松本の伯母が亡くなった時に正田家のおばあ様がお参りにいらして下さいました。ちょうど父も伯母の家族とその場にいて、どなたか存じ上げないけれども、少しお話をした。部屋をお出になった後でその方が正田様と聞くと、大急ぎで跡を追い、玄関で改めてご挨拶しておりました。また私は怪しいなと思いました。もう相当御婚約のお話が進んでいた時でしょうね。正田家のおじい様は御殿山の家にいらしたことがあったそうです。ご子息が慶應に入学された時で、それでお目にかかったこともあるので、軽井沢トーナメントの時は皇太子様にお勝ちになった方が「正田さんのお孫さんだそうだ」と何となく親しい感じでお噂したのでしょう。

皇太子殿下の御結婚について父が新聞社を廻り報道協定を結ぶよう協力の約束を取りつけて安心したところに、『女性自身』が記事を出したんです。まだ週刊誌が少なかったから協定の相手として考えに入れてなかったのでした。父は大変な怒り方でしたね。誰と電話で話していたのか分からなかったのですが、すごい剣幕で怒りました。母が電話の後で、「そんなに怒らなくてもいいんじゃない」と言ったら、きつい目で「君は週刊誌の味方か」って睨まれた。

ちょうどその頃、夫の転任で大阪にいた姉が、「遊びにいらっしゃらない?」と言っていたので、母は「もう怖くて嫌だから行ってくるわ」と言っていなくなりました。「後は頼みます」と私に任せて、四、五日行っていたのではないでしょうか。私は、「この大変な時によくも行く」と呆れました。母が留守の夜、父が「この方に決まる」と美智子様のお写真を、留守番のご褒美かしら、見せてくれたの。新聞社は父の言うことを聞いて、抜け駆けをせず、先に発表をしない約束を守ってくれたけれども、新聞社側からは代わりに御婚約発表の日に原稿を渡す約束をさせられました。父は本当に大変でした。

遡《さかのぼ》ると七月二十三日、両陛下御滞在中の葉山で、皇室の大切な会議が行われたのでした。その日父は御殿場から参加したので、そこからお話しましょう。御殿場に秩父宮殿下がご生前に焼き物をあそばした窯がありました。妃殿下が人を集めてそれを復活なさるにつき、父もお仲間に入れていただきました。大抵の方は東京から車でいらして日帰りなさるのですが、御殿場に家のある父は毎回二、三日前から行くことにしていました。料理係として私も付いて行きました。その焼物の日に嵐の予報があったのですが、もう一晩泊まり、翌日起きてみると、相当な荒れ方だったの。でもとにかく葉山に向かわなければならない。元々父はその日一旦東京へ帰ってから葉山の御用邸に車で伺うはずでした。とにかく帰ってみようということになって、御殿場を出ようとしたらその時は嵐が静かになりましたが、それが台風の目の静けさだったのね。国府津へ行く電車が凄い雨の中を走って行く。国府津までは無事に着いたのですけど、その後、東海道線が動いたり止まったりで、いよいよ横浜に近くなったかな、と思う所でまた長く止まってしまったんです。

すると父が、「電車から飛び降りて線路を歩いて横浜に行く」と言い出したんです。父はもう出口まで行っているので、母と私は「そんなことだめよ」と言って二人でキーキー声で、父を引っ張って止めていたら、乗っていた自衛隊の士官が見かねて「それはとても無理、なさらないほうがいい」と止めに来て下さったので、父もさすがに思い留まったのです。電車は地面から高いので、そこから飛び降りるだけでも大変。まして父の弱い脚では。

そのうちに電車が動き出してようやく横浜に着きました。そこから横須賀線のホームへどう行くのかわからなくて、シュウマイ娘に道を聞き、お礼にシュウマイを二箱買って、一箱は自分で食べ、一箱は逗子から乗ったタクシーの運転手さんにあげた。それでぎりぎりに父が到着しました。皆様「よく来た」と迎えて下さったそうですが、奇蹟的とも言える到着でした。前の宮内庁長官の田島道治氏*や、その時の宮内庁長官の宇佐美毅氏をはじめ、皆様さぞ待ちかねていらしたことでしょう。この時は御成婚に一番大事なお話があったようです。お二人の御婚約が本決まりになったらしいですね。そのために、とは言わないけれど、どうしても行かなきゃならないという父の気迫でした。これはただごとではないと察せられました。

母も私も電車の中で「昨日帰れば良かった」と言いたくなるけれど、それこそ一番言ってはいけないことですから黙って傍にいました。父が塊《かたまり》みたいになっているから、母も私も塊になっていました。

十一月初め頃だったでしょうか、御婚約の発表より前、美智子様が記者に追われて広尾の聖心女子大学に逃げ込まれたことがありました。ちょうどその日に、家ではテニスの早慶戦の選手を十八くらい食事に招いていたので台所で働いていると、電話が鳴る。書斎で父が出たらしくベルの音が止む。しばらくすると父が台所に顔を出し「出かける」、「選手達には急用で出たから待っているように言え」と珍しく慌てた口調で言い残すと出て行ってしまいました。何も言わないはず、美智子様をお助けしに行ったのです。

そのうちに選手達は家に来てしまい、父からは電話で「まだ帰れないけど、庭球部の人は待たせておけ」と言います。皆さん初めのうちはおしゃべりで楽しそうだったのに、おなかがすいたのでしょう、しーんとしてしまいました。しかも、その日、大阪の姉のところから帰ってくる予定の母からは、(まだ六十三歳くらいなのに)東京駅まで迎えに来てくれと頼まれていました。手伝いが二人いましたから、私は母を迎えに出かけました。その後に父が帰って来たのだと思います。私が帰った時には家では食事が始まっていましたが、手伝い達は泣きそうになっていて、「大変です。おかずが足りません。出した物はあっという間になくなってしまいます」と。父は帰って来た時「すまない。待たせた」と言うだけで、もちろん選手達にも何にも言わなかったそうです。

御発表の日(十一月二十七日)は父は早く御所に行くので、母にいくつか原稿を渡し、「発表前には絶対渡しちゃいけない」と言い置いて出かけました。私も出かけましたが、新聞社の人々は早くから来て待っており、いざ発表となると皆母から引ったくるようにして、挨拶もろくろくせずに飛び出して行かれたそうです。

皇太子様の御結婚については、何年も前から新聞が熱心で、父から何か聞き出そうと入れ替り立ち替り記者が現れました。そのような時、父はまず、「その話なら勘弁して下さい」ときっぱり言って他の話を始めるので、相手もとりつく島がない。

後でその中の一人から、「協定を結んでもらったのが、本当に有難かった」と感謝されました。どこの社の方か知りませんが、美智子様ではなくて別の方と思って発表しそうになっていたのだそうです。そう言われて父も本望だったでしょう。

御成婚が決まり、クリスマス近くなってから、父が「休むから」と箱根の富士屋ホテルに行くので、母も私も「疲れたから」と言って一緒に付いて行きました。二泊くらいしたかしら。御婚約についてご評判の良いお手紙をあちこちからいただいたりして、父は上機嫌でした。本当に大変な神経を使ったと思います。その後、母と二人で当時のことを思い出しては、「大石内蔵助」と住んでいるようなものだから、くたびれたわけね、と笑いました。

慶應義塾創立百年祭のスピーチ

その年、昭和三十三年は慶應の創立百年祭の時でもありました。それまで慶應義塾評議員会議長は加藤武男氏でしたが、間際になって父に代わって欲しいとおっしゃった。だからますます大変。築地に「慶應義塾発祥之地記念碑」が建ったり、様々な行事、会合があり、歌舞伎座では福澤先生の芝居もありました。父には先生へのご恩返しという気持がありますから、どれもおろそかにできないのでした。皇太子様御婚約に関わる新聞社と約束の原稿も書かなければなりません。

父は眠れなくなりました。十一月八日の式典の前の晩、睡眠薬を買って来てくれと言うのです。従姉の夫で慶應の医学部の三邊謙さん（のちの内科学教授・医学部長）に電話で聞いて教えてもらい、薬局に行くと、「これはとっても強いけれど本当にいいんですか」と聞かれた。それで一度家に帰り、三邊さんに電話したら大丈夫だと言われてその薬をもらいました。

翌朝、起きた父がまだ眠いと申しますし、式典のテレビを見ていると、塾員代表の父のスピーチがひどくゆっくりなんです。私は心配で心配で、父に異変が起きるのではないかと思いました。ところが後で元秘書の川久保さんが、これまでの先生の演説で一番良かったと言って下さったので、やれやれと安心しました。今になってテープを聞くと、確かにゆっくりはゆっくりで舌の回りは悪いけれど、良いスピーチだと思います。

父は帰ってから、陛下をお迎えしてすばらしい式典だったと感激しておりました。式典終了後、皇居に御礼の記帳に上がるため、日吉の会場から車に乗ったらたちまち眠ってしまい、「気がついたら皇居だった」そうです。本当にへとへとの状態だったのでしょう。

美智子様とヴァイニング夫人

御婚約から翌年四月十日の御成婚までに、美智子様を広尾の自宅にお招きしたことがあります。従兄松本正夫の長女、千世《ちせ》（三田）が美智子様と聖心で同級生、阿部側の従妹の藤原泰子（母の弟、芳郎の二女）も同級生でした。その人達とご一緒に夕食にお出でいただきました。二度目はヴァイニングさんが御成婚の儀出席のために来日された時です。ヴァイニングさんが東宮御所に御挨拶に行かれる前に美智子様にお目にかかっておかれるのがよい。お目にかかった感想をヴァイニングさんが殿下にお話になれるようにという父の演出でした。

まず、ヴァイニングさんがいらっしゃり、続いてピンクのお召物の美智子様がお着きになりました。ヴァイニングさんの笑顔が忘れられません。

千世はアメリカに四年留学しましたし、ヴァイニングさんには前にもうちでお目にかかっているので、その日も参加させました。美智子様は外国を廻ってらして、アメリカでスーパーマーケットが面白かったとおっしゃいました。まだ日本にはスーパーマーケットってなかったんですよね。父は時々出て行くだけにしておりましたが、三人のお話は尽きないようで、笑い声があがると満足そうにうなずいておりました。

随分前に、父とヴァイニングさんと二人で、どういう方が妃殿下になられたら良いだろうと話し合うと、ヴァイニングさんは、「優しい方でユーモアがおありにならなきゃいけないし、お綺麗であることも大事だ」など、色々おっしゃった。父が、「確かに自分も同感だけど、そういう方があるでしょうか」と言うと、ヴァイニングさんが「負けました」っておっしゃったそうです。でも本当にそういう方がいらっしゃったとこの日二人で話し合ったということです。

これより少し前のことですが、ある日父が正田家に伺うと、千世も来ておりました。千世は美智子様のお部屋にご一緒に行き、しばらくすると、連れ立って戻っていらした美智子様が「洋服を取り替えっこして着てみたのよ」とおっしゃった。あの頃、千世達の世代の人が何かにつけて「ほーんと?」って言うのね。父は「僕もちょっと真似して『ほーんと?』を使ってみた」のだそうです。

御結婚あそばしてから、幾度か、妃殿下をお友達とご一緒に家にお招き致しました。笠信太郎《りゅう》さんのお嬢様もご一緒だったり、数人でいらっしゃいました。父は始めと終りくらいで、後はなるべく出ないようにして、お楽しそうにお話してらっしゃるのを陰で喜んでいました。妃殿下がお友達といらした後、御所へお帰りになって、「楽しかったわ」と女官さんにお話しになったということが、こちらに洩れてきて父も喜んでおりました。

四月十日の御成婚当日には、父は賢所での式に参列させていただきました。テレビで見ていましたら、ヴァイニング夫人と賢所へ歩いて向うところが映りました。両殿下がパレードで皇居をお発ちになるのをお見送りして帰って参りました。

その後でまた出かけ、東宮御所にご機嫌伺いに上がりました。妃殿下のご評判がおよろしくても、父にはただ簡単に安心とは言えない思いもあったのではないでしょうか。

いつぞや皇后様が「あの頃の東宮御所は運動部の合宿のようで楽しかった」と父を懐かしんで下さいました。父にはそのようにしかできなかったと思いますが、そうおっしゃっていただいて嬉しゅうございました。

広尾の家のお客様

広尾の家には多くの方をお呼びしました。外国の著名な方では、トインビー（アーノルド・J）氏。マッカーサー大使、ドイツ大使の各ご夫妻。台湾大使など。ロックフェラー夫妻、オックスフォードユニバーシティカレッジ学長グッドハート夫妻もいらっしゃいました。お客様のいらした時の父はもう本当にもてなし精神に溢れていて、外国の方とのお付き合いが実に上手でした。

マッカーサー大使には六大学野球の始球式で父がストライクを投げた自慢の写真を送ったりして、随分お親しくしていたようです。もうかなり親しくなっている頃に、皇太子殿下御夫妻のアメリカ御訪問のお供をしました。その時に、どういう場面か分かりませんが人混みにまぎれそうになってしまったので、思わず「ダグラス」って呼んで助けてもらったとか。私はこれは計画的で、いつかそう呼んでみようと思っていたのだと思いますが……。大使は家で食事を召し上がった時、「民間の家に呼ばれたのは初めてだ」と、喜んで下さいました。

ロックフェラー夫妻とお嬢さんを昼食にお招きすることになった時は、両親の大戦争になりました。その頃私は肋膜炎（多分三度目の）で寝ていたのだけれど、父がまた母に相談しないで、ロックフェラー夫妻を家の食事にお招きするとお約束してしまったのです。それで母は「絶対それは駄目、家に建て増しのために職人が入っているし、職人さんは請け負いで来てるのですからその時だけ工事をやめることはできません。妙子は寝ている二階から追い出さなければなりません」と言いました。そうすると父が、「それじゃあ、職人の休む時間の料金を別に払ったらどうか。会社に相談してみてそれでうまくいかなかったら、どこか料理屋に行くことにしよう」と言うのですが、父は必ず家でしようと思っているし、母は外と決めている。そうしているうちにどんどん日が迫って、結局は家ですることになりました。私は下の部屋に避難しました。ロックフェラー夫妻とお嬢様はこの招待を大そう喜んで下さいました。大成功だったのです。その話を母はそもそもの始めから、いかに父が強引であったかを会う人ごとにといってよいくらい話しました。いやが上にも同情をひこうとして、「寝ている妙子を引きずり下ろして」と訴えるのには困りました。私は一人で歩いて降りたのですもの。

父がお客様をお招きする時に母に相談しないで、いきなりお誘いしているのが電話で分かると母が、「どうして私に先に言って下さらないの」と泣きそうな声になるの。父はまた、母に相談せずにお客様の人数を増やすこともありました。そういうのが母は嫌い。母が「お客様のお献立はどうしよう」と私と相談しているのは父が嫌いで「そんなことしなくていい。簡単でいいんだ」と言います。「そうはいきません。せっかく来ていただくからには」と母が言う。大戦争にはなりませんが、ちょっとした小競り合いは屢々《しばしば》起こりました。最終的に母が折れます。折れざるを得なくなってしまうの。でも結局は大成功と喜ぶことになるのでした。不成功の記憶は全然ありません。

父の交友録

父の友人の林彦三郎*氏は落語界にお顔が広いので文楽や志ん生、円生、馬生なども連れて見えました。文楽さん（桂文楽）は名取邸に一度、広尾に一度でした。志ん生さん（古今亭志ん生）の噺は広尾の家でたびたび聞きました。志ん生さんは人情噺が多かったのですが、姉と私は『元犬』という、白い犬が人間になってご奉公に行く話が大好きと言ったら、次の時は『元犬』で、涙が出るほど笑いました。テープも持っていますが『元犬』は何度聞いても笑ってしまいます。

噺はもちろんですが、父が毎回必ず聞かせてもらうのは『大津絵』。冬の夜の火事に、家にいて、夫の無事を祈る火消しの女房の心を唄った唄でした。危険な場所に出向く夫も送る妻も若い。

戦争中にこのような夫婦を知っていたでしょうし、みごもっている子は父親を知らない子として育つ。自分の父が亡くなった時の母、父の死後に妹の生まれたこと、全てが一度に胸に迫るのでしょう。『大津絵』を所望されると志ん生さんはいつもちょっと照れたような表情を浮かべ、それから熱心に唄いました。

父にとって泣かずにいられないけれど、聞かずにいられない唄でした。『大津絵』は毎回その夜の終りで、落語と『大津絵』の間は酒宴となります。志ん生さんはわが家で作る「海老パン」というパンに海老のすり身をつけて揚げた料理を初めて出した時に「これは旨い、ビールにも酒にも合う」と言い、末席にいる母や私のほうを見てニコッとしました。字にすればたった二文字だけど、表現の修業を重ねた人の笑顔は並ではないの。忘れられません。それ以来志ん生さんなら海老パンと迷わず献立に加えました。馬生さんは鶏を丸煮にしたお料理が気に入りで、よそで偶然出会った時、「この次伺う時もあれを」とちょっと手つきで示して早々の予約でした。

父は志ん生さんと大そう気が合うの。文楽さんとなるとちょっと違う。文楽さんは普通の話をしても技巧的でした。志ん生さんの出たとこ勝負みたいな雑談が、とても面白かった。あちらも父を気に入ってくれてるし、ウマが合うということなんでしょうね。一時は久保田（万太郎）さんや安藤鶴夫さんが、文楽贔屓でしきりに誉めてらしたけど、その頃から父は断然志ん生贔屓でした。

林彦三郎さんは志ん生さんを大そう贔屓にしてらして、お家も林さんのお家を借してらした。そのお家に両親がお呼ばれしました。志ん生さんの地味な感じのよいおかみさんともお付き合いができました。次に志ん生さんがうちにみえた時に、「女房がまた小泉先生に来てもらいてぇと言ってます」と、身をよじって言った時は、落語の中に出て来る船宿のおかみさんのようでした。

また、父のアメリカ行きの前には林さんが小規模の送別会を家で催して下さいましたが、会の終りをいつものように『大津絵』でしめくくると座蒲団からすべり下り、両手を伸ばして揃えるようにつかえると「先生お気をつけなすって」と父の顔を見つめました。温かい情のこもった様子が目に残っています。

歌舞伎の歌右衛門が莟会《つぼみかい》という会を催した時、父は頼まれてプログラムに文章を書きました。歌右衛門がその文章のお礼にみえた時、父は丁重にもてなさずにいられない気分になったそうです。椅子なども引いてあげずにはいられないで、知っている女の誰よりも行儀がいいと感心していました。帰りに姉が送りに出たら、車の窓を丁寧に開けて、しとやかにお辞儀して去ったそうです。

父が亡くなった時にはその夜に二人の息子さんとお悔やみに来て下さいました。藍色の羽織で、舞台よりももっと綺麗で驚きました。その場にいた人、皆が見とれたほどです。動きの見事さ。何とも言えず良いお辞儀でした。

作家達との交流

佐藤春夫*さんがうちにいらっしゃる時には、今はもうなくなった店、六本木のユーラシアンデリカテッセンで、お土産にソーセージその他、おいしい物をお持ち下さいました。そこのおかみさんが言うには、佐藤さんの奥様が「小泉さんの家にいらしたら、ちゃんとご挨拶なさるんですよ」とおっしゃるんですって。本当にいつも必ず丁重なご挨拶をなさいました。佐藤さんは、父の前でなぜか大変硬くなっていらっしゃいました。父は佐藤さんの詩のファンですから、嬉しいし、親しくお話がしたいんです。学年でも一、二年の違いだし、同じ和歌山の出身でもありますが、あちらが謹んで「はい、さようでございます」という調子でお話なさるので、父はいつも少し困っていました。鷗外のどの詩が一番いいでしょうか、とお互いに尊敬する鷗外を話題にして、「私は『浪の音』が好きですが」と言えば、「はい、私もそう思います」と。謙遜なお答えでした。

佐藤さんが幼稚舎の創立九十年記念の歌の「福澤諭吉ここに在り」を作詞された時にも、まず意見を聞きにいらっしゃいました。父が歌詞には上野の戦争の時に慶應義塾が授業をし続けていたというあの話を入れるのが、一番良いのではと思っていたら、佐藤さんもご同感でした。あの歌は物語。物語になっている歌はいつまでも覚えていますね。この頃はそういう歌がありませんね。佐藤さんは、父の一番好きな詩、

さまよいくれば　秋草の　ひとつ残りて咲きにけり　おもかげみえてなつかしく　手折れば
くるし　花散りぬ

の書を、「手習いをしましたので」と言って持って来て下さいました。これは慶應の三田キャンパスにある佐藤春夫さんの詩碑に使われたものです。佐藤さんのお弟子さん方が、佐藤さんの作の中で一番出来が良いからあれをお選びになったのです。

「志どみは朱にむらさきの菫は色のとりどりに佐久の外山に行く春はペルシャの氈《カモ》に似たるかな」も父がお褒めしたので書いて下さったのでしょう。文化勲章をお受けになった後だったと思います。佐藤さんが亡くなられた後には奥様からお形見に油絵の「静物」(果物)をいただきました。品の良い絵で、客間にかけておりました。佐藤さんは画家におなりになりたかったと伺っています。

長与善郎さんとは、幸田露伴さんの喜寿のお祝いで、お会いしたのが初めてで、その後「心」のお仲間となりました。その頃、母の弟の芳郎が長与さんとたびたびお会いして、長与さんのおっしゃることが面白い、絵がお上手だなどと話しますので、私達もお目にかかりたくなりました。「心」同人の書画の展覧会が銀座で催された時に、父は負傷後の不自由な指を理由に、始めはお断りしましたが、説得され、採光の悪い場所にかけていただく約束で、「城春草木深」を書きました。まだ外出は無理でしたから、母姉と私が見に参りました。

私達は長与さんの描かれた杉の絵に感激しました。そのことを芳郎叔父が長与さんにお話ししたら、よそにあげてらしたのを取り返して、母に下さいました。それから急速にお親しくなって、ご一家皆様をおよびしたり、こちらも全員お招かれして、楽しみました。長与さんが亡くなられてからも、ずっとお付き合いしておりました。

長与さんの奥様は美しく明るく元気な面白い方です。母より強いご性格ですが、偶然にも建て増し好きと分かると他にも気の合うことが色々あって、たちまち仲良しになりました。たとえば長与夫人は俳句を二女の萬里子さんと一緒に中村汀女《ていじょ》さんに習ってらした。そうすると「娘の句は直されると良くなるんですけど、私のは悪くなりますの」とおっしゃいます。

母の絵の稽古に一時私も行っていました。先生は、母には甥、私には従弟の画家、阿部慎藏。私は下手で、描く絵に元気がないの。母は年に似合わぬ明るく活気に溢れた絵を描きました。二人共先生に直されますが母は「妙子の絵は直されてとても良くなったの、私のは慎ちゃんが直したらこんなになってしまったの」と不満気に言うのでした。

ある時私が夕方出かけるので、母に「電気釜のスイッチを入れといてちょうだい」と頼んで、いつもは台所にある電気釜を母のいる居間に置いて出かけました。帰って来て、「ご飯炊けましたか」と聞くと、「途中で止めました」と。理由を尋ねると、「あなたは知らないでしょうけど、電気釜はすごい音がするのよ。だから怖いし、危ないから消しといたの」と感謝を要求するような返事。その話を長与夫人にお話したら、「本当に私も心配でした。最初の時は、私ずっと電気釜に付き添っておりました」。それで二人意気投合して「怖いわねぇ」。

それから、渋谷には「逆さくらげ」（「♨」連れ込み宿）の家がありますでしょ？ 車で通っている時に母に「逆さくらげの家が多くて」って言うと「それ何のこと？」。説明を聞いて、「あらいやだ。そんなこと私知らないわ。長与さんの奥様もご存知ないでしょう。今度お会いしたら伺ってみよう」。すると長与夫人が「全然そんなこと知りません。たぶん恵美子（長女）も萬里子も知らないと思うから教えてやりましょう」。そこでまた二人で、「私達知りませんね、そんなこと」。二人ともそういう明治のお嬢さんでした。

父が長与さん、辰野（隆）さんとご一緒の車に乗った時のことです。長与さんが「僕、君の奥さん好きだ」っておっしゃった。そしたら辰野さんも「僕も好きだ」っておっしゃったのですって。父は大喜びで家に帰って母に話しました。

「心」の関係では武者小路（実篤）さんが何かお頼みごとにいらっしゃいました。一度は志賀（直哉）さん、長与さん、梅原（龍三郎）さんを、皆様ご夫妻お揃いでお招きしました。父は戦後に始まった「心」のお蔭でそれまでお名前は知っていても、お付き合いのなかった方々との交友を喜んでおりました。父は昔から志賀さん尊敬で『城の崎にて』など繰り返し読んでおりました。

著書をお送りし、あちらからもいただくようになったのも、戦後になってからでした。

後ではご一緒に昭和天皇にお呼ばれしたこともありました。その時ご一緒だった里見弴さんは学習院ご出身（志賀さん、長与さん、武者小路さんもですが）だけあって御所のお付き合いに慣れていらっしゃると父が言っていましたが、里見さんが、「小泉君は陛下と随分硬くなってお話ししている」と何かに書いてらした。やっぱり違うのでしょうね。

安倍能成さん、小宮豊隆さん

安倍能成さんは慶應で教えていらした時もありますが、そのご親友の小宮豊隆*さんとも昭和二十年代にお親しくなりました。安倍さんと小宮さんをお招きする際に、志賀直哉の『暗夜行路』の登場人物の一人のモデルと言われる吉原の名妓・徳子さんもお招きしました。それはある年の父の誕生日でした。安倍さんはすぐ徳子さんの手を握ってニコニコなさる。小宮さんは誰にでも威張る方ですから徳子さんにも命令していらっしゃいました。久保田万太郎さんもその徳子さんをお好きだったらしいと聞いております。

小宮さんは吉右衛門を大変贔屓になさっていました。何しろ吉右衛門がまだ若い頃に小宮さんは学問的な言葉を使って、礼賛の論文をお書きになったのです。そのために一度に評判が高くなったので、小宮さんは吉右衛門にとって神様みたいに大事な方なのです。それで「吉右衛門を見る会」ができました。メンバーははじめは安倍さん、小宮さんと柏木純一さん（小宮さんのお友達）、安井曾太郎さん。安井さんが亡くなられたので、父が入れていただきました。皆夫婦連れで。お芝居を見て、幕間に歌舞伎座の貴賓室でお食事をする。そうすると小宮さんが、「おい、お千代（吉右衛門夫人）を呼んでこい」とおっしゃる。お千代さんは、しきりに小宮さんに仕えておいででした。徳子さんやお千代さんを相手に傍若無人に振舞われる小宮さんを、父はちょっと面白そうに見ていました。

小宮さんは夏目漱石研究の第一人者ですから、父は質問や批判をし、あちらもそれについてお答えになるという風で、お互いに認め合う仲であったと思います。「あれだけ漱石に熱中できる小宮さんは実に幸せな人だ」と言っておりました。水上瀧太郎（阿部章蔵）も泉鏡花に夢中で、夢中になると何もかもよくなるのですが、父は自分はああいう風にはできない、と。でも父だって福澤先生にあれだけ傾倒していれば、と私は思います。小宮さんは父の亡くなる少し前に亡くなられました。その追悼文を父は準蔵が重病で入院していた慶應病院で書きました。それを書き終え、東宮御所にあがる、それから安倍さんを病院にお見舞して帰宅。その翌朝亡くなったのでした。

安倍能成さんについては、父は仲良くしていただいて、実に正直な優れた方と尊敬しておりました。父には構えたところがあるけれど、あちらはまことに自由自在に振る舞われる方でした。

私達とも気楽に付き合って下さるので、「父ばかりでなく私達もおよび下さいませんか」とちょっと申し上げてみたら、「誕生日にいらして下さい」とお誕生日（今上陛下と同日）に家族四人をよんで下さった。かつて乃木さんの住まわれた学習院院長官舎で鉄道唱歌を歌って聞かせて下さるなどおもてなしにあずかりました。鉄道唱歌はお得意ですから、家にいらした時もお歌いになりましたし、父と一緒に日露戦争の「煙も見えず」も歌って下さいました。

父が秩父宮妃殿下の催される焼き物の会で作った茶碗を、安倍さんに「これを貰う気持はあるかい？」とお見せすると、「あるよ」と言って、持って帰られました。安倍さんは父の選集（『小泉信三選集』）の月報に、あまりにも父がきちんとしているので、流露するものがない。それが気になるというような意味の文章を書いて下さいました。父が整いすぎていると見てらしたのでしょう。

小泉家の「事件簿」

広尾での思い出もたくさんございますが、家の表札は、入学試験の季節になると、取られました。毎年でもありませんが、本当によく取られましたね。父が亡くなったら取られなくなったから、名前に利き目があると思われたんでしょうね。角の家の表札を取ると良いという言い伝えがあるらしいですけどね。うちも角でしたから。私が「表札の裏にこれを取ったら試験に落ちると書いておきましょう」と言うと、父は「取ったのを戻せたら入学できる、にすればよい」と言うので、やはり父の頭は違うと感心しました。

変なことばかりですが、押し売り事件というのもありました。何を売りにきたか忘れましたが、私がその相手と押し問答をしてたのよ。とても不愉快だったけど、これで私が勝つと思った時に、急に父が出てきた。玄関の隣の部屋で聞いてたのね。すごい勢いで出て来て、お札を押し売りにぐっと突き出して、「帰れ」。大声で言いました。大変な怖さだったのでしょう。あっという間にいなくなりました。私は「もうちょっとで勝てるとこだったのに」と不満でしたが、「自分の娘があんな奴と話してるの聞いていられない」とまだ怖い顔をしていました。相手はさぞ驚いたでしょうね。容貌魁偉《かいい》の大男が急に現れたのですから。

詐欺にもあったことがあります。父のお友達の息子さんだという人が来て、今、天現寺で自動車事故にあって前歯が全部折れちゃった。それでお医者様に行ってお金が必要だったんだけれど、家が遠いから困ってしまった。小泉さんが近いのを思い出して貸していただきに来ました。夕方までには必ずお返しします、と言ったそうです。

その時ちょうど母しかいなくて、名前を知っている方のお子さんと信じお金を貸してあげたのね。もちろんお金は返って来ません。その人がハンカチで口元を隠してたというので、私が「どうしてその時に、ちょっと見せて下さいっておっしゃらなかったの?」と言いましたが後の祭でした。まだ父の健在の頃のことでした。

父が亡くなってからですが、泥棒に入られたこともありました。ちょうど父の一周忌の展覧会のための荷物を出す日だったのです。荷物を全部出し終った後、玄関の鍵をかけ忘れた。母は面倒なことが済んでほっとして、庭に出ました。ふと家の中を見たら若い男の人がいるので、「あなたどなた？」って聞いたら、「○○君いますか」って言うんですって。「そういう子はいません」と言うと、「間違えました」と言う。「じゃあもう一軒の小泉さんじゃないでしょうか」と母がわざわざ門まで行って道を教えた。母が初めに見た時は、その人は机の上にある書類を取り上げて見ていたそうです。そのもう一軒の小泉さんというのは役者の家でした。

母の話を聞いて「それはとても怪しい。泥棒じゃない？」と言っても母は、「絶対そうじゃない。○○君いますかって言ったのですもの」と言い張ります。それで母が姉に電話を掛けたら、「それは泥棒に決まっています」と言われた。母は悲しがって、翌日私達が知らない間に交番に行って「昨日こんなことがあって、娘達が泥棒って言う」と話したら、それは泥棒に違いないと言われたらしいのです。何も盗られませんでしたけれど。

昭和三十五、六年頃には、本当の泥棒が入りました。それは大変な名人で、その泥棒のお父さんも贋金づくりで泥棒界の名門だとか。西武の堤さん宅に入り、家の向いのお宅にも入りました。うちの場合はお金を盗られた。とにかく家中歩き回って、引き出しは全て少しずつ開けたままで、気持の悪い景色でした。

準蔵がお勤めに出ようと思って、洋服ダンスを開けたらお金がなくなっている。母がお金を貸そうと、枕の傍に置いたハンドバッグを調べたらない。私達の寝ている二階にも泥棒は上がって来たらしいけれど、お金は置いてないから立ち去ったのでしょう。手伝いの部屋もちょっと開けたらしいのです。手伝いが気がついたらしいけど、怖くて黙っていたのでしょう。「何か二階から降りてくる足音がした」と後で言いました。

泥棒は台所にはまっていた鉄の格子をはずして家のなかに入ってきたらしいんですね。警察官の話では鉄の格子は却って木の格子よりはずしやすいのだそうです。後で家の全員指紋を取られました。「一度取っとけば大丈夫ですよ」なんて言われて。

犯人が捕まった時に新聞に、「幻の怪盗」と書いてありました。非常に記憶の良い人で、うちの見取り図など全部描き、「この部屋に本がたくさんあって、ここには年寄りが寝てた」など説明したそうです。父は年寄りと言われたのが気に入りませんでした。一方、母は枕の脇にあったのを盗られたのがショックの上、警官に「奥さん、寝顔を見られましたね」と言われてがっかりでした。それにしても、もし目が覚めたら大変なことになっていたでしょう。

「小泉さんの家に入った」、「玄関脇から○○円盗った」とも新聞に出ました。どうして玄関脇になったかわかりませんが。読んだ方から「お宅ではお玄関の脇にお金を置いていらっしゃるの？」と聞かれました。

もう一つ、これは母が騙されたのではないかと私が思った話ですけど。いつも直してもらっていた冷蔵庫屋さんに、いよいよ新しいのを買う約束をしました。約束の日になったら、知らない女の人が来て、「家内ですが、急病の主人の代りに冷蔵庫を買いに行きますから代金を下さい」と言うのです。まだ見もしない品物の代金を、初対面の人から要求されるとは珍しい。普通は買ってきてお代をいただくんじゃないでしょうか。何もかも怪しい。それなのに母はさっさと全額渡しちゃうのね。

それで母は私が疑い深いと思って、怒っています。父は父で「いいよいいよ。お母様がいいと思ってしたのだろう？　もし騙されたならしょうがない。僕が一生懸命稼ぐから」なんて甘いこと言って。「そんな無駄にしてよいお金なら、私にいただきたかったわ」ともめていたら、夕方にちゃんと冷蔵庫が届きました。ブーンと軽い音をたてて冷蔵庫が働き始めました。私の目の前で父と母が握手。

父の病気

昭和三十年代の終り頃、応接間の先の濡れ縁で、父が湯上りにビールを飲んでいる間に身体中がぽちぽち赤くなりました。お医者様に診ていただいたら、蕁麻疹《じんましん》だったんです。おいしい物を禁じられてしまうし、それを守っているのにかなり幾度もなるんです。実はその原因が庭の椿の葉の裏にたくさんついていた毛虫と分かった時、父は、「忌々しい」と叫びました。

それから、胆石にもなりました。大晦日に一人で帝国ホテルに泊りに行ってカレーをたくさん食べて苦しくなり、お医者様に診ていただいたとの電話でした。心配だから迎えに行き、連れ帰りました。お医者様から胆石に鰻とか揚げ物、豚はいけないと言われて、戦時中のライオンが魚なんか食べさせられたのと一緒だと嘆いていました。さすがに随分痩せちゃったんです。親類で作った文集『御殿場　信三追悼号』に準蔵が書いたのがあると思いますけど、ご飯もあまり食べない方がいい、一膳と言われてたのね、確か。でも父はそれよりもっと食べたいわけ。母がお茶碗を持ちながら話していたら、父が横からごはんだけをすくい取って食べちゃいました。母が気づいた時は口に入ってしまって、取り返せません。母は騒ぎ、父は満足そうにもぐもぐ嚙んでいました。その胆石で寝ていた頃に、一対一で虎と戦って退治する方法を考えたと言って母をゾッとさせました。「陸ではかなわないから水の中へおびき寄せる。虎は泳げるから入って来るね。泳ぎ出したら僕はもぐって虎のうしろに廻る。後足を引っぱって沈めて息ができないようにしてしまう。必ず勝てると思うよ」。

高熱で頭が変になったのではと顔を見ると、目がいつもより丸くてキラキラしているのです。母は寝室を出て、私に知らせました。「とても変なのよ」。それで私が代って見に行き、「虎に勝てる方法がわかったそうで」と言うと、「本が読めないから考えてみた」と言う。母の心配を話すと笑っていましたね。その後また母が傍にいると「君、君、虎と戦う時はね……」と話し始めたそうです。

父は病気になると大きいだけに心配でした。鯨みたいなので、母と二人「嫌ねぇ」なんて言ったものです。私達は浅はかなのか、すぐに病気がよくなったと言ってしまうけど、父はなかなかよくなったとは言わないの。むーっとして寝ているだけ。だから怖いのよ。

正月の父と小泉家

御殿山時代もはじめの頃のお正月には、父は横浜や京都に行っていたそうです。私は知りませんでしたが、京都で元日に京大と慶應の戦うラグビーを阿部章蔵と応援に行くことにしていた時代もあったようです。帝国ホテルに泊ることにしたのは、昭和三十年の始め頃からでしょうか。いつも大晦日に行き、三日に帰ることになっていて、私達が行って一緒に食事をして帰るのでした。

元日にお客様がいらっしゃるのが嫌なのです。家では玄関を開け放し、名刺受けを置いておくだけで、呼び出さずに帰って下さる方があればそれでいいし、呼び出されれば母が出て行くの。母はかなり忙しく過ごしました。百枚を超えるくらい名刺が置いてありました。父は一時若手落語会とも付き合いがあったので、若い噺家達の派手な着物姿のお年始に驚いた思い出もあります。

小さい頃は父が羽根つきを付き合ってくれました。羽子板の握り方はラケット風で、フォアー、バックと打ち分ける。ダブルスで組むと、頼もしかった。張り切って「こうしたらもっと飛ぶよ」などと言って、羽根を短く切ったりする。すると本当によく飛ぶのね。大体羽根つきでダブルスってところが変わっていますね。母は羽根つきはあまりしなかったけれど、名取邸にいる時に初めてピンポンをしたら上手で皆々驚きました。やはり阿部の血筋で運動に向いていたのでしょう。

父はお雑煮が嫌いでした。小泉は和歌山ですから白味噌で、それで嫌いだったのかもしれません。結婚したのが十二月七日、すぐお正月になり、母がお雑煮の作り方を習ったのは阿部の兄泰二の嫁玉枝からでした。それが準蔵の母で、まだ準蔵は生まれていませんが、泰二のアメリカ転任中の留守を鎌倉で暮していたのでした。そういうわけで母はお雑煮もおせちも準蔵の母に習いましたから、準蔵と私ははからずも同じ味のお雑煮とおせちで育ちました。

よく出身地の違うご夫婦がお雑煮でもめるとか元旦は夫の家の風、二日には妻の家の風のを作るなど聞きますが、私達にはそのような面倒がなく助かりました。父は元旦だけお雑煮で、後はパンにしたこともありました。

第8章　御殿場

夏の避暑地、御殿場

私の一生を絵巻にするとしたら、絶対にぬかすことのできないのは夏の御殿場です。父の姉や妹の家族四人（松本、小泉、横山、佐々木）が別荘村のはずれの一画に、それぞれの家を持ち、夏休み中を一緒に過ごしていたのです。

絵巻にはまず西に富士、東に箱根を描きましょう、村の名は対山荘。命名は高根義人氏、ここを避暑地とし、理想的な山荘村建設の計画をたてた方です。高根氏と弁護士同士お親しかった伯父、松本烝治はその計画に賛成しました。高根氏は満鉄と日本郵船の法律顧問をしていられたので、二つの会社に関係のある方達（松本は満鉄）の別荘が次々に建てられたのですが、大正八年にまず建ったのが松本の家なのです。間もなく佐々木の家ができ、横山も建てて、うちだけが家なしで松本、横山そのどちらかに泊めていただいていました。そして昭和十一年、小泉の家ができたのです。それは松本で孫が増えたために、家を建て替えることになり、元の家を小泉に譲ろうと言って下さり、横山の叔父が土地を分けて下さったのです。

初めて御殿場に行ったのは昭和五年、五歳の時で、それから毎年行ってはいましたが、数日間だけだったのがほとんど夏休み中過ごせることになったその嬉しさ。兄がこの時、母の妹の日比谷の叔母に出した葉書に、

「待望の御殿場生活を十分満喫しています。

遥かなる山の尾根をばはしる雲の広がりゆきて夕立となる」

三十一文字と洒落て、母が非常に健康そうになった。加代、妙も楽しんでいる、と知らせています。

富士山は西の窓から間近に見えます。御殿場の富士は実に形がよいの。その富士は西の窓から間近にあり、登山路がはっきりして、夜は登山の人の灯が見えました。

対山荘には二階屋を建ててはいけないという規則がありました。わが家は松本から移築した二階屋でした。松本の家の眺めをさえぎらないので特に許されたのでしょう。対山荘用の水源地がありましたが、雨の後では蛇口から濁った水だけでなく、泥も出て来るのには困りました。今は昔のように涼しくないのですが、あの頃は実に涼しかったのね。朝はセーターを着る、夕方にな

ると浴衣を着る、少し寒いとメリンス（薄いウール）、もっと寒い時の用意にネル（ウール）も持って行きました（どちらも和服）。

お店などないので、対山荘の事務所にいるお使いのおじさんが毎朝用事を聞きに家々を廻り、買って来てくれます。新聞は昼近く、夕刊は夜届く。電話なし。電気は日が暮れないとつかないので、ラジオも夜にならないと聞かれない。電気の事情はその後改善されましたが。とにかく浮世ばなれした暮しでした。

私達は下駄ばきで（サンダルなどまだなくて）お互いの家を往き来しますが、玄関から入らず、いきなり庭から入って縁側にコンニチワ。下駄と口さえあれば御殿場は楽しめる所と言ったくらいです。母が父の姉妹と大変仲が良かったから幸せなことでした。

松本の伯父が弁護士、父が先生、横山の叔父は会社の社長。従姉の夫の田中耕太郎と松本正夫は先生。三邊謙はお医者様ですからずっといるわけにはいかないのですが、とにかく大半が夏中ほとんどべったり、御殿場の中だけで暮らしていました。佐々木の叔父だけが銀行員なので、家族は皆御殿場にいて、叔父だけが土曜日に来るのね。随分変わった人だなぁと思っていました。父もほとんど東京に戻ることなく、たまに用事で東京に出てもすぐ戻りました。今御殿場に来る人達は車で着くとすぐまた車でどこかに出かけてしまいますが、外で食事など私達には思いもよりませんでした。

聖心が七月二十日くらいから夏休みになるので、七月下旬に御殿場に行き、九月の七日か八日くらいに帰る。四十日くらい御殿場で暮すのです。

まず東京から出発する時は、佐々木とうちとでトラックを一台頼んで荷物を運びました。当時御殿場までの直通列車は東京駅から午後四時に出るのが一本だけで、三時間余りかかり、後は国府津の乗り換え。誰かが来ると分かっていれば、時間になるとこの四軒から人が出て、家の前に集まっておしゃべりしながら待ちました。すると道の遠くに車が見える。窓から手を出して振る人もある。賑やかに迎えます。東京のお土産色々、新聞はラジオが聞かれないので、歓迎されました。松本家のお土産は豊かで、牛肉の佃煮などもありました。その頃、御殿場に牛肉はなかったのよ。豚か鶏、鶏が一番多くて、鶏屋のおばさんは御用聞きに来てくれました。その鶏屋が今の「二の岡フーズ」。ハムやソーセージで有名な店です。おばさんはずっと前に亡くなりましたが、二の岡フーズのはじめの頃は健在で、村の人からハム屋のおばさんと呼ばれるようになりました。お魚は沼津から持って来る人がいました。

御殿場の一日

松本家の土地ははじめの一三〇〇坪（坪一円）に一二〇〇坪を買い足したと聞きます。広い庭に続く小山に二間ほどの家（山の家と呼ぶ）を建てて、松本伯父と、父、田中耕太郎、松本正夫など学者達がそこで勉強していました。とても有意義な場所だったそうです。

　午前中は大人も子供も勉強で、午後になるとピンポンやテニスをする。ピンポンは父はあまり上手じゃなかったの。親類で作った雑誌『御殿場』が初めて出た時に、私より一歳上の従兄佐々木信雄は、小泉家のピンポン批評を書いています。「伯父様あんまり上手くない。一生懸命やっている時は一寸ブルドッグと似ている。加代ちゃんが伯父様のピンポンやってる顔がおかしいといって笑うのも無理ない」って。「妙ちゃんが一番上手い」と書いてくれました。本当なのよ。

　ひとしきりピンポンをしてからテニスに出掛ける。それも家から百メートルくらい先の対山荘用のテニスコートです。他の別荘の方はほとんどなさらず、まるで小泉一門専用のテニスコートのように使っていました。何と言ってもテニスは父がとびぬけて上手でした。それに根気よく教えてくれるので、皆父に打ってもらいたいの。もちろん硬式です。父は少年時代に上手な大人に打ってもらった楽しさを我々に味わわせてくれたのでしょう。

　良い所に打ってくれるから楽しいの。ウイニングショットもしますし、相手によっては回転をつけるように、切って、スライスショットやドロップショットで、相手がよろよろするのを嬉しがるのです。上手でない子もいますが、一応皆テニスはできました。うちは東京の家で壁打ちをやっていたけれど、佐々木家は大人しい家庭でそんなことはなくて、従姉の千代子、美代子は御殿場でテニスをするようになったのです。

先程の佐々木信雄は、慶應普通部の時に庭球部に入っていました。十六歳の信雄に挑まれて父と信雄の試合が田園コートで行われました。後で父がその一部始終を『御殿場』に「信雄と信三」という題で書きました。父は相当自信がありそうでしたが、結果は六―一、六―四で簡単に信雄の勝ち。田園クラブには慶應の人が多いので庭球部の方達が父の世話をするので大変だったそうです。なお、父はこのことを祖母に話して「口惜しい」と言い「馬鹿もん」と叱られました。田中耕太郎さんはあまり上手じゃないけど、熱心。だからなかなかテニスの順番を代わって下さらない。私達は耕太郎さんの練習が始まると、自転車で出かけて村を一回りして来るのですが、まだ終っていないのでした。何事にもちっともめげないので、誰が言い出したか「不死身の耕太」と呼ばれるようになりました。

母達もそのテニスを見に、茣蓙《ござ》を持ってやって来て、赤十字の役目をします。水を入れたやかんとコップ、飴、それから虫に刺された時につけるキンカン水とメンソレータム、そんな物を用意していました。茣蓙を持って歩きながら、「何だか夜鷹みたいねえ」なんてその頃は聞いても分からなかったけれど、呆れることを言いながら歩いて来るのです。

近くのアメリカ村の教会にはピアノがあったので、お願いして朝早く自転車でピアノの練習に行きました。私より六歳上の従姉、佐々木千代子と私が組で、翌日は姉と千代子の妹美代子（私より四歳上）が行きます。一日交替でした。正夫の妻清子さん、正夫の妹で謙さんの妻の文子さんは午後でした。今でもピアノの練習曲を聞くと懐かしい気持ちがします。

昭和十二年頃に、父と佐々木春雄（信雄の兄）の競走がありました。「五十メートルくらいまでは自転車より人間のほうが速いんじゃないか」と父が愚かなことを言ったので、テニスコートから家まで競走することになったのです。父はあっという間に自転車に抜かれちゃいましたが、負けて試合を投げるのはスポーツマンシップに反すると走り続けたのです。ゴールは松本の門前で、そこまで来た時に祖母が門から出て来ました。

祖母はもう大変な怒り方で、「馬鹿ものめ」と言い残して去りました。夜になって父は呼びつけられ、大そう叱られたそうです。翌朝起きて来て、「久し振りにおっかさんに叱られたら口惜しくて眠れなかった」と言います。私達、叱られたのを怒ったりしたら、もっと叱られるのに、そんなこと言っていいのかな、と思いました。私達は家からテニスコートまで手放しで自転車に乗れるように練習をするくらい道は平らでした。その道は今はゴルフ場や沼津へ抜ける車で交通量が多くなり、道幅も広くなりましたし、駆けっこな

御殿場の城山で従姉達と
左より、姉加代、日比谷縫子、佐々木千代子、著者、佐々木美代子。

どするどころではありません。

夜の集合場所はうちでした。大人は大人同士話し、子供達は色々な遊び、トランプしたり、ジェスチャーをするなど。私達がジェスチャーをしていたら、父が仲間に入った時もありました。「福澤先生」なんて題を出されて。腕組みをして立っているポーズをすると、慶應の子供達はすぐ「あっ、福澤先生!」と当てました。

他の遊びでは、豆拾い。大豆を十粒くらい器に入れておき、合図と同時に器から空けて拾うのです。四人ずつくらいの二組に分かれ、手で拾う、お箸でつまむ、お匙ですくうなど色々にします。何しろ競争なので慌てると難しく、応援されるとなおのこと大変でした。いとも簡単なゲームですし、今の子供のしないような遊びですけれど、やってごらんなさい。面白いことよ。今の子供ではお箸が下手そうね。それからやはり二組に分かれ、じゃんけんをして勝った組が負けた組から人を取っていき、人数を多くした組が勝ち、という遊び。目かくし鬼は鬼が手拭いで目かくしをして捕まえる、これは今でもするのではないかしら?

大人達は随分難しい話をしていて、兄達は大学生になるとそっちに行ってしまいました。残りの者も段々に分からないながら、大人の中に入ってゆくようになりました。先頃『文藝春秋』に「私の東大論」というのが出ましたが、帝大の事件のことが書いてあったので読んでみると、その頃聞いたお名前が出て来ました。平賀（譲）さん（当時の総長）がどうしたとか、長与（又郎）

さん、本位田さんがどうしたとか。耕太郎さんがしきりに話してらしたんです。

耕太郎さんはすごく厳しい方、真面目な方ではありますが、私達には全然厳しくなくて一緒に楽しんで下さいました。お年は父の二歳下なのに従妹の旦那様ですからいとこ扱いしてコウタロさんコウタロさんと呼んでいました。コウタロさんは父を叔父様と呼び、母も叔母様と呼ばれますが、母は初めて年上の方からそう呼ばれた時、びっくりしたと言っておりました。

横山の叔父は、飴の会社なのでお話は澱粉の取り方など。この叔父は御殿場で一年に一回だけ車を三台くらい雇い、富士五湖巡りや山中湖一周に連れて行って下さいました。私達は大喜びでした。有力なスポンサーなしでは大勢でそんなことできませんもの。山中湖や河口湖は開けていて、他の三湖と違い人が多いのね。ただ子供の目に山中の方が何となく上品で河口は庶民的（そんな言葉は当時は知りませんでしたが）に映りました。河口ホテルでお昼食をいただきました。

今ならば、車の事情は変り、道も舗装されて早く行けますが、昭和一桁から大戦前までは、横山の叔父のお蔭がなければ私達はどこへも行かなかったでしょう。それでも御殿場にいるだけで充分楽しかったのです。

幸田露伴さん

御殿場のテニスコートの傍のお家に幸田露伴さんが一夏いらしたことがあります。父が、岡山からいただいた白桃を「露伴先生にお持ちしなさい」と言うので、お使いで姉と私とが伺いましたら、露伴さんが出てらしたんです、白い麻の着物を召して。桃と露伴さんとがまるで中国の物語の絵みたいでした。

「上がって遊んでいらっしゃいな。もうじき孫が来ます」とおっしゃったのですけど、二人で「いえいえ」とお断りして帰って来ました。あの時上がったらどうなったでしょうと今になって姉と話すことがあります。

露伴さんとは元々岩波書店の岩波茂雄さんや小林勇さんを通じてお親しくなったのだと思います。

父は露伴さんのお家のそばを通る時によくお寄りしては色々なお話を伺ってきて、それを夜の集まりで皆に披露していました。例えば昔のお坊さんたちが精進で肉や魚を食べられないから工夫して鰻を作る。山の芋をすって、海苔を貼り付けて油で焼く。そうすると鰻の皮みたいになるとか。一度それを真似して作ってみましたがあまりおいしくなかったわ。

露伴さんから伺ったお話に「テラとメラ」というのもありました。「テラ」と「メラ」というオランダ人の兄弟が、お菓子の店を始めた。テラの方は成功しお金を貸すので「貸すテラ（カステラ）」、メラの店は、はやらずテラから借りるので「借るメラ（カルメラ）」なんですって。これならば子供でも分かりますが、何しろ「ご存じでしょうが」とおっしゃって始まるお話が高級すぎて父に分からないことが多いのを恥じ、露伴さんの博識に感心しきりでした。

鰻では、ある論争が行われました。鰻の産卵は地中海のどこか一ヶ所、深い海底だけで行われていて、他の所では行われないというのが定説になっている、と父が誰かから聞いた話を紹介したのです。鰻の卵は川を下って各地に行くという。すると横山の叔父が「変だ」って言い出した。「僕は山中湖で大きな鰻を釣った」って言うのです。山中湖には富士山側から落ちてきた水が来て海から来る川がないって。すると父が「でもちゃんとそういう風に言われてる、例えば雨の日なんかに来ることもできるんじゃないか」と言うと、横山の叔父が「そうすると、地中海で生まれた子鰻は大変な長旅の後、駿河湾に達し、川を逆に登った末、地面を這って籠坂峠をえっちらおっちら登って来たのかい」と言う。父は「僕がこの前籠坂峠で会った鰻は、そう言っていた」と負け惜しみを言いました。それは長いこと皆の話題になって、「籠坂峠をえっちらおっちら」は笑いの種でした。

御殿場の人々——松本家・横山家

伯父松本烝治は結婚当時は農商務省の参事官、退いて帝大の教授となりました。商法の権威で弁護士。昔、伯父の下で働いた方から、銀行のお使いの用事は、実にたくさん納めに行くことだったと聞きましたが、伯父は勝てる問題でなければ裁判は引き受けなかったそうです。

内閣書記官長にもなり、満鉄にも関わり、終戦後は国務大臣として憲法制定に働きました。結局伯父の案は採用されなかったわけね。伯父の案は古い憲法と近くて、皇室のことは昔のままでよいと思っていたらしいですね。結局マッカーサー政府が気に入らず、伯父が退き今の憲法ができたのです。その頃父はまだベッドに寝ていて、そこへ伯父が来ては色々話していたのを覚えています。

父は、伯父を頭脳の明晰さは日本一、叡知を特別豊かに備えた人、と尊敬しておりました。私達には優しく楽しい伯父でしたが、恐れていた人も多かったのでしょう。

松本伯母は四人きょうだいの一番上で、父親の亡くなった八歳の時から、母親、つまり私達の祖母を助け、弟妹の世話をしました。子供の時から利己的なことは一度もしなかったと弟である父が言うほどです。弟妹が家庭を持つと三家族の一人一人を気遣ってくれました。姉や私があまり丈夫でないと言って、伯母自身の健康に効いた療治を受けるようにと勧めました。「お療治に行ったら、自転車を買ってあげる」と言われて、行かない子があるでしょうか。新しいピカピカ光る自転車が我が家に二台増えました。こういう伯母を持つとはすごいことだと思います。今や私はおばと呼ばれる身の上ですが、あまりの違いに比べる気にもなりません。

その療治の先生は仙人みたいな男性でたっぷり太った方なんですが、山伏のような修業をされたので、銅貨などバリバリ嚙み砕けるのです。砕かれたお金を兄はもらってきました。三田の四国町の戸板女学校の側の普通の日本家屋が治療所でした。炭火をかんかんに熾して、火鉢で温めた手を、当てる療治でした。私達は昭和七年頃から大戦前まで通っていました。松本ではもっと早く、正夫の小児麻痺の時もお世話になったと言いますから、大正も四、五年位でしょうか。母も日比谷の叔母も行き、時々は父も行って、確かに皆元気になりました。私達がかかっていた先生のおば様は、私達が行くとすぐお使いを出して、グリコとかキャラメルを買ってきて下さるので、それもまた楽しみだったの。

伯母と父はとても仲が良いのですが、随分議論もしていました、政治その他様々なことで。伯父が議会で聞いていらしたことを、「姉さんは自分が聞いてきたように言う」と父が怒ることもありました。

伯母は長く癌を患い、昭和三十三年七十二歳で亡くなりました。養生中のある日、父が福澤先生のお偉さはどこにあったろうと尋ねると「それは愛よ」が答えでした。父は意外ではなかったがちょっと虚を衝かれた感じと書いています。父の福澤観にひとつの刺激になったかもしれません。

死の直前、伯母は家族一人一人に別れの言葉を遺しました。父には「謙虚にね」でした。七十二歳の姉が七十歳の弟に贈る言葉として「すごい」と感心するばかりです。そして父は「姉が死んで私は心の内に姉を頼る習性のようなものがあったことを知った」のでした。

父の妹の勝子が嫁いだ横山の家の先代は、釜石鉄鋼所創始者田中長兵衛に技術面で協力し、溶鉱炉に成功した方でした。叔父横山長次郎は米国に留学中は鉄について学びましたが、親の跡は継ぎませんでした。水飴はお米からとる方法であったのを酸と糖でとることを考え、水飴の工場を千葉で起こしました。それは結婚後のことでしたから小泉の親類は成功するかどうか心配したのですが、勝子叔母は失敗したら封筒貼りの内職でもすればよいでしょうと言って、皆を驚かせたり感心させたりしたそうです。叔父は父の従兄の津山英吉と学生時代から親しく、早くから小泉の家に遊びに来て、勝子を知り、ぜひと言うので早く結婚しました。子供に恵まれず養子の康吉を迎えましたが、それからまもなく恋女房と言っていた勝子は死去。小泉の親類続きの美澤家の花子と再婚しました。私は似ていると言われる勝子叔母は少し覚えている程度で、花子叔母にはたくさんの思い出があります。二人とも良い叔母様でした。

父の得意なこと

父は不思議なことが上手でした。唐傘の上で卵や、茶碗などをくるくる回すことができました。篠竹の棒を切ってもらって座布団を回すのも上手で、御殿場の青少年皆ができるようになりたくて練習しました。座布団ですからバタンバタンと落ちると埃がたち、そのため、喉の痛い人が出たので禁止されました。父の学生の頃は今のように色々遊びがないから、寄席から帰ると傘回しなど練習していたのでしょうね。それにしても上手でした。ブーメランも父が作り方を教えてくれて、皆でご婚礼の案内状とか硬い紙で作って飛ばす。こよりも上手で、針金で作るような犬を作ってくれました。聖心の小学校から女学校にあがる時に、形ばかりの入学試験があったのですが、その時に父がお守りにこよりの犬を作ってくれました。朝起きたら枕元に「ご成功を祈る」と書いた紙の上に、こよりの犬が立っていました。とても嬉しかった。

雑誌『御殿場』

昭和十三年、父の発案で親類で雑誌『御殿場』を作ることになりました。初めは皆「そんなの嫌」って言っていたのに、やり始めると書くことが結構好きなのです。結局六冊くらい出しました。書いた物が活字になることは楽しいし励みになるというのが父の説で、皆にそれを味わわせようとしたのでした。そうなるとためらっていた人達も一生懸命書く。それでまたもっと仲良くなったような気がします。

ちょうど兄といとこの佐々木春雄が予科生か、大学一年かくらいの時でしたが、その二人の仲良しに、父が色々指図して編集をさせました。好きな本とか歴史上の人物の好き嫌いとかアンケートを取ってみたり。二人も楽しんでいました。第二号編集の頃「松本の伯父様は忙しいから、なかなか書いてくれなさそうだ」と、厳しく催促したようです。確かに伯父は忙しく断るのですが、翌日はまた「例の両編集者颯爽たること青年将校の如き勢で乗り込み来り、その勢に呑まれて……」と、言い訳で始まるエッセイ「初めて読んだ本の話」を書いて下さいました。

昭和十六年に二人の編集者は大学を卒業、二人とも銀行員になりました。兄は八月には海軍経理学校に入ったので第四号は春雄一人が編集。その年の十二月に太平洋戦争が始まったので十七年の御殿場行きは取りやめとなりました。そのため第五号には表紙に不在号の文字があり、さらに第六号は「小泉信吉君追悼号」となりました。表紙は四号までと信吉追悼号は佐々木の叔父、不在号は姉が松虫草の絵を描いています。

『御殿場』は何部くらい刷ったのでしょうね。皆それぞれ知り合いが多いから、ほうぼうに配り、なかなか好評で一同喜び合いました。

この雑誌の始めの頃、母達は和歌は習っていませんでした。三号頃からでしょうか、松本、横山、佐々木、小泉、その四人の主婦がアララギの岡麓先生に入門しました。手紙で作品をお出しすると採点のお返事が来ます。皆で見せ合ってきゃあきゃあ女学生のような騒ぎになりました。それで、その歌のページも加わるようになりました。

『御殿場』は信吉追悼号で終りました。別に松本の伯父、松本の伯母と父のために三冊の追悼号があります。

父晩年の御殿場

大戦前最後に御殿場に行ったのは昭和十六年です。兄が銀行を休職し、海軍経理学校へ入学するまでの幾日かを一緒に暮したきり、兄が亡くなってからは行きませんでした。戦争中私の従姉達は子供達を連れて御殿場に疎開しましたが、うちと横山はずっと人に貸していました。

戦後私が初めて行ったのは昭和二十二年で、松本の家に泊まりました。姉の娘のエリが生まれてから、夏は御殿場に行くのがよいと、貸していた方に出ていただき、それからまた毎年行くようになりました。私も肋膜の後の養生に一緒に行きました。母は時々来ましたが、父は兄のことを思うのかあまり来たくなかったようですが、エリの魅力に引かれて来るようになりました。御殿場の秩父宮妃殿下の催される焼き物の会に参加させていただくようになって、その後は亡くなる前の年の夏まで参りました。

私は結婚したら、準蔵に夏休みが少ないのでびっくりしてしまいました。夏には一週間お休みを取って行くくらいで何とつまらないのだろうと思いました。姉も同じような身の上ですから代わる代わる行きました。初めて御殿場に準蔵と一緒に行った夜大雨が降り、朝洗面器に泥水が出たのには準蔵が驚きました。これでは御殿場が嫌いになるかと心配しましたが、水の問題以外は他の三軒の人達との付き合いも楽しみ、御殿場が大好きになったので助かりました。

松本の伯母が「あなた良かったねェ、幸せね」と喜んでくれましたが、私はそれまでのいとこ達が結婚して皆御殿場に来ているので当然と思い、「そうね」と軽く答えました。今になって「本当に」と言うべきだったと後悔しています。

父が亡くなってからは母を連れて、または夫に留守番させ母と私と二人で行くこともありました。母の世代の方はもういらっしゃらず、松本の孫や曾孫との付き合いが母の楽しみとなりました。母が亡くなってからはほとんど行っておりません。

秩父宮様焼き物の会

先に少しお話ししましたが、御殿場の秩父宮家御別邸の中に秩父宮様が御生前に作陶を楽しまれた三峰窯《みつみね》という窯がございました。殿下がお隠れになって後使われなかったその窯が妃殿下のお企てで復活、作陶のお集りが催されるようになったのです。父はその会の幾度目からか、お招きいただくようになりました。三年くらいご一緒させていただきました。私は両親の食事係として付いて行っておりましたら、私にも一緒に焼物の会に来るようにとおっしゃって下さいました。御別邸は家から車で数分の所です。

亡き宮様は加藤土師萌《はじめ》先生のご指導のもとに、見事な作品をたくさんお遺しになりました。その会には高松宮様、三笠宮様、妃殿下方もお揃いでお出でになりましたが、皆様お上手であり、

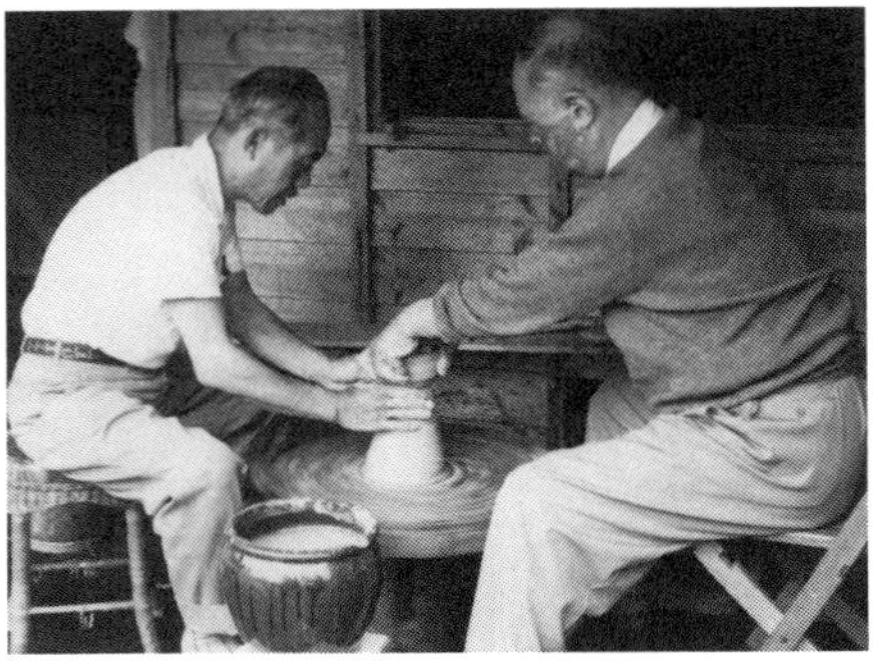

加藤土師萌先生と

良い物をたくさん御覧になっていらっしゃるから、御作品が大らかでお立派と加藤先生が感心していらっしゃいました。

私が伺わせていただいた時のメンバーは、宮様方の他に松平信子夫人、元宮内庁長官の田島氏、宇佐美長官、亡き宮様と登山やラグビーを楽しまれた方々数人もいらっしゃいました。

その秩父宮様の焼き物会で、私は帯止めを三つ作りました。直径約三センチの円型の物をふたつ作り、「花」という字を父に書いてもらいました。母が字だけじゃつまらないからと字をかこむ線を描き足して、三人合作となりました。二個の「花」のひとつは姉に進呈しました。

もう一つは長方形でそれには「月」と父に書いてもらいました。その帯止めを文藝春秋の車谷弘さんのお祝いの会にしめて行きました。秋の名月の日だったので。そこで向田邦子さんに初めてお会いしたのです。向田さんは目が早いから「わぁ、いい。しびれちゃう。欲しい」と褒めて下さった。それから一年が経たないうちに、車谷さんが亡くなられて追悼会があったので、またそれをして行くと、また向田さんがいらしていて「これをして来ると思った」と。

向田さんとのお付き合いのきっかけは、向田さんの『銀座百点』誌連載中の随筆が面白いので、銀座百点編集部の方に紹介していただいたのです。面白い方でたちまち親しくなりました。お宅が家から近いことがわかるとすぐ「遊びにいらっしゃい」と言われて、お訪ねするようになりました。

その後で、母の絵の個展の招待状をお出ししたら来て下さって、母の絵が大そうお気に入り、持って逃げたいという作品もすぐ決まりました。その時に姉もお会いして、たちまちお友達になり、あちこちご一緒に旅行する仲になりました。

第9章　晩年の父

岩波新書『福沢諭吉』執筆

私は父の「老い」ということをあまり考えませんでした。もちろん動作などに年をとったとは感じますし、いつか来る死について思うことはありました。それでもよく学びよく遊び、活気に満ちた日々を過ごしておりましたから……。

『福沢諭吉』は、母に書いたほうがいいとたびたび勧められて、取り組んだようでしたが、長年心で温めていたに違いありません。ご恩返しのような本が最後の著作となったのは素晴らしいことと思います。昭和四十年の八月末が締め切りで、最後のほうは軽井沢で書いておりました。材料がありすぎて縮めるのが大変と本当に苦労して。母はこういうのは久し振りで、昔論文を書いていた頃を思い出したと申しました。食事の時、あまりしゃべらないのです。ちょっと鬱だったみたい。執筆をする前に、もう一度福澤先生の郷里の中津に行きたかったらしいですね。

昭和三十五年、姉や私も一緒の九州旅行の時、別府の宿で、もう少し時間あれば行けるのだが、と言いながらやめました。別府・中津間の遠さを思ったのでしょうね。その道路が舗装され、往復の時間が短くなったのは知らなかったのでした。大阪で先生の学ばれた適塾には、昭和三十三年に行っております。『福沢諭吉』執筆の下調べでしょう。屋根裏の塾生室でメモした簡単な見取図がありました。その日は『福翁自伝』にしたがって淀川沿いに車を走らせ、先生の散歩された難波橋を歩きもしたのでした。

そして昭和四十一年の三月、『福沢諭吉』は出来上がりました。父は出来上がった本に署名して送るのが好きでした。手伝いはいつも私で、本の扉を開き、書き終ったらどけて次を差し出すのです。この時は新書ですし、なるべく多くの方に読んでいただきたくて、かなりの数になりました。やがてお礼状が届き始める。褒められるの大好きで、お手紙を見せてくれました。

福澤先生のことでは、富田正文さんに早く福澤伝を書かせなきゃと言っておりました。『福澤諭吉全集』出版の相談は岩波書店の岩波雄二郎さんと富田さんが家にいらして行われました。富田さんには健康上のご心配があったので、その話をなかなかお受けにならなかったのを父が説得しました。

名古屋の勝沼精蔵先生にお出でいただき、富田さんのご診察をお願いしたのは、その相談会の前か後か記憶があいまいですが、大丈夫というご診断で皆安心し、昭和三十三年十一月、慶應義塾創立百年祭を期としてその第一巻が刊行されました。

母はわがまま？

さて、ここから少し母の話をしたいと思います。母よりも私のほうが家事は上手だと思いますが、ひとたび人使いとなったら母には全く敵いません。いつも三人くらい手伝いがいましたが、とても上手に付き合っていました。良い人が来てくれたせいでもありましょうが……。父もちっとも威張らないので皆よく尽くしてくれました。

母は「私はわがままはどうやってして良いか分からない」と言うのですが、私達から見ればなかなかわがままというか勝手というか、大袈裟に言えば好きなことしかしません。望むことをどうしてもしたいとは言いませんが、父にしても私達にしても結局協力させられるような仕向け方が上手なのです。知恵者なんですね。だから「わがまましたことがない、仕方が分からない」と言うと、私達は引っくり返って笑ってしまいます。婉曲に始まる申し出に対してこちらは知らん顔することもできるのですが、何となくしたいようにさせられる。そういう術を生まれながら持っていたのでしょうね、きっと。

私の友人の間で有名なのは「シュウマイ事件」。父が亡くなって数年は、毎年の命日に随分大勢の方が来て下さいました。それで前々から、ご馳走は何にしようかと色々考えました。母は眠れないくらい。そうして手製の物と買う物の二本立てに決まります。

でも、ある年私が考えて、お料理をするために私がお墓へ行かれなかったり、お客様とゆっくりお話できないのはよくないから、今年は全部買うことにしましょうと言い、母も賛成しました。買う物はお寿司、サンドウィッチ、シュウマイ、お菓子、手製はそら豆だけと決まりました。私はすっかり安心しました。

ところが翌朝、母がいやににこにこして「とても良いこと考えちゃった」と言います。「どういうこと?」と聞くと、「シュウマイ、あなたが作ってちょうだい」。「えっ、だってみんな買うって決めたでしょう?」と言うと、「でもね、五月で物が腐るかもしれない」と母。お寿司だってサンドウィッチだって腐るのは同じだと思うのですが、急に暑くなったりするこの季節では、買った物は怖いのだそうです。どうしたってシュウマイは家で作るのがいい、第一おいしいし、とおだてられては断れず、「それで一体、いくつ作るの?」「二百」。唖然としました。結局叶えてしまいました。あまり勝手だと憤慨しながらも何となくかわいいところがあるので、言うことを聞いてしまうのでした。

母の忠告

母が父に忠告すると、父は「僕に過ちなからしめようと言うわけだ。有難い有難い」と言うのですが、相当悔しそうでした。すると母が、「皆さんは遠慮してあなたには何にもおっしゃれないから、せめて私が言わなければ大変なことになる」と言う。その忠告は人に対しての父の態度についてで、怒りすぎるとか、控えるべき時に出すぎる。母には気になることなんです。

私も母の忠告の気持、わかります。父が何かと人の先に立ってしまうでしょう？ 教会でも信者としてはなりたてなのに、どんどん先に出て行くので母が父の袖を引っ張ってみたり。あまり大きな声でお祈りするので、「もうちょっと小さく」とささやいたりしていました。そうしたら教会の先生が父の死後に、「力強くアーメンと言われると、自分も元気が出た」と言って下さった。そんなに母が心配しなくても良かったのね。他にも、親類の松本家で不幸があった時など、松本のご親類が来てらっしゃるのですからその方々を立てなければいけないのに、父がどんどん出しゃばる。母は気になって仕方がないのでした。

母が人について不満を言うと、父はすぐ乗り出して「よし。それなら言ってやる」と、すぐ文句を考え、怖い顔をしてリハーサルする。仮想敵国として母を睨み、迫力満点。母は怖くなり、「もう止めてちょうだい」と断るので、「君は僕に進めと言うから進むと、留まれと言うし、一体どうしたらいいんだ」。今度は父が怒ります。

母と絵画

母は、子供の時から絵が好きで、香蘭女学校では日本画を習っていました。そして、六十代の終りに画家である甥の阿部愼蔵に入門しました。私も一緒に入門したのですが、母のほうが本当に好きで熱心で、ずっと若々しい良い絵を描きました。初めは水彩で、それから油絵になりました。母の弟の芳郎叔父も、上手で、殊に人の特徴をつかむのがうまく、きょうだい会のスケッチなど名品がありました。愼蔵のアトリエで一緒に油絵を描いていると叔父が、「とみ子さん、今そこで止めなさい。それ以上描かないほうがいい」と止め、母は「もっと描きたい」と二人でもめたりしていました。その芳郎叔父自身の絵は、お親しくしていた長与善郎さんによれば、「芳郎君の絵っていうのは、土俵に上がったと思うと相撲を取らないで降りちゃうような絵だ」でした。阿部兄弟姉妹は絵が好きで、秀助叔父も描きましたし、皆一応絵を描く。水上瀧太郎（章蔵伯父）は、母達の少女の頃、紙でつくる姉様人形の着物や帯に模様を描いてくれて、それがとても上手だったそうです。

母の絵は、父が批評すると「デッサンはともかくとして、カラリストであることは確かだ」です。本当に色使いが上手でした。絵を習いに行くとお腹が空いて、お食事がおいしくいただけま

母の絵

した。持ち帰った絵を食事の部屋に掛け、皆でそれを批評するのですが、母は例のとおり、「本当はもっと良かったんだけど、慎ちゃんが直したらこうなっちゃった」と文句たらたらでした。

母の描いた人形の絵を、向田邦子さんが「お人形の目が実にうまく描けている」「しかも西洋人の目。なかなかこうは描けないわ」と褒めて下さいました。母は小さい時から香蘭でイギリス人の先生に接していましたから、そういう目に慣れていたのでしょうね。ルオーの展覧会へ行って、「私もルオーみたいなのが描きたい」と言って、この人形の絵ね、ちょっと色がルオーっぽいでしょう？　これは六十代の終りくらいの作です。

ある日の食事中に、絵の話をしていたら、母が「私マルキサドさんくらいにはなれるんじゃないかしら」。丸木スマさんのつもりで言っているのです。父と私はおかしくて「ならないほうがいいんじゃない」、「やめたほうがいいよ」と言いました。母は「だって絵を描くおばあさんでしょう。私もあれくらいなら描けると思うの」とがんばります。そのうち母も怪しい空気を感じて、「おばあさんの絵描きじゃないの？」と言うので「サディズムの親玉だよ」と父が教え、大笑いになりました。父は大袈裟に「あぁ怖かった」と言いました。妻がサドでは大変よね。

絵に対する母の熱心さに驚いたことがあります。年の暮で父は熱を出して寝ていました。それでも母は絵のお稽古に行くと言う。「暮でお人もいらっしゃるし、お父様も熱があるし、いいの?」と聞くと、「でも今日は最後のお稽古だから行く」と言って、出かけました。あの頃「私は貝になりたい」というドラマがありましたが、「私は貝にはなりたくないけど、小泉とみ子になりたいわ」と私が言うと、父が「僕もなりたい」と申しました。

でも、手伝い達に奥様は遊び好きだと思われるのは嫌なのです。「ちょっと今日はどうしても行かなきゃならないことがあるから」と言い訳したり。呆れるのは「妙子が映画を見に行きたいと言うから」など、自分だけ良い子になりたがるのです。

今私の家には安田靫彦画伯の父の肖像画の他全部母の絵を掛けていますが、母は家で掛けるのは恥ずかしいからと御殿場の家に持って行って掛けていました。

阿部家の絵や文学が好きな雰囲気は、祖母からきていると思います。それも強烈な遺伝で、皆理数系が駄目。祖父は大丈夫だったのかもしれないけど、他はほとんど全員と言いたいほど機械や電気を怖がります。孫になるとよその血が入ってずっとましになっていますが……。

わが家でも準蔵は電気が怖い人でした。私達が結婚した頃によくヒューズの飛ぶことがありましたが、それは私が直すことになっていて、準蔵はその踏み台を押さえている役でした。おかしいでしょう? でも阿部の中にはそういう人ばかりですから、特におかしくもなかったのです。

夫準蔵と父

準蔵にとっては父は、塾長でもあったわけです。お友達が皆、父を好いていて下さって助かりました。嫌われていたり変なあだ名で呼ばれたりしていたら嫌ですもの。

準蔵が友人から、「叔父さんだったり、塾長だったりがお父さんになってどう？」と聞かれた時の答えは、「とても良くて、叔父さん時代よりもっと好きだ」でした。私はすごく嬉しかった。準蔵は兄と仲が良かったから、父も気に入ってくれたのです。

準蔵が学校を卒業した頃に、「どういうお嫁さんが良いの？」と母（当時は叔母）から聞かれました。「小泉とみ子さんみたいなのが良い」と答えました。「ただし、酒屋の娘ならもっと良い」とつけ加えました。酒屋ならお酒が好きなだけ飲めるということでしょう。そうしたら「いけません」と叱られました。準蔵は結婚のはじめに「僕もよく飲むけれど、お父様のは天才だ。僕は普通の酒飲みだ」と言っていました。確かに準蔵も随分飲み、いわゆる酔っ払いにはならないけど、何となく酔います。父は機嫌がよくなるだけです。

夕飯に父も準蔵も飲みました。父のほうがゆっくり飲むのか、私達をあまりいつまでも引き止めては悪いと思うらしくて、「次のコースに進みたまえ」と言うので、私達はテレビのある部屋に移るのでした。

父の死

昭和四十一年の天長節（四月二十九日）、慶應を大正の末に卒業された方々のお招きにより、父母は京都へ参りました。翌日は御所、仙洞御所の拝観をさせていただきました。仙洞御所のお庭はつつじ、藤、山吹などが満開で、父は幾度か感嘆の声をあげたと同行の方が話して下さいました。次は南禅寺の野村別邸での懇親会です。数年前にもそのお仲間におよばれしていました。盛大な会で祇園の里千代・里春という、姉妹で京舞の名手による舞「千代の友」がありました。卒業生の集まりだから「千代の友」を選ぶとはそれだけでも素敵で、舞の出来も素晴しかったそうです。その後里千代さんは引退したのでこの日の「今日の四季」と「七つ子」は里春さん一人の舞でした。宴の後は都踊りにも連れて行っていただき、夜は宿の叡山ホテルに着き、四人の方とゆっくり時を過ごしました。

話を四月二十九日に戻します。その日、私達夫婦は鎌倉の瑞泉寺で永井龍男*先生を囲むお花見の句会におよばれしていました。両親を送り出し、私達も家を出ました。桜は見事で句会も楽しかったのですが、その夜から準蔵は気分が悪くなり、胃の痛みで苦しみました。翌日は交通の大規模なストライキだったのでお医者様がなかなか来て下さらない。結局いらして先生のご親友が院長の山王病院に入院となりました。連休で院長はお留守、宿直のお医者様だけなので心細く、私は従姉の夫、お医者様の三邊謙さんに電話をかけました。謙さんは若い先生に応急の措置を話して下さった。夜になって謙さんが見え、膵臓炎らしいから自分もいる慶應病院に移ったほうがよいと言われ、翌朝転院しました。両親に知らせるにはためらいがありましたが、姉が朝早く叡山ホテルに電話してくれました。姉が父に様子を話していると、父が突然「どうか、どうか」と言って絶句したそうです。それからすぐ手配して午後には帰って来てくれました。

容態はますます悪く、翌二日、十二指腸穿孔の手術が行われました。「極めて重篤」と告げられたのです。父は心配して毎日来てくれ、そこへ次々親類が見舞に来て、一号棟四階のロビーはうちで占領の形になってしまい、他の患者のご家族に申し訳ないことでした。担当の先生方がお通りになると、父が立ち上がって「どうでしょう」とお尋ねするので、先生方はお困りになるのでしょう、早足ですーっと逃げるように通って行かれるのでした。

翌日、私は少し休むために家へ帰りました。母のベッドを借りて横になっていると、隣の書斎にいる父が、本を読みながら私を気にしているのが気配で感じられ、やがて静かに部屋を出て行きました。その後、一緒に食事をはじめ、当たり障りのない話をしていたのですが、私が京都でのことをきいたので、仙洞御所のお庭の見事さや舞が素敵だったという話になりました。次に母が、私達の俳句の会について尋ねました。私はあまり良い成績じゃなかったんだけれど、準蔵のは良い成績だったのです。その日の題は「シャボン玉」で、

灯台の子が一人吹くしゃぼん玉　準三

この句に随分点が入ったと話したら、父が「可哀想」と言うなり、すすりあげて泣き出しました。三人でしばらく泣いてしまいました。

五月七日に危機を脱したと告げられ、一同喜びに溢れました。昼のお弁当を食べながら「手術した日を記念日にして毎年ここに来よう。こういう弁当を皆で食べよう」と父が提案しました。亡くなる前日の十日にはロビーで小宮豊隆氏追悼の文を書き、それから準蔵の様子を見に参りました。病人との対面はそれが二度目でした。「ひげを剃ったら元気そうになった」と褒めてから、「どうだい食欲は？」。美味しい物好きの準蔵の前に重湯とおつゆと葛湯が並んでいるのをちょっとからかう調子でした。「まだあまりおいしくありません」と準蔵。「まあ、あせるな。世の中にはウマイものがたくさんある。大事にしたまえ」。そう言って父は去りました。準蔵と父の最後の会話であり、私が最後に聞いた父の声となりました。私が送るつもりでロビーに行くともう姿はなく、居合わせた母と姉も父を見かけなかったと言うので、脚を鍛えようと「横の階段からお帰りになったのね」と話し合いました。

この事件の前から、父は時々胸がしめつけられるような時のあったことを、五月三日の朝、母に話しました。その日病院で診ていただくと、狭心症の疑いがあるとのことで心電図をとりました。結果は「まことに綺麗」でした。皆ホッとしましたが、一番安心したのは父に違いなく、しばらく休んでいた階段での脚の訓練を再開したのでしょう。病院から東宮御所にお寄りして（東宮様はご不在）、順天堂病院に安倍能成さんをお見舞して帰宅。その後は『新文明』七月号に寄せた「いのちありて……」の校正刷に朱筆を入れて十一時頃床につきました。夜中に少し胸が痛み、苦しむ様子に、母はいつもお世話になる千秋弘道先生に来ていただきました。先生はずっと付き添っていて下さいましたが、発作がおさまったので明け方に帰られた。父は傍らに寝ずにいる母に「君に心配させて済まないね」と言い、母が「いいえ」と言うと眠りましたが、七時頃に突然大きな息を吐き、そのまま心臓の動きを止めました。

私は準蔵の入院後はずっと病院に泊まっていたので、父が病院を出てからの一部始終は話す人も私も涙の中でしたし、四十一年も経った今ではっきり思い出せません。この聞き書きのために姉や三邊謙さんの書いたものを読み、ほぼ間違いなくお話しできたかと思います。

父の死をまず三邊家へ知らせたのは誰なのでしょう。「急に容態がお変りになりましたからすぐお出で下さい」と電話がかかり、すぐ切れた。電話を受けたのは謙さんの妻、文子さん（父の姉、松本千の二女）でした。母の声ならば分かるはずですが。謙さんは準蔵のことと思い、病院に様子を聞くと、「変りない」と言われた。その時病室にいた私は、ナースステーションから

「三邊先生からお電話です」と呼ばれました。「準ちゃんはどう?」と聞かれ、「無事よ」と答えると電話は終りました。三邊ではそれから文子さんが小泉に電話して事実が分かったのでした。

私は謙さんが気にかけて様子を聞いて下さったと思っていたのでしたが、しばらくすると松本正夫さんが病室に顔を出し、「ちょっと叔父さんが病気だから家へ」と言います。何か変な気がして、車の中で「本当はどうなの?」と聞きました。「亡くなった」と。本当に何とも言えませんでした。父はいつものベッドの中で安らかに眠ったままでした。瞼《まぶた》が閉じないから死んだら縫ってほしいと言われたその瞼はちゃんと閉じていました。しばらく家にいて私は病院に戻りました。その頃から弔問の方がいらっしゃり始めました。午後には皇太子殿下・妃殿下、次いで常陸宮殿下・妃殿下がお出で下さいましたが、その時も私は不在でした。

その後皇太子殿下より弔歌を賜りました。

霊前にしばしの時をすわりをればみみにうかびぬありし日の聲

十二日に通夜、十三日には聖アンデレ教会で内輪の人々のための葬儀、これにも私は出ませんでした。

準蔵には父の死を秘密にしていました。私が家へ帰る時は準蔵の姉桃子が代ってくれました。

準蔵は少し元気が出たので新聞が読みたいと言う。新聞には父のことが出ているので姉は困ってしまいました。疲れるといけないからスポーツ面だけと約束させて見せました。父の葬儀記事の中に準蔵は入院中と出たので病院でも気を遣って、病室の名札を偽名にして下さいました。父は胆石を患ったことがあるのでその再発のようにしておき、準蔵は疑いませんでした。

病院の廊下には「本塾評議員会議長小泉信三氏が云々」と貼紙があり、道には五月十四日は葬儀のため道は渋滞と出ているし、大変なことだと思いました（葬儀の日には名誉都民の恩典としてパトカーに先導されました）。

十三日の教会の式の後で桐ヶ谷で茶毘《だび》に付されました。十四日午前中に、皇太子殿下・妃殿下は再びお出で下さいました。このことは十一日と同様、新聞に大きく扱われ、両殿下のお写真が掲載されましたが、そのお写真をヴァイニング夫人がご覧になって、皇太子殿下は緊張なさった時、いつもこのように握り拳になられるとおっしゃったそうです。葬儀は青山葬儀所で聖アンデレ教会今井直道司祭の司式で行われました。多くの方が参列して下さいました。キリスト教の式の良さが分かったとおっしゃる方の多かったのは嬉しいことでした。庭球部の志村（彦七）さんは、先生一人じゃあお気の毒だから僕が行くと言って、それから間もなく洗礼をお受けになりました。奥様は早くに洗礼を受けていらっしゃるので良いご決断と思いました。志村さんは洗礼名を母に決めてほしいと言われたので、母は父とおそろいのナタナエルを選びました。

なお、九死に一生を得た準蔵は感じるところがあって洗礼を受けたいと思うようになっており、その気持を私に打ち明けたのが葬儀の日だったのも何か不思議な気がしました。その時はまだ父の死は知らず、洗礼の準備については尊敬する野瀬主教にお願いし、五月末に病床で洗礼を受けました。それは父のことを話すにも適切な順であったと思います。

父の最後の著述が『福沢諭吉』であり、死の七、八時間前に校正したエッセイの題は「いのちありて……」。病名の心筋梗塞から考えれば、どこで倒れても仕方がないのに、自宅のベッドで母一人にみとられての静かな死。ある筋書きが用意され、それに従ったとしか思えません。心配症の母を長煩いで悩ますことのなかったのは母への最後の最大の贈りものであったと思います。

庭の中で父の一番好きだった連翹《れんぎょう》はその年花をつけず、父をはじめ皆で不思議がったのでした。連翹はいち早く喪に服したのでしょうね。

美智子妃殿下のお心遣い

「戦時の花」は父の随筆の中で最も評判になった作品なのです。昭和二十年一月二十六日、空襲に怯えながら暮していた東京で、母が五十歳の誕生日を迎えました。父は花を贈ることを思いついて、三田綱町の家から六本木まで歩き、後藤花店で花を買って来ました。その花束に入っていたエリカとストックは母に特別の意味を持つ花となりました。戦争が終って誕生日を忘れたわけではないけれど、戦時の花はまさに戦時の花で終っていました。

母の誕生日に父が花を贈ったのは、「戦時の花」の時が初めてでした。それがいつから吉例になったのか考えてみました。「戦時の花」はいけばな草月流の機関誌『草月人』（昭和二十五年一月号）に寄稿したのですが、それでは多くの人の目に触れなかったでしょう。調べると慶友社から同じ年の八月に出版された『今の日本』に収録されていることが分かりました。それで河盛好蔵・福原麟太郎氏などきびしい目を持つ評論家が読まれ、揃って褒めて下さったのでした。好評が吉例開始のきっかけになったのではないかしら。二十六年、広尾に越した頃から父は目立って元気になりましたし、後藤も近いし。忘れて帰ってもう一度出掛けると言うと、母が気づかず「どうしてまたお出掛け？」と聞くのをごまかして出て行くという冒険的な日もありました。花の名にくわしくない父は「戦時の花」の時にエリカとストックを覚えたのね。水仙も入っていたのだけど、元々知っていた花のせいか印象が薄かったのでしょうね。この大事な二種類は必ず入った花束でした。父の最後の年のその日には母が客間に飾る花を買うというのを私が止めたの。「お父様がきっと買ってらっしゃるから待ちましょう」と。待っていたら忘れていて、でも夜のうちに思い出して、花の代りに金一封とカード。「七十一歳の誕生日御祝として進上。無駄づかひに使はれたし。一月二十六日、おとみ殿」。花束にしたら何年分にもなる額だったのよ。

父の亡くなった翌年の一月二十六日、美智子妃殿下からお花をいただきました。エリカとストックと水仙。「戦時の花」をお読みになって父の代役をおつとめ下さったわけで、そのお心籠りの花束に母は驚きと喜びと感謝に満たされました。

そして一周忌。美智子妃殿下より御歌を賜りました。

ありし日のふと続くかに思ほゆるこのさつき日を君は居まさず

お短冊のための桐箱の蓋には薄水色に梅や松の刺繡のある美しい布が貼られていて、それは妃殿下のお召物の端布と伺い、ひとしお嬉しく有難くお受け致しました。

晩年の母

『海軍主計大尉小泉信吉』は、昭和二十一年に私家版三百部を印刷、親戚知人に贈りました。それが人から人に伝わり、あちこちから出版の申し込みがあるのを父が断るので、「幻の名著」と呼ばれるようになりました。

父の死後、文藝春秋から出版されたのですが、まず『文藝春秋』誌に載せたいとのお話があったことを、私は一昨年半藤一利さん（文藝春秋編集部員の頃、父の担当をされた）から伺うまで知りませんでした。母は「あの本は小泉が自分のことをよく知っていて、本当に理解してくれている人だけに読ませたいと思っている本でした。小泉には論敵も多いから、そういう人にまで読ませたいとは思っていないはずです。大変失礼ですが、雑誌はどこの誰が読むかも分からない。小泉を嫌っている人も読むかもしれない」と言ってお断りしたそうです。父をも兄をも守ったという感じで、遅まきながら母の手柄と感心しました。

それで文藝春秋からは改めて出版部の上林《かんばやし》吾郎さんがいらして、単行本での出版が決まったのです。父が、「死後なら出版してもよい」と言っていたので母の決心がついたのでしょう。私は反対でした。兄のことは大切に心にしまっておきたかったのでね。あの本が古本屋に並んだりしたら嫌だったのです。上林さんは「古本屋に並ぶような本にはしません」と言われたけれど、そうは参りません。それが当然と思いましたが一応「約束違反」と上林さんに申しました。「そんなこと言いましたっけ」ですって。

父の死により、七十一歳の母の日常はかなり変ったとはいうものの、毎月の命日に必ず来て下さる方があり、親しかった方達が何かにつけて訪ねて下さいました。お招きにあずかることも多く、未亡人としてこれほどまでに大切にしていただけるのは珍しいのではないかと思いました。

旅行に行く、芝居も観る、毎週一度は絵の稽古。それは弟秀助の家で、先生は甥の慎蔵ですから二重に楽しい日でした。読書も好きで、『坂の上の雲』（司馬遼太郎著）を読んでいた時など、「乃木さんが駄目なの」と心配し、憤慨しながら読み続ける中に、めまいを起こしてしまいました。

ミュンヘンのオリンピック（昭和四十七年）のバレーボールで日本の男子が優勝した時には早朝から夜まで、テレビで同じ試合を五回観て、そのたびに新鮮に心配した揚げ句めまいで、これは回復までかなりかかりました。一見静かそうでいて相当な熱血漢なのでした。

一方、父の死後間もなくから、母は生活を簡単にしたいと考え始めました。アパートに住む。家を小さく便利に建て替える。姉夫婦と私達夫婦は、そのどちらにも反対でした。母は父の思い出を実に大切にしていて、思い出を分け合って下さる方の来訪を、何より楽しみにしています。それならば変えないほうがよい。訪ねていらっしゃる方々は、父のいた家をも懐かしんでいられるのですから。また家の建て替えには、引越しを二度しなければならず、アパートへ移るよりも大変と言うと、母は一応納得します。それでも雨漏りや、水道のパイプに問題が起きると考え込んでしまうのでした。私は私で、これまでの転居や増築に関する母の実績は成功例ばかりなので、母の勘が正しいのかもしれないとも思うのね。悩んでいるところに、従兄が分譲住宅を建てる話が伝わって来ました。母の長姉はすでに亡くなりましたが、長年住んだ表参道の家を息子が建て替えるのです。母はたちまちとびつきました。昭和四十九年十月、参道フラッツ2Cに母とハウスキーパーのお志んさん、2Aに私と準蔵の引越しが行われました。ある方が「お母さんの大革命ですね」と言われました。まことにその通り、しかも大成功の革命でした。

この転居が決まった時、私の心配は母の命でした。大騒ぎして越して病気になる。またはもっと大変なことになるのでは、と。それは杞憂に過ぎず、母は生き生きと新しい生活に馴染みました。穏やかな日が続きました。

ところが三年目に困ったことが起きました。お志んさんが胃の手術をしなければならなくなったのです。手術は成功し、お志んさんはまた母に尽くすと言ってくれましたが、皆で考えた末、引退が決まりました。祖母の家に来て以来四十六年、本当に有難い人でした。

その後親しい人達の応援を得て母の日常は無事でしたが、昭和五十三年一月に、秋山の兄の急逝という悲しみに遭いました。兄は優しくて、母の頼みを快く聞いてくれる相談相手だったのです。六十三歳。ソ連抑留の三年間がなければもっと長生きできたでしょうに。エリツィン大統領訪日の折、催された宮中晩餐会のメニューを新聞で見た姉は、「じゃがいもでいいの。じゃがいもだけで」と申しました。

その五十三年にひとつ明るい話題は母の個展。銀座の望月画廊で開きました。母は眠れないほど心配致しましたが、会は大成功で、母は褒め言葉に包まれました。活気のある絵の前で、「水墨画を拝見するつもりで伺いました」と意外の表情をとかない方があり、眼科の先生は「あと十年、手術の必要はありません」と。

母の静かな終焉

水上瀧太郎（伯父阿部章蔵）の文学碑が大阪中之島の遊歩道に建ったのは六十年の三月でした。案内状が届いた時、私は母が行くとは言わないだろうと思いました。ところが九十歳の母は当然という感じで行くと言う。驚きました。それで姉も誘い、当日は瀧太郎の子の優蔵、富士子と一緒に除幕の綱を引きました。帰りに京都見物を予定していたので、京都に泊まりましたが、翌朝母が「今日は京都へ行くのね」と申します。「ここが京都なの」と教えてもなかなか呑み込めません。母の衰えを私が感じた最初と記憶します。その日、姉や姉の親友とのドライヴでは、いつもと変らぬ元気さで楽しんだのでしたが。

母は時々転びました。「私は柔道家の姉だから怪我はしません」と言うのでしたが、ある夜、廊下で転び腰を痛めて床につきました。「脱水しないように水をたくさんお飲みなさい」と先生のご注意でしたが、もともと水気をとらないタチで、たちまち脱水状態となり入院しました。一月ほどで元気になり、歩く練習を始めました。私の後悔の種は、その時歩かせすぎたことです。結局歩けなくても、と退院を選びました。

母は運の良い人で、それから亡くなるまで約三年、付き添ってくれた山田さんの至れり尽せりの看護のもとに過ごしました。

最晩年の母は心身ともに衰えて、ベッドで暮す身になりました。付添いの山田さんの世話は行き届きお風呂にも上手に入れてくれました。母を抱き上げたまま寝室に続くお風呂（洋式）に連れて行きます。母は浴衣を脱がされるのが嫌で、浴衣を着たまま抱かれて来て、「降ろして下さいませ」なんて言う。タオル地の洋服を着て待っている私は母を洗い、なるべく長く居てほしいので合唱します。始めはお琴の手ほどきの歌、「姫松小松」。次が慶應のカレッジソング「若き血」です。最後は水上瀧太郎作の慶應の応援歌（「紫の旗ゆくところ」）。慶應の歌は色々あるけど、青年時代の水上瀧太郎作のもあるんです。母がそれをよく覚えていて、歌っていました。私は聞き覚えでしたから今回歌詞を調べると、母が一番と二番をまぜていたことが分かりました。

紫の旗ゆくところ　月の夜の桂を折らむ
雲乱れ　山動揺《やまとよ》もして　中原《ちゅうげん》に雄鹿《おじか》争ふ♪

「若き血」では「陸の王者ケイオー」をできるだけ長くのばした末に、顔を見合わせて笑ってしまうのでした。

阿部の十二人兄弟姉妹は集まった時によく「誰が一番先に死ぬか」を話題にし、母はほとんどいつも一番になっていたのでしたが、一番は最も頼もしく、皆が頼っていた四男章蔵で、最後の一番が母になりました。

末の秀助叔父と二人きりになっても、母が元気な間は絵を見に行ったり、レストランに誘われたり、家の食事を一緒にしたりと、実に楽しそうでした。母が寝ついてからはよく昼近くに叔父が「とみ子さん、眠ってれば待つよ」とサンドウィッチを持って現れました。母が覚めていると、「好きなの食べる?」とすすめ、母が一番おいしそうなのを取るので、叔父と私が顔を見合わせて笑うこともありました。母は日頃「秀ちゃん来ないかしら」と待っているので、どんなに嬉しいかと思うとあまり話しません。叔父の去った後で「どうしてもっとお話しなさらなかったの」と聞くと、「おとっつぁんだと思ったから」と申します。母の頭には若い秀ちゃんがあり、眼前の叔父は確かに祖父に似ているので緊張してしまうのでした。叔父は母より七ヶ月早く亡くなりました。その夜中、母が眼を覚まし「今三光町から誰か来た?」と山田さんに尋ねたそうです。きっと来てくれたのだと思います。もし母が元気な頃に叔父が亡くなったら、どれほど深く嘆いたことでしょう。

母のお世話になった指圧の石原先生が、ある時母に長寿の秘訣をお聞きになりました。「悲しい思い出の糸はたぐらないことにしています」と母は答えたそうです。

母は平成三年一月三日、九十五歳十一ヶ月と二十三日の生涯を静かに閉じました。父が亡くなった時、知人が「お父様はさすがに傑士ですね」と慰めて下さいました。誕生日の前後一ヶ月以内に亡くなる人は傑士なのだそうです。母も傑士だったのですね。

編者註（1〜4、各五十音順。本文初出に＊あり）

1　慶應義塾関連

秋山孝之輔《あきやまこうのすけ》（一八八四〜一九七〇）　普通部より慶應義塾に学び、大学部政治科を中退して、明治四十三年米国ウェイクフォレスト大学卒業。帰国後、大日本製糖に入社し、のち副社長。昭和二十四年、初代専売公社総裁に就任。長く慶應義塾理事を務め、のち相談役。二男正は小泉の長女加代と結婚した。

池田潔《いけだきよし》（一九〇三〜一九九〇）　三井系実業家の池田成彬の二男。大正十五年英国・ケンブリッジ大学を卒業、さらにドイツ・ハイデルベルク大学に学ぶ。のち慶應義塾大学文学部教授となり英文学を講じる。戦後すぐ英国教育論を論じた随筆『自由と規律』（昭和二十四年）は、大きな反響を呼び、その序文は小泉が草している。

池田成彬《いけだしげあき》（一八六七〜一九五〇）　明治二十一年慶應義塾別科卒、義塾派遣でハーバード大学に留学し卒業。三井銀行に入行し、筆頭常務として重きをなした。さらに日本銀行総裁、内閣参議、大蔵大臣兼商工大臣、枢密顧問官などを歴任。昭和十六年、義塾評議員会議長に就任、戦中の困難を小泉と共にした。

伊東岱吉《いとうたいきち》（一九〇八〜一九九六）　慶應義塾大学経済学部在学中、小泉の研究会（ゼミナール）に所属。昭和六年卒業と共に義塾教員となり、高等部、次いで経済学部で教鞭を執り、のちに経済学部長も務めた。専攻は中小企業論。経済学博士。著書に『日本産業構造と中小企業』など。

加藤《かとう》武男《たけお》（一八七七〜一九六三）　明治三十四年慶應義塾大学部理財科卒業。三菱合資会社銀行部の重役を歴任し、のち三菱銀行会長となり、三菱財閥の実力者として重きをなした。戦後公職追放を受けたが、解除後も三菱グループで指導的役割を担い、宮内庁参与、経団連顧問、全国銀行協会連合会会長なども歴任。小泉の前に慶應義塾評議員会議長を務めた。

門野幾之進《かどのいくのしん》（一八五六〜一九三八）明治二年慶應義塾に入塾、十代半ばで教員となり「ボーイ教師」と慕われた。その後長く義塾教頭、副社頭を務める。三十七年千代田生命保険相互会社を創立して社長に就任。以後も義塾の最長老の一人として尊敬を集め、昭和十一年に小泉が渡米した時には、塾長事務の代理を担当した。三重県鳥羽市の生誕地碑は小泉の撰。

鎌田栄吉《かまたえいきち》（一八五七〜一九三四）明治七年和歌山県から選抜されて慶應義塾に入学し翌年卒業。間もなく義塾の教員となる。二十九年欧米諸国に留学、三十一年慶應義塾長に就任し、以後大正十一年に至るまで二十五年間在任し義塾の発展に尽力。傍ら勅撰貴族院議員。また、教育評議会会長、教科書調査会長等教育関係の多くの役職を歴任。大正八年には米ワシントンで開催の第一回国際労働会議に日本政府代表として出席。大正十一年塾長を退き文部大臣に就任。その後も枢密顧問官、帝国教育会長を歴任。

川久保孝雄《かわくぼたかお》（一九〇九〜二〇〇一）昭和十年慶應義塾大学経済学部を卒業し、義塾塾監局（事務局）に就職。戦時中、塾長小泉を秘書として支えた。三十五年塾監局長、その後日吉事務室事務長、塾長室長などを務め、平成六年慶應義塾名誉参与。

九鬼周造《くきしゅうぞう》（一八八八〜一九四一）哲学者。明治四十五年東京帝国大学文科大学哲学科卒業。昭和五年に刊行した『「いき」の構造』は、日本人の精神構造を分析した論文として今なお名高い。父隆一は福澤門下生であるが、明治十四年の政変の際、政府保守派に福澤周辺の情報を内通していたといわれ、福澤やその周辺から疎まれていた。

坂村儀太郎《さかむらぎたろう》（一八九八〜一九七三）大正十一年慶應義塾大学部理財科卒業。昭和三年義塾に就職し、小泉塾長秘書時代には全国歴訪に随行し地方卒業生との連携に大いに貢献。戦後は私立大学連盟幹部、義塾職員の福利厚生を図る慶應商事社長としても活躍。

三邊《さんべ》金蔵《きんぞう》（一八八一～一九六二） 明治四十一年慶應義塾大学部理財科を卒業し、義塾教員となる。大正元年義塾派遣留学生として英国・ドイツに学び、ロンドンでは同じく留学中の小泉と親交を深めた。帰国後教授に就任して「会計学」を開講。会計学や経済学説史を研究し、経済学部長、のち立教大学総長を歴任。経済学博士。

杉道助《すぎみちすけ》（一八八四～一九六四） 明治四十二年慶應義塾大学部理財科卒業。大阪財界で重きをなし、戦後大阪商工会議所会頭を長く務め、関西の経済振興に尽力。また昭和二十六年「海外市場調査会」（現日本貿易振興機構）を設立し、理事長を務めた。小泉は晩年の杉への信頼厚く「天成の長者」と評した。

仙波均平《せんばきんぺい》（一八八五～一九七七） 慶應義塾普通部卒業後、中村不折、満谷国四郎に師事。大正四年渡英、十年にはパリにアトリエを構え、十二年サロン・ド・テュイルリーに入選、十三年帰国。昭和三年から小泉の招きで慶應義塾普通部の図画教師となり、多くの義塾出身芸術家を輩出した。

高橋誠一郎《たかはしせいいちろう》（一八八四～一九八二） 最晩年の福澤諭吉に親炙し、明治四十一年慶應義塾大学部政治科卒業。長年、義塾経済学部教授として経済学を講じ、昭和二十一年には、療養中の小泉に代わり塾長代理を務めた。翌年、第一次吉田内閣の文部大臣となり教育基本法や学校教育法制定に尽力。芸術にも造詣が深く、芸術院長などを歴任。五十四年文化勲章受章。

富田正文《とみたまさふみ》（一八九八～一九九三） 大正十五年慶應義塾大学文学部英文科卒業。在学中より福澤先生伝記編纂所助手となり、生涯福澤研究に携わる。昭和十六年「慶應義塾塾歌」を作詞。戦後は慶應通信

（現慶應義塾大学出版会）社長、福澤諭吉協会理事長などを務めた。編集責任者として『福澤諭吉全集』を完成させ、義塾名誉博士、また日本学士院賞を受賞。『小泉信三全集』も富田の編纂。

名取和作《なとりわさく》（一八七二～一九五九）明治二十九年慶應義塾大学部理財科卒。三十二年義塾派遣第一回留学生として米国留学、帰国後教鞭を執ったが、間もなく実業界に転じ、大正十二年富士電機製造株式会社社長、その他多くの会社で重役を兼ねる。何かと義塾に力を尽くし、戦災で居宅を失った小泉に対しても三田の私邸を塾長役宅として提供した。

美澤進《みさわすすむ》（一八六九～一九二三）明治十年慶應義塾本科卒業。明治十五年、福澤諭吉の推薦で横浜商業学校（通称Y校）初代校長となり、以後四十年以上にわたって特徴ある学校教育を手がけた。小泉にとっては父の友人で、幼少期から親交があり、結婚の際は仲人。遠戚関係にもあった。

山本達雄《やまもとたつお》（一八五六～一九四七）慶應義塾を経て明治十三年三菱商業学校卒業。横浜正金銀行取締役、日本銀行総裁、日本勧業銀行総裁などを歴任。その後政界に転じて大蔵大臣、農商務大臣、内務大臣を務めた。小泉塾長時代を含む十二年にわたり慶應義塾評議員会議長を務め、没後刊行された伝記は小泉が監修した。

山本敏夫《やまもととしお》（一九〇六～一九九二）昭和八年慶應義塾大学文学部を卒業後、義塾に職員として就職し、十一年小泉塾長の三ヶ月にわたる渡米に際しては塾長秘書として随行、その後調査課長、庶務課長などを務めた。戦後は研究者に転じ、教育行政学を専攻、文学部教授となる。文学博士。著書に『社会科教育法』『教育行政概説』など。

吉田小五郎《よしだこごろう》（一九〇二～一九八三）慶應義塾大学文学部史学科で幸田成友の薫陶を受けキリシタン史を学ぶ。大正十三年卒業後、慶應義塾幼稚舎の教員となり、戦中は幼稚舎疎開学園の現地責任者として、戦中戦後の幼稚舎を守った。昭和二十二年から十年間幼稚舎長、のち再び担任に戻る。『稿本慶應義塾幼稚舎史』を編纂。

和田義郎《わだよしろう》（一八四〇～一八九二）　慶応二年和歌山藩の留学生として小泉信吉《のぶきち》らと共に福澤塾（のちの慶應義塾）に入門。明治七年福澤諭吉の委嘱により塾生の年少者のための和田塾を開き、これがのちに慶應義塾幼稚舎となり初代舎長。温良剛毅にして争を好まず武家の礼儀を持ち柔術に秀でた。

2　テニス関連

石井小一郎《いしいこいちろう》（一九〇三～一九八六）　昭和三年慶應義塾大学経済学部卒業。在学中は体育会庭球部に所属し、庭球部黄金期の礎を築いた。二十二年より、長年にわたり皇太子殿下（今上天皇）にテニスをご指導した。二十五年～四十三年庭球三田会会長。著書に『テニスと私』など。

隈丸次郎《くままるじろう》（一九二一～二〇〇七）　慶應義塾大学在学中は体育会庭球部で活躍。昭和十八年卒業後、全日本選手権で史上最多連覇記録となるシングルス四連覇（ダブルス二連覇）、二十四年から全日本ランキング第一位を四年間守る。二十六年全日本選手権決勝で、世界九位のラーセン（米国）を破る。デ杯には二度出場。デ杯代表監督も務める。

志村彦七《しむらひこしち》（一九〇七～一九九六）　昭和七年慶應義塾大学法学部卒業。在学中、小泉部長下の体育会庭球部に所属し、特に山岸成一と組んだダブルスで活躍、全日本選手権をはじめ多くの大会で優勝した。

原田武一《はらだたけいち》（一八九九～一九七八）　慶應義塾大学在学中は体育会庭球部で活躍。大正十三年中退し、パリ五輪をはじめ世界を転戦、デ杯には五度、ウインブルドン大会には三度出場。大正十五年、全米三位、世界ランキング七位となるなど日本を代表するテニス選手として活躍。

藤倉五郎《ふじくらごろう》（一九一九〜一九八五）　昭和十七年慶應義塾大学経済学部卒業。在学中は体育会庭球部で活躍、全日本ランキングでは常に上位にランクされ、全日本選手権ではシングルス一度、ダブルス二度優勝、二十一年全日本ランキング第一位。元デ杯選手。

山岸成一《やまぎしせいいち》（一九〇八〜一九九四）　昭和七年慶應義塾大学法学部卒業。在学中、小泉部長下の体育会庭球部に所属し、全日本選手権ダブルスでは、志村彦七、村上保男と組んで三度優勝。元デ杯選手山岸二郎は実弟。晩年までテニスの普及に携わった。

3　文学関連

泉　鏡花《いずみきようか》（一八七三〜一九三九）　金沢生まれ。尾崎紅葉に師事し、『高野聖』などの作品で人気作家となる。独特の怪奇趣味と浪漫幻想の世界を描き、近代における幻想文学の先駆けと称される。『三田文学』にも多く作品を発表し、水上瀧太郎、久保田万太郎なども師と仰いだ。

岩波茂雄《いわなみしげお》（一八八一〜一九四六）　岩波書店の創始者。一高、東京帝国大学哲学科で学ぶ。神田神保町に古書店「岩波書店」を開業。夏目漱石の『こゝろ』が処女出版。「岩波文庫」「岩波新書」は今日の文庫本・新書本の先駆け。岩波は小泉の研究を推励して出版、一方の小泉は岩波に多くの執筆者を紹介した。昭和二十一年文化勲章受章。

久保田万太郎《くぼたまんたろう》（一八八九〜一九六三）　普通部より慶應義塾に学ぶ。大学在学中『三田文学』の創刊に刺激され、永井荷風に師事、小説「朝顔」で文壇に登場。慶應義塾大学講師、日本放送協会演劇課長を経て、昭和十二年劇団文学座を結成、演劇界の指導的地位を占める。三十二年文化勲章受章。

厨川文夫《くりやがわふみお》（一九〇七〜一九七八）　中世英文学者。昭和六年慶應義塾大学文学部を卒業。西脇順三郎に学び、古英語で書かれた英雄叙事詩「ベーオウルフ」の「平家物語」に近い擬古体での翻訳、「アーサー王物語」の翻訳・解説などで知られる。

幸田露伴《こうだろはん》（一八六七～一九四七）小説家。江戸下谷生まれ。東京英学校中退。明治二十一年、「露団々」で文壇の注目を浴び、「五重塔」「運命」で評価を不動のものとする。写実主義の尾崎紅葉、理想主義の幸田露伴と称され明治文学の黄金時代「紅露時代」を築いた。昭和十二年第一回文化勲章受章。

小宮豊隆《こみやとよたか》（一八八四～一九六六）文学者。一高、東京帝国大学で独文科に学ぶ。夏目漱石門下に入り、『三四郎』のモデル。能、歌舞伎、俳句などにも造詣が深かった。その後慶應義塾大学教授、東京音楽学校校長などを歴任。戦後、安倍能成学習院長の招聘で、学習院女子短期大学初代学長。

佐藤春夫《さとうはるお》（一八九二～一九六四）和歌山生まれ。慶應義塾大学部文学科で永井荷風に学ぶ。在学中から『三田文学』『中央公論』に詩歌を発表、義塾は中退。著作はあらゆるジャンルにわたり、門弟三千人といわれた。昭和三十五年文化勲章受章。同郷の小泉は「わが詩人」であると佐藤を愛した。

澤木四方吉《さわきよもきち》（一八八六～一九三〇）普通部より慶應義塾に学び、明治四十二年慶應義塾大学部文学科卒業。義塾教員となり、小泉信三、水上瀧太郎らと同時期に欧州留学。『美術の都』は留学中の紀行文。日本の西洋美術史研究の草分け的存在。

永井龍男《ながいたつお》（一九〇四～一九九〇）高等小学校卒業後、父の病で進学を断念。大正九年に処女作「活版屋の話」が菊池寛に認められて文筆の道に入り、創作を続けながら文藝春秋に入社。『オール読物』『文藝春秋』の編集長を務める。芥川賞・直木賞の事務運営を担当、両賞の育ての親といわれる。昭和五十六年文化勲章受章。

長与善郎《ながよよしろう》（一八八八～一九六一）小説家、劇作家。

医学者で福澤諭吉と親しかった長与専斎の五男。明治四十四年志賀直哉や武者小路実篤らの白樺同人に加わり文筆活動を開始、翌年東京帝国大学文学部中退。作品に、『盲目の川』『項羽と劉邦』『青銅の基督』『竹沢先生と云ふ人』『わが心の遍歴』など。小泉とは戦後親しくなり、志賀、武者小路らと共に親交を深めた。

西脇順三郎《にしわきじゅんざぶろう》（一八九四～一九八二）　詩人、英文学者。小泉ゼミ一期生。大正六年慶應義塾大学部理財科を卒業後、十二年英国オックスフォード大学に留学、古代・中世英語を学ぶ。帰国後、慶應義塾大学文学部教授。西洋的教養と日本的感性を併せ持った言語感覚により独自の詩風で多くの作品を作り、ノーベル文学賞候補にもなった。

林　彦三郎《はやしひこさぶろう》（一八九〇～一九八二）　大正三年慶應義塾大学部理財科卒。三井系の三信建物株式会社社長として幅広く人脈を有して財界に重きをなし、戦後の政治にも大きな影響力を持っていた。戦災後の慶應病院の復興への協力をはじめ義塾に尽力するところも大きかった。

水上瀧太郎《みなかみたきたろう》（一八八七～一九四〇）　本名阿部章蔵。小泉とは御田小学校以来の親友で、妹は小泉の妻とみ。明治四十四年義塾大学部理財科卒業。在学中に書いた「山の手の子」を皮切りに作家として文壇に登場、会社員と作家の二重生活を通した。

和木清三郎《わきせいざぶろう》（一八九六～一九七〇）　昭和三年より『三田文学』の編集に当たり十九年まで編集長。戦後独立して出版業を起こし、二十六年に創刊した雑誌『新文明』には小泉が毎号寄稿。『小泉信三先生追悼録』は同誌の臨時増刊として和木が編んだ。

4　その他

安倍能成《あべよししげ》（一八八三～一九六六）　松山生まれ。東京大学で哲学を学び、欧州留学で研鑽を積む。京城大学教授、一高校長を務め、戦後吉田茂内閣の文部大臣、学習院長を歴任。小泉とは講和問題などで立場を異にしたが、共に皇太子教育にあたり、家族ぐるみで親交を深めた。

エリザベス・G・ヴァイニング（一九〇二～一九九九）米国ペンシルヴァニア州ジャーマンタウン生まれ。大学卒業の頃から執筆活動を始める。事故で夫を喪い、クエーカー教徒となる。『旅の子アダム』で一九四三年ニューベリー賞受賞。一九四六年、皇太子殿下（今上天皇）の家庭教師として来日し、深い影響を与えた。一九五〇年に帰国、『皇太子の窓』はベストセラーになった。帰国後も長く小泉家と親交は続いた。

河上肇《かわかみはじめ》（一八七九～一九四六）経済学者。東京帝国大学法科大学政治学科卒業。欧州留学を経て京都帝国大学教授としてマルクス経済学の研究を進める。大正十一年より小泉との間でマルクス価値論をめぐる激しい論争を展開した。昭和三年、京都帝大を辞し、共産主義の実践活動に入り、八年検挙され入獄。

田中《たなか》**耕太郎**《こうたろう》（一八九〇～一九七四）最高裁長官を務めた法学者。小泉の義兄松本烝治長女峰子の夫。東京帝国大学卒業。大正六年同大学教授。昭和二十年文部省学校教育局長、二十一年に文部大臣。二十五年参議院議員を辞職して、第二代最高裁判所長官就任。三八八九日の在任期間は歴代一位。三十五年文化勲章。三十六年から四十五年まで国際司法裁判所判事。『世界法の理論』で学士院賞受賞。

田島《たじま》**道治**《みちじ》（一八八五～一九六八）明治四十三年東京帝国大学法科大学法律学科を卒業。大日本育英会会長を経て、戦後初代宮内庁長官となり、占領下で宮中改革に尽力、小泉と共に民間からの皇太子妃の実現にも尽力。退任後は、ソニー会長を務めた。

徳川夢声《とくがわむせい》（一八九四～一九七一）大正から昭和初期にかけて活動弁士として活躍、その後俳優に転向、またラジオの朗読劇などで活躍した。小泉とはしばしば訪問しあう仲で、昭和四十年、二人同時に東京都名誉都民の称号を授与された。

野坂参三《のさかさんぞう》（一八九二〜一九九三）日本共産党指導者。大正六年慶應義塾大学部理財科卒業。小泉ゼミの一期生で、小泉より『共産党宣言』を借りたことでマルキシズムに入る決意を固めた。十一年日本共産党創立に参加、昭和六年コミンテルン日本代表となり、ソ連、中国で活動。二十一年帰国直後には、療養中の小泉を訪問。その後、共産党中央委員会議長となったが、最晩年にスパイ容疑で党から除名。

野呂栄太郎《のろえいたろう》（一九〇〇〜一九三四）日本経済史家、日本共産党幹部。大正十五年慶應義塾大学経済学部卒業。在学中、マルクス価値論をめぐってしばしば討論した小泉はその学識を認めていた。昭和五年『日本資本主義発達史』を出版、さらに『日本資本主義発達史講座』を編集。昭和八年、検挙され、翌年拷問が元で病死。

松本烝治《まつもとじょうじ》（一八七七〜一九五四）法学者、弁護士。小泉の姉千の夫。東京帝国大学卒業。欧州留学を経て同大学教授。大正二年内閣法制局参事官を兼任、八年に満鉄理事（のち副社長）となる。法制局長官、勅撰貴族院議員、関西大学長などを歴任。昭和九年、商工相、戦後は国務相として入閣。憲法問題調査委員会（松本委員会）を設け、大日本帝国憲法改正のいわゆる「松本案」を起草。その後公職追放を経て、公益事業委員長として電力事業に尽力。長男正夫は慶應義塾大学文学部教授で、西洋哲学を専攻。

山本五十六《やまもといそろく》（一八八四〜一九四三）長岡出身。海軍大学校卒業。米駐在でハーバード大学に学ぶ。日独伊三国軍事同盟や日米戦争に反対であったが、開戦後は連合艦隊司令長官として作戦を指揮し、昭和十八年戦死。死後元帥。小泉は日米開戦前後に山本と知り合い、信吉戦死を悼む山本の書簡を終生大切に保管した。

吉田茂《よしだしげる》（一八七八～一九六七）　東京帝国大学法科大学政治学科を卒業し外務省に入省。外務次官、駐伊大使、駐英大使などを歴任。戦後長く内閣総理大臣の地位にあって、日本の独立回復、安保条約調印など国政の重要な舵取りの中でしばしば小泉に意見を求め、また重要な人事に当たってはその人選を求めた。

米内《よない》**光政**《みつまさ》（一八八〇～一九四八）　盛岡生まれ。海軍兵学校を経て海軍大学校を卒業し、日露戦争に従軍。昭和十一年連合艦隊司令長官、十五年内閣総理大臣。日独伊三国軍事同盟や日米開戦には反対の立場を貫き、終戦前後には海軍大臣として海軍解体を見届けた。昭和天皇や進駐軍関係者からも信頼された。郷里に立つ米内像撰文は小泉による。

小泉家略年譜（年齢は満年齢とする）

年		年齢 父	年齢 妙	小泉家のできごと
嘉永二年	一八四九			二月　小泉信吉《のぶきち》和歌山藩士小泉文庫の子として誕生。
安政五年	一八五八			十月　福澤諭吉、築地鉄砲洲の奥平家中屋敷に蘭学塾を開く（慶應義塾の始まり）。
慶応二年	一八六六			十一月　信吉、和歌山藩の留学生として福澤塾入塾。
明治元年	一八六八			四月　福澤塾、時の年号により慶應義塾と名乗る。
明治四年	一八七一			三月　慶應義塾、三田に移る。
明治七年	一八七四			十月　信吉、中上川彦次郎と共に英国留学（十一年七月　帰国し、大蔵省入省）。
明治十二年	一八七九			十二月　信吉、横浜正金銀行創立に際し副頭取に選ばれる。
明治十三年	一八八〇			二月　信吉、旧和歌山藩御殿医林玄泉長女千賀と結婚。
明治十四年	一八八一			一月　信吉、横浜正金銀行の業務拡大のため、英国を中心に欧米視察（十一月　帰国）。

明治十九年	一八八六		三月 信吉長女、（松本）千誕生。
明治二十年	一八八七		十月 信吉、大蔵省主税官を辞し、慶應義塾総長（塾長）に就任。
明治二十一年	一八八八	0	五月四日 信吉二男、信三誕生（長男七三は夭逝）。
明治二十三年	一八九〇	2	三月 信吉、塾長を辞任。日本銀行役員、次いで横浜正金銀行本店支配人となる。十一月 信吉二女、（横山）勝子誕生。
明治二十七年	一八九四	6	十二月 信吉、腹膜炎により没（45歳）。信三、家督を相続。信吉の死後一週間、信吉三女、（佐々木）信子誕生、信吉の一字をとって福澤諭吉が命名。
明治二十八年	一八九五	7	一月 阿部泰蔵三女として（小泉）とみ誕生。信三、御田小学校に転校（同級生にとみの兄阿部章蔵（水上瀧太郎））。小泉一家、一時三田の福澤邸内に同居し、十二月 三田に新居新築。
明治三十四年	一九〇一	13	二月三日 福澤諭吉没（66歳）。
明治三十五年	一九〇二	14	信三、慶應義塾普通部に編入（再び水上瀧太郎と同級）、テニスに没頭。 十二月 信三姉、千、松本烝治と結婚。
明治三十七年	一九〇四	16	信三、普通部生にして慶應庭球部の大将として活躍。
明治三十八年	一九〇五	17	信三、慶應義塾大学部予科に進み、学問への興味を覚える。
明治四十年	一九〇七	19	十一月 信三妹、勝子、横山長次郎と結婚。

明治四十三年	一九一〇	22		信三、慶應義塾大学部政治科を総代として卒業、同大学部教員となる。
大正元年	一九一二	24		十一月 信三、慶應義塾から派遣されて経済学研究のため、英国・ドイツ等に留学（大正五年三月 帰国）。
大正五年	一九一六	28		四月 信三、慶應義塾大学部教授となる。十二月 信三、阿部とみと結婚、鎌倉に住む。
大正七年	一九一八	30		一月十七日 信三長男、信吉《しんきち》誕生。祖父と同じ名をつけて読み方だけを変えた。生後病弱で一時は重篤に陥るが、その後回復し順調に成長する。
大正九年	一九二〇	32		大学令により慶應義塾大学（旧制）が発足、信三、経済学部教授となる。
大正十一年	一九二二	34		信三、慶應義塾体育会庭球部長となる。三月二十二日 信三長女、（秋山）加代誕生。
大正十二年	一九二三	35		九月 関東大震災に遭い、鎌倉から三田へ転居。
大正十三年	一九二四	36		一月 信三、慶應義塾図書館長となる（～昭和八年十一月の塾長就任まで）。春、麻布本村町へ転居。この頃「木曜会」が始まる。十月 阿部泰蔵没（75歳）。
大正十四年	一九二五	37	0	七月 北品川御殿山へ転居。九月二十五日 信三二女、妙誕生。

昭和二年	一九二七	39	2	慶應庭球部、この頃からテニス早慶戦に連勝を重ね、「庭球王国慶應」と謳われる。
昭和三年	一九二八	40	3	九月 信三、慶應義塾から派遣され中国を訪問（十一月 帰国）。
昭和六年	一九三一	43	6	七月 信三妹、横山勝子没（40歳）。
昭和七年	一九三二	44	7	妙、聖心女子学院入学。信三、庭球部長を退く。
昭和八年	一九三三	45	8	十一月 信三、慶應義塾長に就任（三選。任期延長を経て昭和二十二年一月に及ぶ）。「泉会」発足。
昭和九年	一九三四	46	9	四月 慶應義塾日吉校舎開校。六月 信三、「リカアドオ研究」の諸論文をもって経済学博士の学位を授与される。
昭和十一年	一九三六	48	11	八月 信三、ハーバード大学創立三百年祝賀会に参列のため渡米（十一月 帰国）。
昭和十三年	一九三八	50	13	五月 阿部泰蔵夫人優子没（75歳）。
昭和十四年	一九三九	51	14	五月 藤原工業大学が設立され、信三、その学長を兼ねる。
昭和十五年	一九四〇	52	15	三月 水上瀧太郎没（52歳）。十月 信三、塾生の日頃の心得をまとめた「塾長訓示」を掲示。
昭和十六年	一九四一	53	16	三月 信吉、慶應義塾大学経済学部を卒業し、四月 三菱銀行に入行、八月 海軍経理学校に入校、主計中尉に任用される。十二月 日米開戦。

昭和十七年	一九四二	54	17	信吉、海軍経理学校を卒業。十月二十二日 信吉、南太平洋方面にて戦死（24歳）。十二月四日 海軍省より信吉戦死の報を受ける。木曜会は十一月を最後に休会となりそのまま解散。
昭和十八年	一九四三	55	18	二月 加代、秋山正と婚約。七月 秋山正、召集を受ける。十月 信三、出陣学徒壮行早慶野球戦の開催に尽力。十一月 三田綱町へ転居。妙、聖心女子学院を卒業し、清泉寮学院に入学。
昭和十九年	一九四四	56	19	十月 信三、勅令により内閣顧問（翌四月 小磯内閣総辞職まで）。
昭和二十年	一九四五	57	20	五月 空襲により小泉邸全焼。信三、空襲により重傷を負い、慶應病院へ入院、一時重篤に陥り、病床で終戦を迎える。十二月 信三退院。慶應義塾が塾長役宅として借用した三田の名取邸へ転居。
昭和二十一年	一九四六	58	21	一月 信三母、千賀没（82歳）。四月 信三、東宮御学問参与を仰せつかる。旧木曜会メンバーを中心とした「白水会」がおこる。五月 私家版『海軍主計大尉小泉信吉』三百部を親戚知人に贈る。
昭和二十二年	一九四七	59	22	一月 信三、慶應義塾長を任期満了で退任。五月 慶應義塾創立九十年記念式典。負傷以来初めて三田山上へ。十月 秋山正、シベリアより帰還。

昭和二十三年	一九四八	60	23	四月 加代、秋山正と結婚。
昭和二十四年	一九四九	61	24	二月 信三、東宮御教育常時参与となる。四月 秋山正長女、エリ誕生。
				十一月 妙、従兄阿部準蔵を婿養子に迎えて結婚。
昭和二十六年	一九五一	63	26	五月 麻布広尾町へ転居。
昭和二十七年	一九五二	64	27	二月 秋山エリ没（2歳）。四月 信三は加代と共に洗礼を受ける。
昭和二十八年	一九五三	65	28	五月 信三、皇太子殿下欧米歴訪に合わせとみと共に外遊（～十月）。
昭和二十九年	一九五四	66	29	六月 信三、米国コロンビア大学創立二百年式典に出席し、名誉文学博士の学位を授与される。
昭和三十一年	一九五六	68	31	三月 信三、慶應義塾大学名誉教授となる。
昭和三十二年	一九五七	69	32	十二月 慶應義塾出身の戦没者を記念するため、三田山上に「平和来」建立。台座には信三による碑文を刻む。
昭和三十三年	一九五八	70	33	七月 信三姉、松本千没（72歳）。十一月 信三、慶應義塾評議員会議長に就任。慶應義塾創立百年記念式典、昭和天皇をお迎えして日吉にて挙行。皇太子殿下（今上天皇）の御婚約発表、信三は報道協定に尽力。
昭和三十四年	一九五九	71	34	二月 信三妹、佐々木信子没（64歳）。四月 信三、皇太子殿下御結婚の儀に参列。七月 信三、東宮職参与となる。十一月 文化勲章受章。

昭和三十五年	一九六〇	72	35	九月 信三、皇太子・同妃両殿下の米国ご訪問に随行（〜十月）。
昭和三十七年	一九六二	74	37	六月 信三、敷地内に準蔵・妙夫妻のための別棟を建てる。十月 信三、慶應義塾体育会創立七十周年記念講演で「スポーツが与える三つの宝」について話す。
昭和三十九年	一九六四	76	39	四月 信三、侍従職御用掛を免じられ、皇室の重要事項に参与。
昭和四十年	一九六五	77	40	四月 信三、東京六大学野球春のリーグ戦始球式に登板。五月 東京都より名誉都民の称号を贈られる。
昭和四十一年	一九六六	78	41	三月 信三、『福沢諭吉』（岩波新書）出版。五月 準蔵、胃潰瘍で慶應病院に入院し、一時重篤となる。十一日、信三、心筋梗塞により没（78歳）。八月 慶應義塾に「小泉信三記念慶應義塾学事振興基金」の設置が決まる。九月『海軍主計大尉小泉信吉』（文藝春秋）公刊（昭和五十年に文春文庫化）。
昭和四十二年	一九六七		42	三月 庭球三田会員により、慶應義塾日吉蝮谷テニスコートに「練習ハ不可能ヲ可能ニス」遺墨記念碑除幕（昭和五十六年改装）。「小泉信三展」開催（四月東京、五月大阪）。『小泉信三全集』（文藝春秋）四月より刊行開始。
昭和四十三年	一九六八		43	十月 加代、妙、『父小泉信三』（毎日新聞社）出版。

昭和四十九年	一九七四	49	十月 小泉とみ、準蔵、妙、神宮前へ転居。
昭和五十一年	一九七六	51	信三、野球殿堂入り。五月 加代、『辛夷の花――父小泉信三の思い出』（文藝春秋）出版。九月 妙、『届かなかった手紙 父小泉信三との日々』（講談社）出版。
昭和五十六年	一九八一	56	八月 妙、『父母の暦』（講談社）出版。九月 加代、『叱られ手紙』（文藝春秋）出版。
昭和五十八年	一九八三	58	十一月 今村武雄著『小泉信三伝』（文藝春秋）刊。
昭和六十年	一九八五	60	六月 加代、『好きなひと 好きなもの』（文藝春秋）出版。
昭和六十一年	一九八六	61	五月 妙、『表参道十年』（講談社）出版。
平成三年	一九九一	66	一月三日 信三妻、とみ没（95歳）。
平成六年	一九九四	69	三月 妙、『留学生小泉信三の手紙』（文藝春秋）出版。
平成十三年	二〇〇一	76	十一月 天皇皇后両陛下がご臨席された慶應義塾体育会庭球部創部百年記念式典挙行。『青年小泉信三の日記』（慶應義塾大学出版会）出版。
平成十八年	二〇〇六	81	十一月二十五日 準蔵没（87歳）。
平成二十年	二〇〇八	83	慶應義塾創立一五〇年。五月 生誕一二〇年記念「小泉信三展」を三田で開催。

あとがき

父の没後四十二年に、このような本を出させていただくことになりました。企画も編集も、父の死後に生まれた二人の方によってなされたことに、深い感慨を覚えます。二人の方、山内慶太・神吉創二両氏は父に興味を持たれ、四年前にはスポーツに関わる文章を集め、『練習は不可能を可能にす』という随筆集にまとめて下さいました。その編集中にたびたび会い、父の思い出を話しましたのが、この聞き書きにつながりました。

父は食卓でよく語る人でしたので、私は聞くことに馴れ、話すのは苦手な人間に育ってしまいました。聞き書きの主役になるなど思いもよりません。その私がためらった末にお受けしたのは、企画者達の熱心なおすすめによりますが、お話しておくべきだと感じることがあったからでございます。

二人の方との話が、戦中戦後の厳しさ、辛い時代のことになりますと、聞き手の表情に一瞬ふっと違う影が射すような気が致しました。聞いたことのない話なのか、聞きしにまさる厳しさなのか。そういう時代があったと知ってはいても、漠然としていたのではないでしょうか。目前の二人、そろそろ中年に近い人の後ろに多数の人の存在を考えた時、これはやはり知っていてほしいと思うようになりました。語り部というには力不足でございますが、「むかしむかしあるところに、明治生まれの両親と大正生まれの三人の子供が住んでいました」で始まる話としてお聞き下さいませ。

なお、吉田首相、米内大将その他著名な方々を「――さん」と軽くお呼びしているのが気になりますが、読者の皆様も首相を安倍さん、福田さんと呼んでいらっしゃることと思い、そのままに致しました。他に不備の点も多々あると存じますがご寛恕下さいませ。

この一冊のために終始心を尽して下さった山内・神吉両氏、遅れて参加の都倉武之氏および、慶應義塾大学出版会の野田桜子さんに、尽きぬ感謝を申し上げます。

小泉　妙

平成二十年四月

編者あとがき

本書は二十六回に及ぶインタビューを基に構成したものである。

小泉信三先生の二女の妙氏には、平成十六年に小泉先生に関わる資料、遺品を多数、慶應義塾に寄贈いただいたが、その際に、それぞれについて伺うエピソードが実に興味深く、このままに埋もれさせては勿体無いという気持ちを強く抱いたのが企画の発端である。また、妙氏の語り口、ご家庭の雰囲気には、他では感じ得ないような温かな気品が感じられ、それが大変貴重に思えたのであった。

小泉先生の父は慶應義塾長を務めた小泉信吉《のぶきち》、母とみ氏の父は明治生命を創立した阿部泰蔵であるので、妙氏にとっては、二人の祖父がいずれも福澤先生の高弟ということになる。また、伯父阿部章蔵（水上瀧太郎）は、『三田文学』の「精神的主幹」とも称された作家であった。したがって、これらの人物と慶應義塾史に関わる様々な事項についての体験・伝聞・記憶を記録することは、塾史あるいは文学史の研究のためにも意義がある。そして何よりも、福澤先生の影響を色濃く受けた家庭の歩みをたどることは、草創期からの義塾の気風と文化を理解する上でも重要であろう。

インタビューは、二期に分けて行った。第一期は、ほぼ本書の章立ての順で、妙氏ご自身の一番古い記憶から、記憶が混同しないようにどこに住んでいたかで時代を区切り、一回約二時間、平成十八年三月十三日から九月二十九日まで計十三回に及んだ。第二期は、空襲から奇跡的に焼け残った戦前の家族のアルバム八冊についてのインタビューで、平成十八年十月二十一日から平成二十年三月二日まで計十三回に及んだ。アルバムについては、劣化・損傷もあることから保存のために高精度の複写をした上で、逐一、その内容・背景・被写人物などについて詳細なインタビューを行った。写真アルバムを基にしたインタビューでは、当時の情景に関する記憶が具体的に蘇る様子で、ライフヒストリーに沿ったインタビューでは把握し得なかった貴重な話を多数伺うこともできた。

本書の編集に当たっては、口述には、内容に前後や重複もあるため再構成する必要があったが、再構成したものは、妙氏に全て確認・加筆いただくと共に、不明点についても確認し加筆をお願いした。このような作業を繰り返すことで、正確を期すと共に、編者の恣意が入らぬように心がけた。また、読者の読みやすさに配慮して、文章を整えたが、語り口の雰囲気を崩さぬように注意して最小限の修正に留めると共に、これについても全て確認、修正をいただいた。

なお、本書は幅広い読者を対象にしており、また頁数にも制約があるため、慶應義塾史の細かい事項や周囲の教職員等に関する口述で省いたものも少なくない。小泉先生の同時代を知らぬ私達編者にとっては、慶應義塾史研究において活字の上でしか知らなかった人達について、その人間像が生き生きと分かったことも貴重な体験であった。インタビューの全記録は別途整理し、義塾の福澤研究センターに収めたいと考えている。

本書の最後に記さなければならないのは妙氏の夫君準蔵氏のことである。準蔵氏は、平成十八年十一月二十五日に逝去された。私事になるが、私が高校生の時、小泉信三賞全国高校生小論文コンテストの授賞式の際に声をかけていただいて以来、折りに触れて励ましていただいた。小泉先生は、若い後進を励ますことを熱心にされたが、準蔵氏は、それを引き継いで、しかも実にさりげなくなさる方であった。いただいた多くのご親切に深い感謝を捧げると共に、心よりご冥福をお祈りする次第である。また、インタビューは毎回、ご自宅にて行ったが、準蔵氏の慶應病院入院中には、その看病の合間に信濃町の研究室にてインタビューを継続して下さり、逝去後も短い中断をおいて再開して下さった妙氏には深く感謝申し上げたい。

なお、本書は、平成十八年度、十九年度の慶應義塾学事振興資金からの研究補助（オーラルヒストリーによる慶應義塾史研究——小泉信三を中心として——）の成果の一端である。また、本書の完成は、慶應義塾大学出版会の野田桜子さんの大変な労力と熱意のお蔭でもあることも特に記して感謝したい。

編者を代表して　山内慶太

著者

小泉　妙（こいずみ　たえ）

随筆家。小泉信三・二女。大正14（1925）年、東京生まれ。聖心女子学院卒業。著書に『父小泉信三』（秋山加代と共著、毎日新聞社）、『届かなかった手紙』、『父母の暦』、『表参道十年』（以上、講談社）、『留学生小泉信三の手紙』（文藝春秋）など。筆名は小泉タエ。

編者

山内慶太（やまうち　けいた）

慶應義塾大学看護医療学部・大学院健康マネジメント研究科教授、慶應義塾福澤研究センター所員。医学博士。昭和41（1966）年生まれ。1991年慶應義塾大学医学部卒業。『福澤諭吉著作集』第５巻（共編、2002年、慶應義塾大学出版会）、『練習は不可能を可能にす』（共編、2004年、慶應義塾大学出版会）などを編集。

神吉創二（かんき　そうじ）

慶應義塾幼稚舎教諭。庭球三田会常任幹事。昭和45（1970）年生まれ。1992年慶應義塾大学法学部法律学科卒業。在学時は慶應義塾体育会庭球部主務。『慶應庭球100年』（慶應庭球100年編集委員会、2001年）、『練習は不可能を可能にす』（共編、2004年、慶應義塾大学出版会）などを編集。

都倉武之（とくら　たけゆき）

慶應義塾福澤研究センター専任講師。専攻は近代日本政治史。昭和54（1979）年生まれ。2007年慶應義塾大学大学院法学研究科博士課程満期単位取得退学。武蔵野学院大学専任講師を経て現職。主要業績に「［第５章］日清戦争軍資醵集運動と福沢諭吉」（『戦前日本の政治と市民意識』寺崎修・玉井清編、慶應義塾大学出版会、2005年）など。

父 小泉信三を語る

2008年 5 月26日　初版第 1 刷発行
2008年 6 月16日　初版第 2 刷発行

著　者――――小泉　妙
編　者――――山内慶太・神吉創二・都倉武之
発行者――――坂上　弘
発行所――――慶應義塾大学出版会株式会社
〒108-8346　東京都港区三田 2-19-30
TEL　〔編集部〕03-3451-0931
〔営業部〕03-3451-3584〈ご注文〉
〔　〃　〕03-3451-6926
FAX　〔営業部〕03-3451-3122
振替　00190-8-155497
http://www.keio-up.co.jp/
装　丁――――中垣信夫＋門倉未来（中垣デザイン事務所）
印刷・製本――中央精版印刷株式会社
カバー印刷――株式会社太平印刷社

Printed in Japan　ISBN 978-4-7664-1526-1